아동돌봄은 정치적인가?

- 정책행위자 간 동학을 통한 아동돌봄정책의 변동 궤적

이진숙 저

양성원

이 저서는 2017년 정부(교육부)의 재원으로 한국연구재단의 지원을 받아 수행된 연구임 (NRF-2017S1A6A4A01021493).

들어가며

바야흐로 돌봄이 이슈(issue)이다. 한국사회에서 아동돌봄이 복지아젠다(agenda)로 급격히 부상되고, 사회정책적 관심사로 큰 비중을 차지하게 된 데에는 후기 산업사회로의 전환과정에서 나타난 여러 사회적 위험요인들이 상호 복합적으로 작용한 바가 크다고 할 수 있다. 저출산과 고령화라는 인구사회학적 변화, 서비스업과 정보기술 중심의 노동경제의 구조적 변화 그리고 가족 및 개인을 둘러싼 의식과 가치관의 변화 등 다양한 요인들은 저출산현상과 돌봄부담을 강화하는 데에 영향을 미쳐 아동의 돌봄에 대한 사회적 고민이 증폭되는 결과를 낳은 것이다.

돌봄이슈의 사회적 확산에 영향을 미친 요인들을 좀 더 구체적으로 살펴보면 우선 미시적 차원에서는 가족과 여성의 역할 변화에 대한 사회적 관심이 커지면서 일-가족 양립에 초점을 둔 사회적 돌봄의 문제가 보육정책의 핵심이슈가 되었고, 거시적 차원에서는 2000년대에 접어들면서 극심한 초저출산현상이 지속되면서 아동과 노인에 대한 사회적 부양부담이 이슈로 증폭되었던 것을 언급할 수 있다. 그런 상황에서 아동돌봄문제는 국가적으로 가장 중요한 초미의 관심사로 부상되었다. 게다가 2010년경부터 연이어 진행되었던 선거는 보편적 복지에 대한 담론을 확산시키기 시작하였고, 돌봄담론이 사회적 차원에서 뿐만 아니라 정치적으로 또는 정책적으로 급성장되는 촉매제의 역할을 하게 된 것이다.

아동돌봄에 대한 사회적 이슈화는 그간 아동의 복지에 대한 관심이 크지 않았던 한국사회에서 정책범위의 스펙트럼을 확장시켰다는 점에서 매우 전향적으로 이해된다. 그러나 이러한 긍정적인 면과 달리, 아동돌봄의 사회화를 위한 핵심수단이라고 할 수 있는 보육정책을 결정하는 과정에서는 아쉽게도 부모와 아동이라는 서비스 이용자의 욕구를 고려한 정책수요적 합리성은 간과되었고, 오히려 담론을 둘러싼 정치권의 선점 경쟁에 의해 정치성이 더욱 강하게 작동되어 온 것이 사실이라는 점에서 안타깝기도 하다. 그리고 그런 결과로 보육정책이 사회가치적 정합성과 수요자들의 욕구에 대한 숙고를 통해 설계되기보다는 현금중심의 포퓰리즘(populism)적 무상지원방식으로 편향된 아쉬움을 남기게 된 것은 처음부터 예측되었던 한계라고 할 수 있다(이진숙, 2012).

한국사회의 아동돌봄정책을 정권과 시대를 고려하여 구분해 보면 그 정책적 방향(패러다임)을 기준으로 하여 전쟁이 끝나고 부모를 잃은 아동들을 주 대상으로 지원하던 소극적인 탁아패러다임 시대(1953-1970년대), 여성들의 경제활동 강화를 위해 취업모를 대상으로 양육을 위한 기반을 지원했던 선별적 패러다임 시대(1980년대), 시설보육을 강화하고자 하였으나 이를 민간에게 맡기고자 민간 중심으로 보육사회화를 추구했던 시장 지향적 패러다임 시대(1990년대), 보편주의적 측면에서 부모의 일-가족 양립의 지원을 주목적으로 하는 사회적 돌봄패러다임 시대(2000년대) 그리고 무상복지의 시작을 여는 계기가 되었던 보편주의적 무상보육 패러다임 시대(2010-현재)로 구분될 수 있다(이진숙, 2012; 이진숙 · 이슬기, 2013; 이진숙 · 이슬기, 2014; 김은정 · 이진숙 · 최인선, 2014: 28-49).

오늘날의 아동돌봄정책이 보편주의적 무상보육이라는 패러다임의 큰 방향 안에서 작동하게 된 데에는 부모 간의 젠더(gender)불균형적인 돌봄부담과 맞벌이 부모의 돌봄욕구가 갈수록 팽창되고 있다는 배경과 관련이 깊다. 어머니들의 취업이 증가하고, 일-가족 양립을 둘러싼 젠더분업의 불균형이 해소가 안 되어 결국 저출산이라는 사회적 관심현상이 가시화되면서 이러한 문제를 해결하고 부모의 욕구를 충족시키기 위한 측면에 초점을 두고 정책이 변화되어온 바가 큰 것이다. 그런 맥락에서 정부의 정책이 시설서비스 중심의 돌봄지원에 초점을 두게 된 것은 한편으로는 지극히 당연하고 필요한 일이다. 그러나 시설돌봄서비스의 지원이 과연 부모들의 욕구를 고려하여 기획되었는지 그리고 아동돌봄과 관련된 다양한 제도들 간의 구조가 과연 아동과 부모의 욕구를 적합하게 반영한 것인지에 대한 논의는 현실정치적 갈등구조 안에서 매우 소극적으로만 행해졌던 것이 사실이다. 그리고 2016년에 들어서야 이에 대한 논의는 맞춤형 보육이라는 정책의 테두리 안에서 약간의 제도적 수정만 기하면서 이루어졌을 뿐이다. 결국 이러한 정책적 의사결정과정 또한 아동돌봄이라는 정책 자체의 특성과 정책수단들을 분석하고 수요자의 욕구를 고려하여 진행되었다기보다는 정부의 제정문제를 우선적으로 의식한 정치적 현실성에 의거된 선택이었을 뿐이었다.

위와 같은 배경 하에서 아동돌봄정책의 주축이 되고 있는 시설보육에 대한 심층적 논의가 부재함은 물론이고, 시설보육을 이용하지 않는 아동을 위한 대안적 제도로 기능하는 양육수당을 존치하는 것이 바람직한 것인지, 그리고 수당의 급여수준을 현재와 같이 정액으로 설정하는 것이 바람직한가에 대한 논의(김송이 · 이혜숙, 2014)는 지금까지 진지하게 이루어지지 못하고 있는 것이 사실이다. 또한 2021년부터 제4차 저출산고령사회기본계획에 기반하여 제공되기 시작한 영아수당제도 또한 사회적 논의의 과정이 부재한 채 도입되어 아직 제도의 타당성이나 사회적 적합성에 대한 학술적 검토도 적극적으로 진행되지 못한 것을 부인할 수 없다. 게다가 최근에는 새로운 정부가 시행된 지 불과 얼마되지도 않은 영아수당을 없애겠다는 계획을 발표하기도 하였다. 이는 부모급여를 통해 대체될 것이라고 하지만 급작스런 정책적 변동이어서 수요자들에게는 혼란이 일 수 있는 사안이다. 이로써 아동돌봄은 합리성보다는 정책적 이해당사자들(stakeholders) 간의 동학이 산출하는 결과물이라는 맥락에서 자유롭지 못한 정치적 이슈(issue)라는 사실만 다시 한 번 입증되었을 뿐이다.

그간 2000년대에 들어선 이후, 연이어 진행된 전국 단위의 선거들과 크고 작은 지방자치 선거들을 접하면서 정치참여자들은 그들이 디딘 정치적 토양의 색채에 상관없이 대다수가 피상적으로는 아동을 위한 돌봄지원과 소득보장의 차원에서 아동수당을 도입하겠다는 주장들을 제기하기 시작하였다. 그리고 이와 연동되어 당연히 양육수당의 변화와 관련된 사회적 담론들도 확산되기 시작하였다. 이러한 담론들의 이면에 어떤 사사로운 이해관계가 숨겨져 있는가와 상관없이 이로 인해 한국의 아동돌봄 지원정책이 어떻게 재구조화되어야 할 것인가 하는 고민은 그 범위를 확장시켜가기 시작했다. 그리고 그런 흐름속에서 실제로 아동수당이 도입되었고, 2021년에는 새로운 현금지원제도인 영아수당도 추진되기 시작하였다.

지금까지 상술한 바와 같이 한국사회에서 아동돌봄을 지원하기 위한 정책적 변화는 어느 다른 정책의 변화과정보다도 더 역동적이면서도 정치적으로 급속하고도 거침없이 진행되어 왔다. 그러나 그런 속도의 이면에는 정치적 이해당사자들 간의 연합과 경쟁을 통해 아동돌봄정책이 어떻게 변동되어 왔는지 그리고 이것이 한국사회에서 아동돌봄의 질적인 성장을 위해 어떠한 정책적 함의를 가지는 가에 대한 깊이 있는 숙고의 시간은 간과된 한계가 감춰져 있다. 그 뿐만 아니라 학술적 차원에서도 이와 관련된 장기적이고 포괄적인 연구도 거의 전무한 아쉬움이 남겨져 있다. 따라서 아동돌봄을 둘러싼 정치적 동학이 야기한 정책적 변동의 과정들을 통시적으로 조망해 보고, 이를 통해 아동돌봄정책의 방향성을 차분히 숙고해 보는 연구는 매우 절실하게 요구되고 있다.

이상과 같은 문제의식을 배경으로 하고, 저자는 전술한 바와 같이 복잡하게 얽혀져 있는 정치적 지형 속에서 표류하고 있는 아동돌봄정책이 정책행위자들의 다중적 담론경쟁을 통해 영향을 받아 역동적으로 변화되는 구조에 대해 흥미를 가지고, 아동돌봄제도의 결정과정을 정책담론에 초점을 두고 세밀하게 분석을 시도해 보고자 한다. 왜냐하면 정책의 변동으로 이해관계에 영향을 받는 당사자들, 즉 정책적 참여자들 간에 형성되는 동학이 정책적 제도들의 변화를 어떻게 추동하는가를 분석해 봄으로써 정책담론의 정치적 속성들이 정책에 실제로 어떻게 투영되었는가를 규명하는 것은 학술적으로나 정책적으로 여러 측면에서 의미가 있는 작업이 될 것이기 때문이다.

한국사회에서 아동돌봄이 공적 논쟁거리로서 본격적으로 담론의 광장에 등장한 것은 무상보육이 선거쟁점으로 대두된 2010년 경 부터이다. 그 이후, 아동돌봄에 대한 사회적 논의는 주로 무상보육에 초점을 두고 진행되었다. 무상보육에 대한 대다수의 연구들은 우선 젠더(gender)관점이나 가족친화적 관점에서 주로 시설중심의 보육지원에 대한 제도적 적합성에 대해 관심을 가지고 심층적으로 접근해 왔다. 이와 관련된 연구들을 살펴보면 먼저 보육의 국가책임이라는 보편성에 근거하여 무상보육의 득과 실 그리고 한계에 대해 분석을 하거나(문선화, 2011), 보편적 가치로서의 무상보육이 확대되는 정책이 타당한 가를 검토한 연구들(김헌진, 2012; 김정래, 2013; 장수정, 2013)가 있었다. 그리고 다른 한편에서는 이때부터 정책변동과 정치적 행위자들의 역학에 대해 관심을 집중하는 연구들도 서서히 등장하기 시작하였다. 이와 관련해서는 무상보육정책의 형성 및 변동 과정에 대한 분석을 통하여 정치적 흐름과 영향 요인을 분석한 연구들(김주경 · 현재은, 2014; 나정, 2014; 이현미 · 박종구, 2015), 그리고 무상보육관련 정책에 영향을 미치는 이해집단 및 수익자 집단의 인식에 관한 연구들(이진숙, 2012; 김사현 · 주은선 · 홍경준, 2013; 홍경준 · 김민성 · 김사현, 2013), 이와 더불어 무상보육과 관련된 정치행위자들에 대한 고찰을 통하여 기존에 보수집단이 우위를 점하던 정치역학구조로부터 당시에 이르기까지 보수와 진보의 전략적 대치와 균형의 국면으로 이동해 왔음을 분석한 연구(고원, 2012) 등이 있었다. 이 연구들은 주로 정책행위자들 간의 역할을 분석한 면에서 저자의 연구관심과 유사성을 가진다. 그러나 이들 연구들은 분석방법을 주로 양화된 분석방법들을 활용하고 있어서 계량적으로 측정하기 어려운 정책행위자들 간의 상호작용 및 변화의 과정에 대한 분석을 간과한 한계를 안고 있다. 그리고 이들 연구들은 담론들을 다소 포괄적으로 분석하는 것에 치중하고 있어서 정책결정과정에서 정책이 구체적으로 담론에 의해 어떻게 변동하는가를 세밀하게 드러내지는 못한 한계를 내재하고 있다.

양육수당과 아동수당 그리고 최근 도입된 영아수당은 무상보육(시설돌봄서비스 지원정책)과 더불어 아동돌봄정책의 큰 축을 형성하고 있으면서 무상보육의 틀 안에서 시설보육료와 연계성을 가지고 변화되어 온 제도임에도 불구하고, 지금까지 한국 사회에서는 이에 대해 정치동학적 관점에서 분석하고자 시도한 연구가 매우 적었다. 2009년에 정부가 양육수당제도를 도입한 기점으로부터 양육수당에 대한 정책목적 및 시민 의식을 분석(신윤정, 2009)하고, 양육지원정책에 대한 개인의 선택권에 대한 논의를 통해 보편적인 양육지원정책의 필요성을 강조한 연구들(유해미, 2009; 문선화, 2011; 정효정, 2011)이 등장한 바는 있다. 그리고 최성은 · 신윤정 · 김미숙 · 임완섭(2009), 유해미 · 서문희 · 한유미 · 김문정(2011), 고제이 · 신윤정 · 강신욱 · 오미애 · 안형석(2015)는 아동에 대한 현금지급을 통해서 출산율을 제고할 수 있으며, 아동빈곤율을 낮추는 효과가 있다는 연구결과들을 제시하기도 하였다. 또한 양육수당이 확대된 2013년 이후로는 아동양육수당의 확대에 대한 정책형성과정을 분석한 연구(이승윤 · 김민혜 · 이주용, 2013; 이진숙, 2017)도 나타난 바가 있다.

이상의 연구들은 양육수당에 대한 포괄적인 분석 또는 실질적인 정책 운영이라는 측면에서는 매우 중요한 의의를 제시하고 있으나, 정책변동의 세밀한 과정을 정책행위자들의 동학이라는 측면에서 규명하지는 못한 한계가 있다. 따라서 아동을 위한 시설돌봄 지원과 양육수당 그리고 아동수당과 영아수당 등 사회수당에 대한 정책변동과정을 정책행위자들의 능동적 영향이라는 관점에서 접근하는 연구(이진숙, 2017)는 매우 부족하다. 그러므로 아동돌봄정책의 두 축인 시설 무상보육과 양육수당 및 아동수당 그리고 최근의 영아수당 등을 상호 간에 영향을 주고 받는 유기적 구조로 보고, 이를 정치적 이해당사자들이 생산해낸 담론들의 동학이라는 하나의 스펙트럼을 통해 세세히 관찰하며, 그러한 과정에서 정책변동의 결과를 분석해내는 연구는 현실정책적으로나 이론적으로 매우 의미있는 시도가 될 것이다.

이상과 같은 맥락에서 이 책의 저술목적과 내용을 간략히 도식화하여 표현한다면 다음과 같이 정리될 수 있겠다.

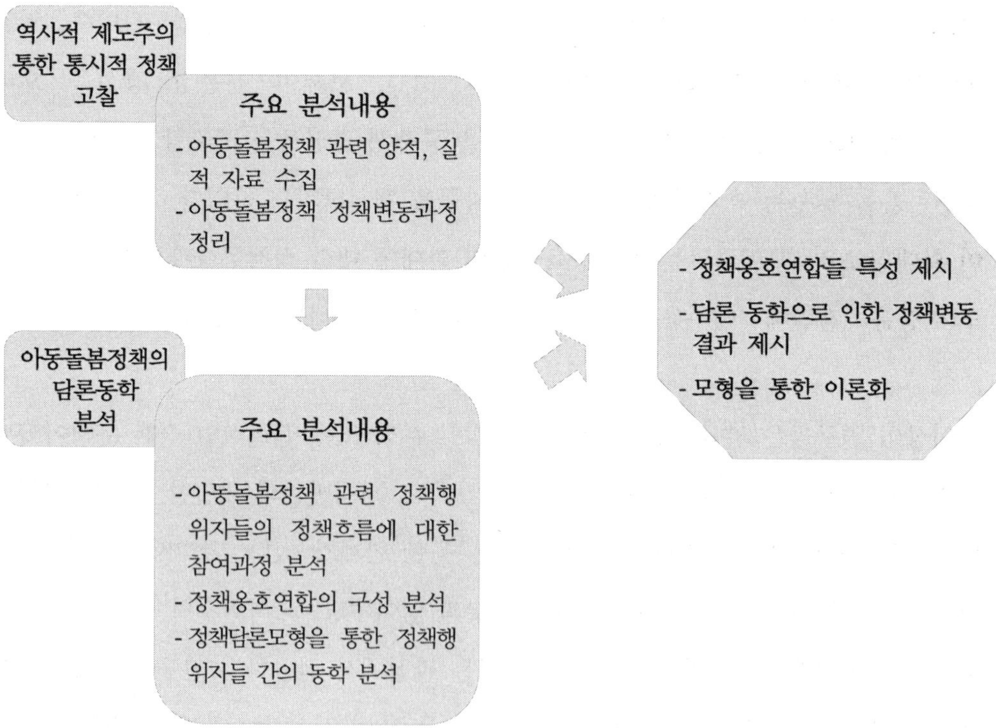

〈저술의 개요〉

이 저술이 세상으로 나오게 될 수 있었던 데에는 한국연구재단의 3년 간에 걸친 재정적 지원이 있었기 때문에 가능한 일이었다. 그 기간 동안 저자는 안정적인 여유를 가지고 아동돌봄정책에 대한 고민에 오롯이 집중할 수 있었다. 그리고 이와 더불어 양성원 출판사의 강철원 사장님께서도 이 책이 출간되는 과정에서 물심양면으로 많은 도움을 주셨다. 코로나 바이러스의 확산 이후로 상당히 위축된 출판환경에서도 양성원에서는 저자에게 흔쾌히 출판의 기회를 제공하고, 편집과정에서 편집진들도 매우 세밀하게 작업을 도와주었다. 이 지면을 통해 출간에 도움을 주신 모든 분들께 감사한 마음을 전하고, 미력하나마 이 책이 아동돌봄정책에 대한 고민의 장을 확장해 나가는 데에 조금이라도 기여할 수 있기를 기원한다.

차 례

PART
3 정책담론과 아동돌봄

PART 1

복지정치와 아동돌봄

CHAPTER 01

복지와 정치

복지제도는 사회경제적으로 이미 분배되어 있는 가치를 제도를 통해 재분배함으로써 복지의 공급과 수요를 조절하는 일종의 정치적 기제라고 할 수 있다. 따라서 복지제도는 제도의 혜택을 직접적으로 받는 복지수혜자들뿐만 아니라 정책과 관련된 서비스를 공급하는 사람들이나 정책을 결정하고 집행하는 데에 참여하는 공식적 혹은 비공식적 참여자들, 그리고 복지와 관련된 사회단체 및 시민단체 등의 다양한 행위자로 구성된 이해집단들(Schattschneider 1935, 288) 간에 각각의 입장에 따른 옹호 또는 반대의 이해관계구조들이 형성되도록 추동한다. 이러한 다양한 이해관계집단들은 서로의 이익을 중심으로 교섭하거나 대결하는 정치적 역학의 과정을 주도하게 되는데, 복지제도는 이 과정에서 형성되는 복지정치를 통해 영향을 받으며 변화된다(임유진, 2015).

사회복지가 공공적 목적을 위해 발전하기 위해서는 복지의 공급주체로서 국가의 역할이 강화되어야 하며, 국가복지의 확대를 위해서는 사회복지의 예산과 공공 중심의 사회서비스 제공이 강화되는 것이 바람직하다. 그런데 사회복지를 위한 국가역할의 확대는 정부서비스의 확대를 요구하는 수요적 측면, 재분배를 지향하는 정치적 측면, 예산의 확대를 추구하는 정부조직의 제도적 측면 등에서 비롯되므로 사회복지의 확대가 반드시 공익(public interest)에 부합하는 것은 아니다(이진숙, 2012). 경우에 따라서는 그것이 특정집단이 추구하는 사적인 이익을 위해 추진될 수도 있고, 그렇게 되면 사회복지 예산의 증가와 공급조직의 확대는 오히려 공익에 위배되는 결과를 야기할 수도 있기 때문이다(신동면, 2010: 242-243). 이는 결국 사회복지의 공공성이 정치성과 결합이 되면 공공성이 아무리 강화된다 하더라도 그 결과가 공익에 부합되는 결과를 가져오기란 어려울 수 있음을 암시하는 것이다(이진숙, 2012, 2017).

이는 아직 공공복지에 대한 폭넓은 사회적 논의가 미흡하고, 정책적 의사결정구조에 조합주의적 집단참여가 매우 제한적인 한국사회의 정치현실에 던져주는 의미가 크다. 따라서 복지와 정치의 상관성을 깊이 있게 살펴보고, 그것이 사회복지의 발전을 위해 어떤 함의를 제공하는 가를 살펴보는 것은 학술적으로나 현실정치적으로 필요성이 있다.

한국사회에서는 1990년대 후반부터 외환위기로 촉발된 장기적 경기 침체 이후, 개인과 가족이 해결하기 어려운 사회문제들이 확산되기 시작하면서 국민들과 정부의 복지에 대한 관심은 증대되기 시작하였다. 그로 인해 사회복지적 대응이 강화대면서 1998년 이후부터 복지예산의 증가율은 매년 평균적으로 10% 가까이에 도달할 정도로 세계에서 가장 빠른 속도로 팽창되었다. 이를 통해 복지국가의 토대가 차츰 기초되기 시작하는 가운데, 저출산-고령화 및 노동시장의 유연화 등 변화된 사회복지환경의 결과로 새롭게 등장한 사회적 위험들을 해결하기 위해 사회보험과 공공부조의 틈새를 메울 수 있는 사회서비스의 필요성이 커지기 시작하였다.

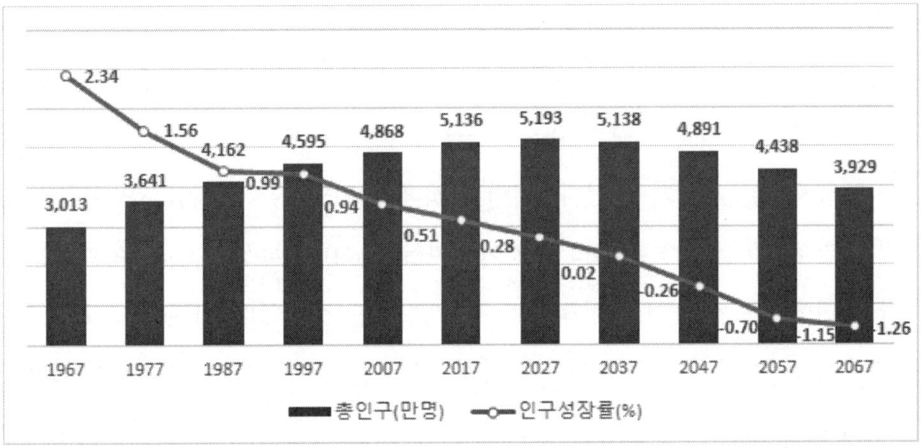

출처: 통계청(https://kosis.kr/visual/populationKorea), 총인구와 인구성장률.

[그림 1] 총인구와 인구성장률

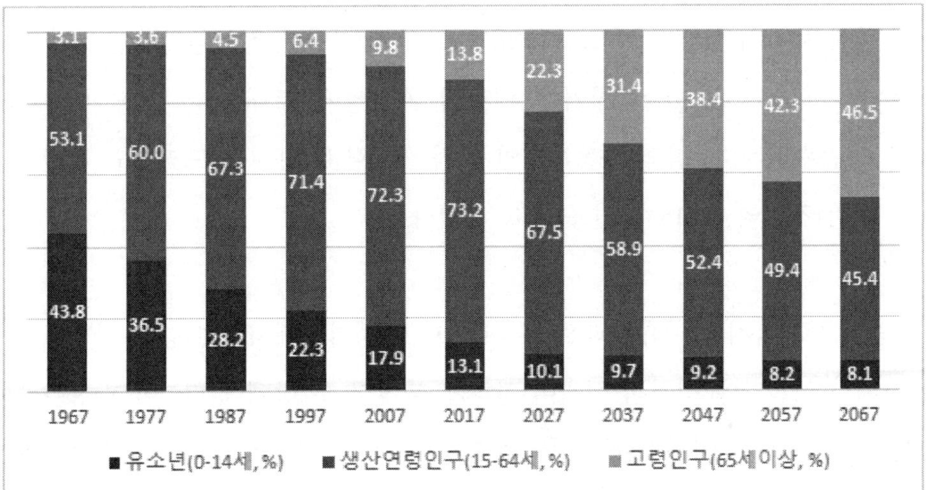

출처: 통계청(https://kosis.kr/visual/populationKorea), 연령계층별 인구구성비.

[그림 2] 유소년, 생산연령 및 고령인구 추이

그러다가 2009년 경기도 교육감 선거를 기점으로 거세어지기 시작한 무상급식 논쟁과 그 이후 제기된 무상보육 논쟁은 사적 돌봄의 공백과 노동시장 유연화로 인해 일상생활 속에서 복지의 욕구가 증폭된 국민들에게 보편적 복지와 복지정치에 대한 관심을 증폭시키는 계기가 되었다. 이런 과정에서 종전에는 정치담론의 주변에 밀려 있었던 복지이슈(issue)가 주류적 정치아젠다(agenda)로 부상된 것은 복지제도의 발전이란 측면에서는 상당히 긍정적으로 평가될 만한 것이었다(이진숙, 2017). 그러나 그 과정에서 과연 복지이슈의 확산이 사회구성원들의 욕구를 수렴하여 수요자 중심의 공익적 복지제도가 진전되는 데에 긍정적으로 기여를 하였는가라는 질문에 대해서는 평가 자체가 활성화되어 있지 못한 상황이다.

고대의 철학자인 아리스토텔레스(Aristoteles)는 '정치란 좋은 삶이란 궁극적인 목표를 실현하기 위한 수단'이라고 하였다. 그리고 저명한 정치철학자인 한나 아렌트(Hannah Arendt, 2009)는 '정치는 인간의 자율성에 토대를 둔 타인과 (중간 생략)...... 순수히 함께 함의 공동체적인 공적 영역에서 자신을 드러내고 타인과 소통하는 행위'(정미라, 2015 재인용)라고 하였다.

일반적으로 복지의 이슈화과정이나 아젠다 형성과정에서는 이슈나 아젠다를 둘러싼 이해집단들 간에 정치적 성격이 강하게 불거질 수 밖에 없다. 이 과정은 이슈나 아젠다를 둘러싸고 이해집단들 사이에 갈등이 나타나게 되고, 그러한 갈등상황 속에서 이해집단들 사이에 타협, 흥정, 조정(이진숙, 2012)이 이루어지게 되기 때문이다. 또한 이 과정에서는 일반적으로 정치적 세력이 강한 집단의 이해관계가 상대적으로 강하게 반영되고, 그렇지 못한 집단의 이익은 미약하게 또는 어떤 경우에는 무시되어

버리기도 하기 때문이다(송근원 · 김태성, 2008: 72-74; 이진숙, 2012, 2017; Jones, 1984). 그런 이유로 사회민주주의 이론(social democratic theory)에 의하면 복지국가가 발전하기 위해서는 정치적 요소들에 대한 분석이 중요하다.

코르피(Walter Korpi)는 정치를 비롯한 권력자원을 '한 사회 내에서 어떤 행위자(집단)가 다른 행위자를 보상하거나 처벌할 수 있는 능력을 제공하는 원천들'이라고 정의하며, 복지국가란 권력자원과 리스크(risk)의 노출에서 차별화된 계급들 간의 분배갈등과 계급정치의 산물'(양재진 · 정의룡, 2012에서 재인용)이라고 적시한 바 있다. 그러므로 복지국가가 발전하는 과정에서 서로 다른 이해집단들이 어떠한 권력자원을 동원하여 정책적 의사결정과정에 영향을 미치는가 하는 문제는 복지국가가 어떤 방향으로 발전하게 될 것인가를 결정하는 중요한 요인이 될 수 있다. 게다가 다양한 이해집단들 중 가장 강력한 정책참여자라고 할 수 있는 정당들과 정부의 정책적 태도들은 복지정책의 경로를 좌우하는 핵심요소가 될 수 밖에 없다.

정부의 질 관점에 의하면 역사적으로 좌파정당의 권력자원 동원에 의해 친복지적 개혁정권이 집권하지만, 개혁정책의 집행과정에서 실패를 거듭한 사례가 많고, 국민이 신뢰할 수 있는 정부의 질이 보완되지 않으면 보편주의적 복지국가를 위한 지속적인 권력자원의 동원도 불가능하다(이승윤 · 강민아 · 정무원, 2015: 2-3). 우리나라의 경우에도 2010년 이후 확장되어 온 보편적 복지 논쟁에서 드러나듯이, 대다수의 국민들은 복지의 확대를 지지지만 정부에 대한 신뢰도는 낮아서 복지발전의 전제조건이라 할 수 있는 증세에 대해서는 지지도가 약한 이중적 특성이 형성되어 있다.

이스턴(David Easton, 1965)은 '정책은 사회를 위한 가치의 권위적인 배분(Politics is the authoritative allocation of values for a society.)'이라고 하였다. 여기에서 '권위적 배분'이란 모든 사람이 배분 결과를 당연히 받아들이게 하는 정당성과 구속력을 지닌 활동을 의미한다. 사회복지를 둘러싸고 개인적 가치(individualism)와 집단적 가치(collectivism)라고 하는 대립적 견해에 따라 정치영역에서는 보편주의인가 또는 선별주의인가로 대표되는 복지정책의 차이들이 만들어 질 수 있을 것이다. 그러한 구조에 기대어 정부는 법과 제도 등을 통해 희소한 가치들을 권위적으로 배분할 것이다. 이러한 정부의 권위적 배분이 공익 또는 공공성을 위해 얼마나 올바르게 행해지는가 하는 것은 결국 정치적 과정 속에서 다양한 이해관계를 가진 다양한 참여자들이 얼마나 사회구성원들을 위해 노력하는가에 의해 좌우될 것이다. 특히나 한국사회처럼 저출산과 고령화 그리고 노동시장의 경직성이라는 새로운 사회적 위험에 적나라하게 직면하고 있는 사회에서는 그에 대한 날카로운 관심을 가지고 정치적 과정들을 지켜보는 것이 필요하다.

CHAPTER 02

역사 속에서 아동돌봄은 어떠하였는가?

아동은 누구인가? 유엔아동권리협약(United Nations Convention on the Rights of the Child) 제1장 제1조는 아동을 '18세 미만의 사람'으로 규정하고 있다(https://www.ohchr.org/en/professionalinterest/pages/crc.aspx). 이는 매우 간명하고 핵심적인 설명이다. 그러나 이는 또한 연령주의적이고 평면적인 정의라고 할 수 있다. 아동은 연령만으로 제한되는 이 규정이 담아내지 못하고 있는 매우 복잡하게 얽혀있는 사회문화의 양상들을 응축하고 있는 개념이기 때문이다.

아동은 어떤 존재인가? 아동의 존재적 특성을 설명하는 데에는 역사적 과정 속에서 아동이 어떻게 인식되었는가를 살펴보는 것이 유용한 답을 제공할 수 있다. 근대에 접어들기까지만 해도 서양에서 아동은 성인에게 종속된 존재이거나 부양의 대상으로, 단지 피동적인 존재로만 인식되었다. 아동이 사회 속에서 능동적 역할을 수행한다 해도 대부분은 성인들의 노동력의 공백을 메우기 위한, 보호받지 못한 주변부 노동자이었을 뿐이었다. 아동은 독립적이고 주체적인 인격체가 아니었으며, 이러한 굴절된 인식은 근대가 시작되고 산업화가 진전되면서야 서서히 변화하기 시작하였다.

아동에 대한 차별적 시선은 동양에서도 다르지 않았다. 동양에서 아동은 서양에서보다도 오랫동안 성인보다 낮은 지위에서 성인에게 복종적인 태도를 견지해야 하는 존재로 여겨졌다. 동양문화에는 인간사회에서 지켜져야 할 중요한 다섯 가지의 덕목 중의 하나로 장유유서(長幼有序)라는 연령중심의 질서가 굳건하게 자리하고 있었고, 이러한 위계적 도덕규범과 사회질서는 아동과 성인의 지위가 애초부터 차별되어야 한다는 것을 전제하는 것이었다. 이런 점에서 알 수 있듯이 아동은 성인과 동등한 자리에 위치할 수가 없는 취약한 존재일 뿐이었다.

근대화가 뒤늦게 진행된 한국사회에서 아동의 지위는 늘 성인의 그림자 뒤에 놓여 있었다. 위계적인 사회문화가 지배하는 전통적 정서 속에서 아동은 대부분 사회 속에서 드러나지 않는 존재였고, 성인들의 엄격한 지도와 훈육을 거슬러서는 안 되는 비자율적 존재였다. 한참의 시간이 흘러 개화기를 거치고 서구문명이 한국의 전통문화와 뒤섞이면서 개인주의적이고 자유주의적인 가치들이 뿌리를 내리기 시작했지만 아동에 대한 대체적인 관점은 올바르게 자리잡지 않았다.

아동돌봄은 어떠한가? 한국에서 아동에 대한 사회적 관심이 증폭되기 시작한 것은 한국전쟁을 경험하고 난 이후부터이다. 암울한 남북 간의 전쟁이 끝나고 부모와 가족을 잃은 고아와 기아가 늘어나자 구호와 원조의 대상으로서 아동에 대한 관심이 커지기 시작하며 아동의 존재는 사회의 이목을 끌기 시작하였다. 그러나 이는 아동이라는 존재에 대한 전반적인 인식에 있어 새로운 성찰을 동반한 관심이었다고는 할 수 없었다. 이는 단지 생존의 위기에 처한 배고프고 의지할 곳없는 아이들을 사회가 거두어 보호해야 한다는 현실적 필요와 그에 대한 반응의 차원이었을 뿐이었다.

아동의 존재와 지위에 대해 한 사람의 존엄한 인격체로 인식해야 한다는 필요성이 제기되기 시작한 것은 전후에 경제가 복구되고도 한참이 지난 후의 일이었다. 유엔아동권리협약 등을 비롯해 아동인권을 개선하기 위한 범세계적 차원의 노력이 확산되면서 이는 우리나라에서도 아동이란 존재를 어떻게 인식해야 할 것인가 하는 논의에도 영향을 미친 것이다. 하지만 당시까지도 사회적인 논의의 대상이 되는 아동은 경제적으로 취약하거나 가족구조 또는 가정 내의 학대나 폭력 등으로 인해 돌봄의 사각지대에 놓인 아동으로 제한되었을 뿐이었다. 아동의 보호자는 당연히 부모이고, 부모가 존재하는 한 아동은 부모가 일차적인 보호자이자 감독자로서 책임과 권한을 가져야 한다는 봉건적 발상이 핵가족 내의 아동에 대한 사회적 논의를 제한하는 원인으로 작용한 것이다. 친권이라는 전통적 개념을 통해 드러나듯이 한국사회에서 아동이 처한 가족적, 사회경제적 종속의 굴레는 극단적으로 공고화되어 온 것이다. 그런 환경 속에서 아동의 삶의 질은 부모와 사회의 잣대에 비추어 가늠되었을 뿐이고, 아동 스스로의 욕구에 대해 정밀하게 고려된 바는 없었다. 그런 상황의 연속선 상에서 1980년대 후반부터 본격화된 저출산-고령화라는 인구구조의 변화는 사회경제적 측면에서는 위기감을 불러 일으키는 요인이 되었지만 다른 한편으로 사회가 아동의 존재와 지위에 대해 본격적으로 관심을 가지게 되는 계기가 되었다는 점에서 하나의 전환점이 되었다.

최근 들어 한편으로는 인권에 대한 관심이 커지면서, 다른 한편으로는 가족구조와 여성의 역할 변화 그리고 저출산의 지속화라는 두 중요한 시류가 접점을 형성하면서 아동에 대한 사회적 관심이 증폭되었다.

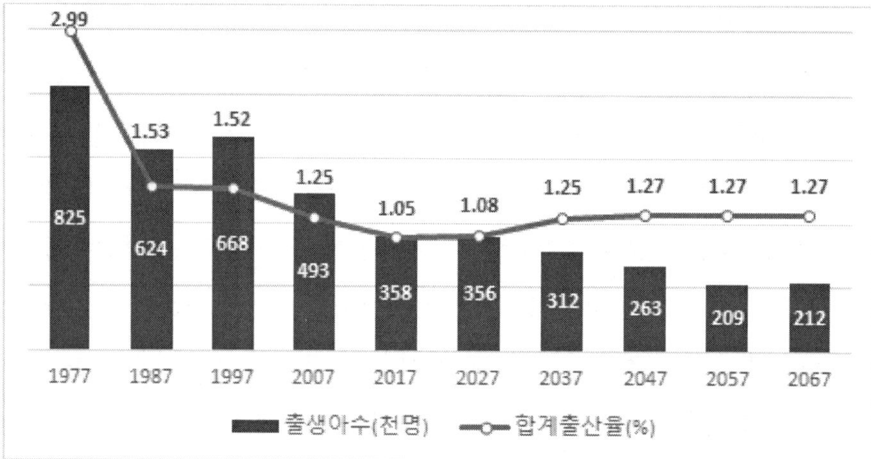

출처: 통계청(https://kosis.kr/visual/populationKorea), 출생아수와 합계출산율.

[그림 3] 연도별 출생아수와 합계출산율

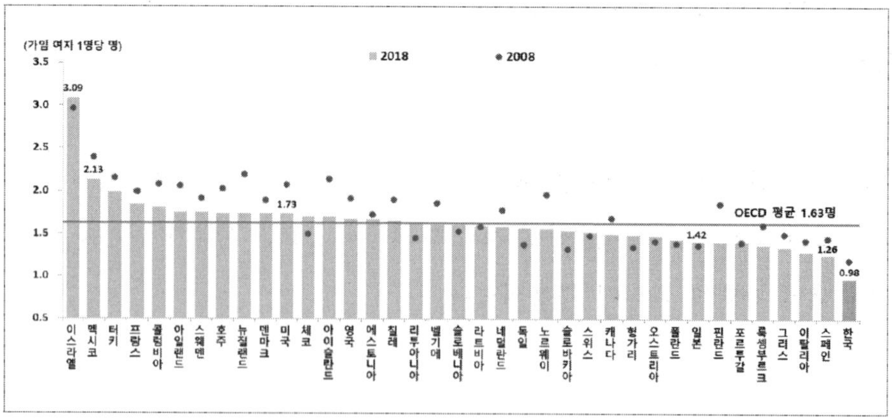

출처 : OECD, Family database

[그림 4] OECD 국가간 합계출산율 비교 (2008, 2018)

또한 1980년대 후반부터 슬슬 불거지기 시작한 성평등에 대한 조류는 여성들의 사회경제적 지위를 돌아보게 하는 요인이 되었으며, 돌봄자의 역할과 지위는 아동돌봄과 관련된 사회적 이슈화를 더욱 부채질하였다.

〈표 1〉 연도별 경제활동 참가율 (단위: 명, %)

구분	2000	2005	2010	2015	2017	2018	2019	2020
15세이상 인구	36,192	38,120	40,825	43,239	43,931	44,182	44,504	44,785
경제활동인구	22,151	23,718	24,956	27,153	27,748	27,895	28,186	28,012
경제활동참가율 (15-64세)	64.5	66.3	65.9	68.4	69.2	63.1	63.3	62.5
남자 경활참가율 (15-64세)	77.2	78.3	77.2	78.9	79.3	73.2	73.5	72.6
여자 경활참가율 (15-64세)	52.1	54.5	54.5	57.9	59.0	52.9	53.5	52.8

출처: 통계청(각 연도), 경제활동인구조사.

돌봄에 대해 오랜 기간 동안 연구를 진행해온 잉스터(Engster)는 인간의 특성을 '배태된 돌봄의존성과 항시적 의존원칙'이라고 말하였다. 모든 인간은 생존하고, 기본역량을 발달시키고 유지하며, 원하지 않는 고통과 고충을 피하기 위해 타인의 돌봄에 의존한다. 타인을 돌봐야 하는 돌봄의무는 우리가 생존, 발달, 가능하기 위해 누군가의 돌봄을 필요로 하는 의존적인 생명체라는 인간의 존재론적 본성으로부터 발생하는 것이다. 다시 말해, 모든 인간이 공통적으로 갖게 되는 돌봄의 의무는 궁극적으로 타인에 대한 우리의 돌봄의존성에 근거한다. 이 주장은 타인에 대한 우리의 돌봄의무를 자유주의적 쌍무적 호혜성의 관점이 아니라, 인간 공통의 그리고 인간 존재에 내재된 의존성에서 찾는다는 점에서 의미가 있다(Engster, 2017: 2).

저출산이라는 인구구조의 변화, 돌봄제공자로서의 여성의 성역할 변화, 가족의 소규모화 그리고 아동의 존재 자체에 대한 새로운 관점의 등장과 인권에 대한 관심의 증가는 아동돌봄에 대한 사회적 인식과 정책적 관점이 전환되는 데에 기여하였다.

〈표 2〉 가구유형 변화 추이 (단위: 가구)

구분	2000	2005	2010	2015	2017	2018	2019	2020
전체	14,507,010	16,038,858	17,494,884	19,012,895	19,523,587	19,871,152	20,115,725	20,349,567
부부	1,785,717	2,248,550	2,629,660	2,952,106	3,130,072	3,189,409	3,279,550	3,379,123
가구주+미혼 형제자매 (기타친인척)	205,874	243,526	270,450	217,504	220,953	217,728	219,539	221,175
1세대 기타	67,993	79,723	98,704	124,687	135,036	133,793	139,106	144,485
부부+미혼자녀	6,993,296	6,815,725	6,544,401	6,131,866	5,932,704	6,056,900	5,961,846	5,855,005
부+미혼자녀	222,236	289,874	350,681	535,123	569,619	530,736	544,803	557,007
모+미혼자녀	914,795	1,096,469	1,263,825	1,516,859	1,557,134	1,500,644	1,516,519	1,528,438
부부+부(모)	138,660	154,618	157,776	143,736	144,232	137,839	137,249	136,670
부부+미혼자녀 +형제자매	96,863	75,467	57,695	77,257	76,216	70,779	70,262	69,699
조부(모)+ 미혼손자녀	105,536	124,424	113,449	111,654	114,251	112,574	113,261	114,417
2세대 기타	347,667	380,063	545,526	774,788	854,385	865,218	904,547	945,444
부부+미혼자녀 +부(모)	819,458	713,100	657,051	576,274	539,720	519,493	501,097	482,616
3세대 이상 기타	391,628	400,267	419,621	457,714	460,163	412,869	410,576	408,397
1인 가구	2,255,298	3,185,621	4,174,073	5,179,573	5,562,048	5,804,076	5,986,934	6,165,823
비친족 가구	161,989	231,431	211,972	213,754	227,054	319,094	330,436	341,268

출처: 통계청(https://www.index.go.kr/main.do), 가구주의 연령/가구유형/가구원수별 추계가구-전국.

〈가사분담에 대한 인식과 현황〉 〈성별 가사노동시간〉

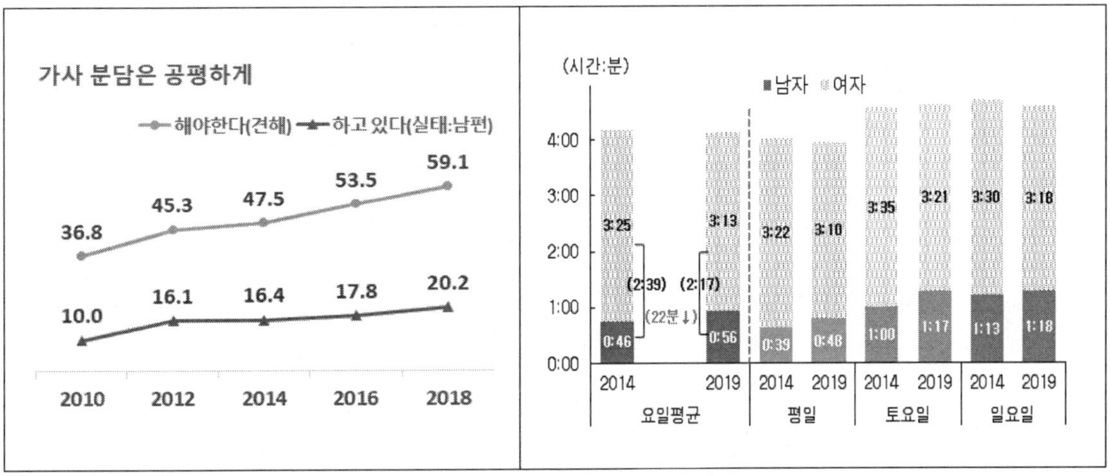

* 통계청, 사회조사(2018) * 통계청, 2019년 생활시간조사

출처: 제4차 저출산고령사회 기본계획.

[그림 5] 가사노동의 현황

그리고 핵가족 속에서 가족관계가 애정과 친밀성을 중심으로 좀 더 긴밀해 지면서 종전에는 부모 중심으로 돌아가던 가족생활이 부모와 자녀 사이의 사랑을 중심으로 재구성되면서 아동은 가족의 중심축이 되기 시작하였다. 그리고 아동에 대한 돌봄은 가족과 사회의 중요한 이슈가 될 수 밖에 없었다. 그러나 한국사회에서 지금껏 아동돌봄에 대한 사회적 관심이 구체적으로 어떻게 변화되어 왔는지 살펴보고, 그러한 아젠다(agenda)화 과정들을 역사적으로 정리하며, 그 과정에서 정치(정책)적 담론의 동학은 어떻게 형성되어왔는지를 세밀히 들여다보는 작업들은 많지 않았던 게 사실이다.

PART 2

아동돌봄정책의 역사

CHAPTER 01

역사적 제도주의 관점에서의 아동돌봄정책

제1절 역사적 제도주의 이해하기

1. 가족의 아동돌봄에 대한 역사적 접근의 맥락

주로 노동능력의 유무에 의해 결정되었던 전근대사회에서의 사회적 위험들과 달리 후기 산업사회에서는 노동능력이 있음에도 불구하고 빈곤층으로 추락하거나 저출산-고령화로 대표되는 인구구조의 변화 등으로 기인되는 돌봄문제 등 새로운 양상의 사회적 위험들이 확산되고 있다. 낮은 출산수준의 지속, 고령화의 가속화, 노동시장의 유연화과 장기적 경기침체로 인한 고용불안정성의 증대, 기혼여성의 취업 증가로 인한 사적돌봄의 위기 등으로 요약되는 다양한 신사회적 위험들(new social risks)에 개인들과 사회가 노출되어 있다(이진숙 · 박진화, 2015). 복지국가의 역사에서 초기에 복지정책의 역할은 주 생계부양자인 남성노동자가 노동시장에서 노출될 위험성이 큰 질병이나 산재 그리고 실업과 노령화 등의 이른바 구사회적 위험들(old social risk)에 대응하는 것에 국한되어 있었다. 그러나 오늘날에는 불안정한 노동시장과 상시적 빈곤의 위협 등 사회경제적 구조의 변동으로 인한 요인들과 더불어 가족구조의 변화와 여성의 노동시장참여가 증가함에 따른 소위 '돌봄위기(care crisis)' 상황이 신사회적 위험으로 확산되면서 당연시되어 여성의 무급재생산노동으로 수행되어 오던 아동돌봄문제가 복지국가의 새로운 담론으로 부상되었다(Taylor-Gooby, 2004).

돌봄은 사회 유지를 위한 재생산의 역할이라 할 수 있는데, 복지국가는 임금노동자가 자신의 노동력을 통해 상품화하는 것을 넘어 아동을 양육하는 것을 통해 다음 세대의 노동력이 상품화 되어 유지될 수 있는 바탕을 마련하는 세대적 재생산을 필요로 한다(이진숙 · 박진화, 2015). 그런 측면에서 복지국가는 복지정책의 형성단계의 초기에는 임금노동을 정책적 관심의 주축으로 설정하고, 완전고용과 소득의 안정성을 보장하기위한 제도를 모색하기 위해 노력하였다. 반면 세대적 재생산은 임금노동자의 소득을 바탕으로 가족을 통해 이루어져 왔다(윤홍식 · 송다영 · 김인숙, 2010; 이진숙 · 신지연 · 윤나리, 2010).

산업화가 진행되면서 인간은 자신의 노동력을 시장에서 상품화하지 않으면 생계를 유지하기가 힘들게 되었고, 이에 복지국가는 노동시장에서 직면하는 사회적 위험에 대응하기 위해 '탈상품화(de-commodification)를 추구하게 되었다(Esping-Anderson, 1999). 그러나 탈상품화는 주로 남성노동자의 상품화를 전제하였기 때문에 가사와 양육이라는 무급노동(비시장노동)을 담당하는 여성을 제외함으로써 전통적인 성별 분업과 성 역할에 기초한 가족주의(familism)적 성격으로 인해 모든 인구학적 집단이 동등하게 상품화되어 있지 않다는 점에서 한계를 가진다(신지연, 2014). 결국 몰성적(gender-blind) 관점에서 제도화된 탈상품화 중심의 전통적 복지국가를 통해서는 더 이상 신사회적 위험에 대처할 수 없게 되었고, 무급노동을 포괄하지 못하는 탈상품화를 극복하기 위한 개념으로 가족 내 돌봄의 책임이 사회로 확대되는 탈가족화(de-familialization)가 주목받기 시작했다(이진숙 · 박진화, 2015).

한편 기혼여성이 노동시장으로 대거진출하게 되면서 양육과 돌봄의 제공 주체로 인식되어왔던 여성의 특성을 고려한 젠더 관점이 가족정책에서 부각되기 시작하였다(이진숙 · 신지연 · 윤나리, 2010). 그러므로 가족정책은 전통적으로 여성이 수행해 왔던 가정 내 돌봄에 대한 사회적 분담을 핵심적 사안으로 인식하며, 돌봄 문제를 둘러싸고 나타나는 가족, 사회, 국가 간 갈등을 해결하는 데에 노력을 기울이게 되었다(이진숙 · 박진화, 2015). 이에 따라 탈가족화는 돌봄정책에서 중요한 핵심적 관심이 되었다. 이는 탈가족화의 개념이 가족의 돌봄부담 완화와 여성의 유급노동시장 참여에 초점을 맞추고, 기존의 탈상품화 개념을 보완하여 복지국가를 이해하는데 있어 국가-시장 관계에 가족을 통합하도록 함으로써 젠더 관점에서 양육의 방식과 양육참여에 대한 방향을 설정하고, 구체적인 내용을 결정하는 준거가 될 수 있기 때문이다(윤성호, 2008).

한국에서 아동돌봄정책에 대한 관심이 싹트기 시작한 것은 저출산-고령화라는 현상들과 관련이 깊다(이진숙 · 박진화, 2015). 출산율의 저하는 산업사회에 나타나는 보편적인 현상이다. 하지만 한국의 2020년 현재 합계출산율은 0.84명으로 OECD평균보다 매우 낮은 심각한 수준이다. 또한 기혼여성의 다수가 결혼, 출산과 양육으로 인해 노동시장에서 경력단절을 경험하고 있다.

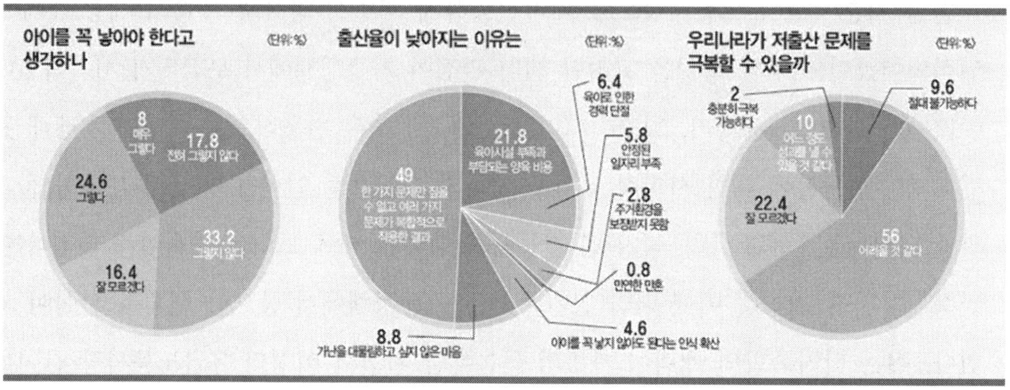

출처: 매경이코노미, 2019년 3월 13일(http://news.mk.co.kr/v2/economy/view.php?year=2019&no=156125).

[그림 6] 저출산에 대한 일반 인식

이 같은 저출산 문제와 여성의 노동시장참여의 어려움을 해결하기 위해서는 여성의 돌봄부담을 완화하고, 경력단절을 경험하지 않고 일과 가정을 양립할 수 있는 가족정책, 즉 탈가족화를 지향하는 정책들(이진숙 · 박진화, 2015)이 중요하다. 그런데 이 정책들은 장기적이고 거시적 관점에 천착하여 보편성과 포괄성이라는 방향을 추구하며 구조화를 모색하는 것이 바람직하다. 단기적 관점에서 선별적이고 편협한 복지서비스를 제공한다면 적어도 한 세대를 넘어서야 효과를 확인가능한 출산이라는 것의 효과를 기대하기 어려울 뿐만 아니라 그 효과 또한 미미할 수 밖에 없기 때문이다.

저출산과 열악한 여성노동시장에서 파생된 심각한 문제들을 해결하고자 정부는 다양한 가족정책을 시행해 왔지만 그 역사가 길지 않아 정책의 효과나 구조들에 대해 근본적으로 고민할 수 있는 시간은 많지 않았다(이진숙 · 박진화, 2015). 따라서 아동돌봄을 비롯한 가족정책 전반의 발전을 위해서는 정책의 지난 궤적들을 통시적으로 반추해 보고, 이를 바탕으로 미래를 위한 고민을 세밀하게 시도하는 것이 매우 중요하다.

위와 같은 맥락에서 아동돌봄정책의 역사적 발달 맥락을 설명하기 위해서는 제도주의적 접근이 유용할 수 있다. 아동돌봄을 둘러싼 환경변화에 정책과 사회담론구조가 조응해가며 그로 인한 결과물로써 정책의 변동이 이루어지는 통시적 과정을 가장 잘 설명해 줄 수 있는 접근방식이기 때문이다.

2. 역사적 제도주의란 무엇인가?

1) 신제도주의의 등장

가족은 사회를 구성하는 가장 기초적인 단위의 제도이다. 가족제도는 사회변화에 역동적으로 반응하면서 상호 영향을 주고 받는다. 제도는 사회과학에서 오래된 연구주제 중 하나이다. 박진형(2017)은 사회현상을 설명하기 위해 제도와 행위의 관계가 중요한 관심 대상이라고 하였고 제도와 행위는 상호작용하는 관계이지만 무엇에 중점을 두는가에 따라 사회과학의 패러다임이 변화되어왔다고 했다. 제도관련 패러다임은 구제도주의에서 행태주의, 신제도주의 순으로 나타났다. 구제도주의의 한계를 비판하며 행태주의가 등장했고 행태주의에 대한 반발로 신제도주의가 등장하였다고 할 수 있다.

제도주의는 정책을 제도의 관점에서 설명하는 이론체계로서(하연섭, 2002) 제도를 연구과제로 삼는 사회과학의 한 연구 방법이다. 즉, 제도를 중심으로 사회적 · 경제적 · 정치적 현상을 연구하는 방법으로 볼 수 있다. 제도주의에서 '제도'는 광범위한 개념으로 제도주의를 연구하는 학자나 학파에 따라 다르게 정의되고 있으며 일치된 견해가 없다(황금옥, 2017). 1950년대와 60년대는 행태주의가 사회과학에서 지배적이었던 시기로서 이때를 전후로 신 · 구제도주의를 구분할 수 있다. 제도와 관련하여 이전시기의 연구를 구제도주의라고 하며 이후에 이루어진 연구들을 신제도주의라고 한다(안희남, 2002).

1950년대 이전의 구제도주의는 주로 국가 간의 제도들의 내용을 기술하거나 비교하는데 그치는 단순한 형태의 비교연구라고 볼 수 있다. 주로 개별국가들의 상이한 법적, 행정적, 정치적 구조들을 나란히 묘사하고 기술하였으며 설명적 연구의 단계로는 진전하지 못하였다(김종성, 2002). 제도와 행위 간의 관계를 살펴보았을 때에 구제도주의의 분석대상은 정태적인 사회제도이다. 행위자의 의사결정과정과 행위는 법과 정부구조 등의 제도적 제약 속에서 이루어지는 것이므로 국가의 공식적인 구조를 분석하고 비교함으로써 사회가 어떻게 구축되고 움직이는지를 설명할 수 있다고 보았다. 1950년대 이후 이러한 구제도주의에 대한 비판으로부터 행태주의가 등장한다(박진형, 2017).

행태주의는 정치적, 경제적 행동을 관찰 가능한 것으로 보았다(안희남, 2002). 초기 실증적 행태주의자들은 정치를 이해하고 정치적 산출을 설명하기 위해 정부의 제도들의 공식적 속성보다는 비공식적 권력배분, 정치 행위자들의 태도나 정치적 행동들을 경험적이고 계량적으로 분석했다(김종성, 2002). 이는 기존의 구제도주의가 가진 비 경험적인 분석을 거부하는 것으로 행태주의에 따르면 공식적인 법, 행정구조와 같은 규범적이고 도덕적인 원칙들은 실질적인 정치 행동이나 정책 결과를 설명하지 못한다는 것이다. 따라서 행태주의자들은 정치 이해와 정치적 결과를 설명하기 위해서는 정부 제도와 같은 공식적인 속성에 초점을 맞추기보다 권력, 태도, 정치적 행위 등의 비공식적인 부분에 초점을 맞춘 이론구축이 필요함을 강조했다. 이들은 보편적으로 적용할 수 있는 검증 가능한 개념과 변수 선정을 모색하였고(안희남, 2002) 과학적인 방법을 통하여 일반화된 이론을 도출해내려고 노력했다.

행태주의는 인간의 행위와 태도 자체를 분석 대상으로 삼고 개인의 행태가 사회의 제도와 독립적일 수 있다고 보았으므로 행위에 대한 사회구조적이고 제도적인 제약을 도외시한 부분에서 한계가 드러났다. 행태주의이론만으로는 설명할 수 없는 사회적 현상들이 나타난 것이다. 행태주의의 한계는 제도의 중요성을 다시금 부각시켰고(박진형, 2017) 기존의 제도주의에 대한 비판이 존재했지만 S. Huntington이나 R. Bendix와 같은 정치학자들이 제도가 여전히 중요한 역할을 하고 있음을 역설하여 새로운 제도적 시각에서의 신제도주의가 등장하게 된다(Thelen & Steinmo, 1992; 안희남, 2002에서 재인용). 신제도주의는 행태주의의 설명적 한계를 극복하는 수준을 넘어 이후 수십 년 동안 사회과학 전반에 중요한 영향을 미쳤으며 행정학, 정치학, 사회학 등의 학문에 많은 영향을 끼쳤다(김태은, 2015).

2) 신제도주의의 특징과 분파

신제도주의는 행태주의의 등장 이후 그동안 관심 밖이었던 제도에 대해 새롭게 관심을 가지는 제도적 시각에서의 연구로서 과거의 제도주의와 일관성을 가진다. 그리고 구제도주의에 비해 제도의 개념이 확대되었다. 구제도주의에서 말하는 형식적인 사회제도뿐만 아니라 각종 규범과 관습 등도 제도로서 개념화한 것이다. 또한, 제도가 행위를 제약하는 동시에 인간의 행위에 의해 제도가 변화하는 모습에 관심을 가졌다. 제도와 행위자의 관계에 대해 복합적인 시각이 필요하게 된 것이다(박진형, 2017). 더 이상 제도는 정태적인 개념이 아니라 행위에 영향을 미치는 독립변수인 동시에 인간의 행위에 영향을 받을 수 있는 종속변수로서 동태적 개념이 되었다.

신제도주의의 특징은 구제도주의와의 비교를 통해 쉽게 알 수 있다. 첫째, 제도의 공식적 · 구조적인 측면에 초점을 둔다는 점에서 양자는 공통적이지만 신제도주의는 공식적 측면을 통해 개인 행위를 설명하려는 목적을 가진다. 제도 변화에 따라 개인들의 선호와 전략, 행위, 상호작용 패턴은 변할 수 있다고 보고 이들에 초점을 맞추는 것이 특징이다. 둘째, 구제도주의는 국가의 공식적이고 법적인 측면을 기술하는 단계의 연구이지만 신제도주의는 사회현상을 설명하기 위한 변수로 제도를 설정했으며 분석적인 틀과 과학적인 방법으로 이론의 발전을 도모하였다는 점에서 설명적 연구로 볼 수 있다. 셋째, 신제도주의에서 제도는 개인의 행위와 관련하여 독립변수이자 종속변수이다. 제도가 개인의 행태에 영향을 미치고 제약을 두지만 동시에 개인의 행위나 태도는 제도를 변화시킬 수 있다고 보는 것이다. 넷째, 신제도주의에서 제도의 궁극적인 목적은 국가정책을 설명하기 위함이다. 각 국가의 고유한 제도에 초점을 맞춤으로써 국가 간의 정책패턴을 발견하고 정책 결과의 공통점과 차이점을 분석하는 것이 특징이다. 그러므로 신제도주의는 구제도주의와 마찬가지로 비교정책학적인 시각을 공유하는 동시에 제도의 다양성과 차이점을 살펴볼 수 있다. 다섯째, 신제도주의는 국가 간의 정책의 차이점을 설명하면서 거시적인 관점보다는 개인 간의 상호작용과 개인의 의사결정 패턴에 영향을 미치는 중시적인 수준의 제도적 요인에 초점을 맞추며 이론의 일반화를 통해 중범위 이론 개발에 노력하는 점이 특징이다(이권, 2011).

신제도주의도 또한 구제도주의와 마찬가지로 제도주의적 맥락을 함께하고 있어 제도에 대한 공통의 견해가 없다. 이들의 분파는 크게 합리적 선택 제도주의와 사회학적 제도주의 그리고 역사적 제도주의로 나뉜다.

(1) 합리적 선택 제도주의

합리적 선택 제도주의는 제도와 행위자들은 어떻게 행동하는가에 대한 질문에 대한 답이 될 수 있다. 합리적 선택 제도주의는 수단적이고 전략적인 계산에 기반을 둔 개인의 합리적인 선택에 대해 주목한다. 대안적이고 수단적인 합리성을 강조하는 것이다(안희남, 2001). 이러한 합리적 선택 제도주의는 결정을 내리기 위해 전략적인 계산이 필요하며 가장 핵심인 제도는 행위자의 합리적인 선택의 결과를 바탕으로 이루어진 것이다. 즉, 합리적 선택 제도주의자들은 '전략적 상호작용(strategic interaction)'을 강조하는데 인간의 행동이 전략적인 계산에 의해 결정되며 다른 행위자들 역시 이러한 계산을 할 것이라는 기대가 큰 영향을 받는다고 가정하는 것이다. 행위자들의 계산에 따른 제도는 행위자들에게 상당한 정보를 제공해준다. 제도와 행위자들의 관계가 일방적인 것이 아니라 서로에게 영향을 주고받는 관계임을 알 수 있다. 공공선택이론, 대리인 이론, 공유재 이론, 거래비용이론 등이 합리적 선택 제도주의의 주요 내용을 구성한다.

(2) 사회학적 제도주의

사회학적 제도주의는 합리적 선택 제도주의보다 사회 자율성을 거시적으로 이야기한다. 제도를 폭넓게 정의하며 제도를 문화, 규범, 관례, 의미체계 등을 포함한다. 제도는 사회 문화 및 상징이며 상호작용적이고 상호구성적인 속성을 강조한다(김종성,2002). 개인의 결정은 제도적 환경의 산물일 뿐만 아니라 거시적인 규모의 비공식적 제도인 것이다. 인간의 의도성이 없으며 제도 변화가 불가하다. 합리적 선택 제도주의와는 다르게 제도가 형성되면 대안을 생각하지 않고 안착(Powell& DiMaggio, 1991)되며 제도가 유사한 형태로 수렴하는 동형화에 주목한다. 목표와 수단의 효율성을 강조하는 것이 아니라 행위자들의 사회적 정통성을 중요시한다.

(3) 역사적 제도주의

역사적 제도주의의 제도는 매우 광범위하며 포괄적이다. 장기간에 걸친 계승된 유형, 특징에 의해 제도가 의존한다는 '경로의존성(path dependence)'이라는 사회적 인과관계를 주장한다. 제도는 지속적이며 설정된 경로와 역사적 맥락을 중요시 여기며 비효율성을 강조한다.

독립변수로서 제도는 개인의 선택을 제약함과 동시에 제도가 결정력을 지니고 있으며 종속변수로서 제도는 행위와 구조적 맥락의 상호작용에 초점을 맞춘다. 행위자가 어떻게 행동하고 통제할 수 있는지 역동적인 제도변화의 입장을 이해하고 있는 것이다. 즉, 개인과 제도는 서로 독립변수이면서 종속변수인 것이다(김윤권, 2005). 또한, 제도는 자율성을 지니고 있어 행위자들이 그들의 이익, 선호를 어떻게 정의할 것인가에 영향을 미침으로써 개인의 선호를 재형성한다. 국가는 제도면서 행위자, 개인 갈등을 능동적으로 구조화하면서 다원주의를 부정한다. 개인은 정책과정에 있어 이익집단의 불공평한 접근, 불균등한 취급을 받는다.

3. 역사적 제도주의의 특징

역사적 제도주의에서 제도는 보편적이고 일반적인 정의가 없으며 학자마다 견해가 다양하다. 그러므로 제도의 구성을 살펴봄으로써 제도의 정의를 내려 볼 수 있다. 먼저, 사례를 분석해 봄으로써 정의를 내릴 수 있는데, Thelen과 Steinmo는 사례의 수단을 분석함으로써 제도를 정의했다(Thelen&Steinmo. 1992:2-4; 김윤권, 2005에서 재인용). 제도의 근본적이며 외연적인 성격보다는 사례에 의해서 제도를 정의하는 것이다. 다음으로 제도를 관계적인 측면을 통해 정의를 내릴 수 있는데, Hall은 제도란 '정체의 다양한 단위에서 사람들과 경제 간의 관계를 구조화하는 공식규칙, 순응절차, 표준운영절차'라고 말했다(Hall, 1986:7; 김윤권, 2005에서 재인용). Hall의 정의는 제도와 행위간의 관계를 중요시 한다. 또한, 이념의 역할을 제도의 조작적 정의에서 이해할 수 있는데, 이념이 많은 제도에 영향을 미친다고 생각하므로 제도의 범주에 포함시키는 것이다(김윤권, 2005).

역사적 제도주의는 제도가 정치적으로 영향을 미치는 것에 대해 개인의 행위라고 보는 것은 사회학적 제도주의와 비슷한 입장이다. 제도의 역할은 행위자 간에 이익과 선호를 어떻게 정의할 것인가에 따라 궁극적으로 그들이 추구하는 목적을 구체화하는 하는 것이다(Hall, 1986:19; 김종성, 2002에서 재인용). 제도는 행위자들에게 상당한 구체적 확실성을 제공해주어 다음 행동에 영향을 미친다. 이에 다른 행위자들도 확실성에 맞추어 변경하며 이로 인해 전략적 상호작용이 이루어진다(안희남, 2001).

역사적 제도주의는 제도의 권력 배분의 불균등성에 주의를 기울인다. 사회집단에게 주어지는 권력이 동등하지 않고 불균등하게 주어지는 것이다. 그래서 정책 이념들이 다원주의나 행태주의, 체제이론, 합리적 선택이론 등에서처럼 개인이나 집단의 선호와 선택이 그대로 실현되지 않는다. 이러한 제도의 권력 불균등성은 특정 집단이나 이익에게 이익을 불공정하게 제공하므로 혜택집단과 피해집단이 동시에 나타날 수밖에 없다(Immergul, 1998:17; Hall&Taylor, 1996:941; 김종성 2002에서 재인용).

역사적 제도주의는 기존의 역사 발전에 관한 전통적인 가설을 거부한다. 역사의 발전이 동일하게 작용한다면 언제든 똑같은 결과를 가져온다고 보지 않고, 경로의존성이라는 새로운 사회적 인과관계를 주장하였다.

Krasner은 다음과 같이 말했다. 역사적 제도주의자들은 특정시점인 T시점에서의 선택에 의해 형성된 제도가 미래의 선택과 변화방향을 지속적으로 제약한다. T+1의 제도는 T시점의 제도의 종속변수인 것이다(Krasner, 1988: 66-72; 김종성, 2002에서 재인용). 하지만 T시점의 제도만이 T+1의 제도를 형성하는 것은 아니다. T+1에 영향을 미칠 수 있는 다른 독립변수들도 존재한다. 이런 변수들은 제도변화의 맥락(context)을 형성하는데, 제도와 제도적 맥락의 작용으로 신제도의 형태가 제약되며 경로가 형성된다는 것이다(김종성, 2002). 이렇게 만들어지는 새로운 제도는 반드시 효율적이지 않다. 제도는 효율적이고 경제적일 수 있는 경로를 선택할 가능성을 배제시키기도 하며 제도가 항상 상황과 조건에 적합하게 만들어지지 않기 때문이다. (Hall&Taylor, 1996:941-942; 김종성, 2002에서 재인용).

반면에 Ikenberry는 제도는 쉽게 변화하지 않는다고 보았고 제도의 지속성을 설명할 4가지 요인을 설명했다. 첫째, 이미 형성된 제도적 구조는 특정 집단에게 특권적 지위를 부여하고 특혜를 얻은 집단은 이를 지속하려고 노력한다. 둘째, 조직 구성원은 처음 상황이 변화하여도 자신들의 과업을 유지하기 위해 기존 제도를 유지하려고 노력한다. 셋째, 제도개혁은 기존 조직과 구조 하에서 진행되며, 변화하는 제도도 조직 환경과 일치될 필요가 있기 때문에 변화를 지향하는 노력을 제약할 수 있다. 넷째, 새로운 조직구조가 혜택을 가져다 줄 수 있다하더라도 변화에 소요되는 비용과 미래에 대한 불확실성으로 인해 기존의 제도를 유지하게 한다(김종성, 2002). 또한, 통상적인 정책이란 과거의 그림자라고 칭할 수 있는 거시적 차원의 제약 요인 하에서 이루어지는 미시적인 적응과정에 불과하다고 주장하였다.

제2절 사적 돌봄과 공적 돌봄을 둘러싼 쟁점들

한국사회에서 아동돌봄문제는 초저출산현상의 지속화라는 가장 사회적으로 파급력이 큰 이슈에 의해 촉발되었고, 이로 인해 아동돌봄에 대한 담론은 보편적 복지라는 아젠다의 확장을 이끄는 주요 동인이 되었다. 그리고 그런 맥락 속에서 아동돌봄이슈는 정책이슈이자 정치이슈로 상당히 빠른 속도로 성장하였다.

아동돌봄정책은 시설 무상보육과 양육수당의 이원적 구조를 형성하고 있다. 한국사회 전반에 젠더 불균형적 역할의식이 고착화되어 있고, 그로 인해 시설 무상보육이 급속도로 확장되어 온 것은 매우 긍정적이다. 그러나 그것이 제도 자체에 내재된 소득보장적 욕구의 차원까지 모두 해결해 주는 것은 아니었다. 특히 전업주부 어머니들이 선호할 것이라 기대되었지만 급여수준이 낮기 때문에 시설보육의 포화라는 결과를 야기하는 요인이 되었다.

복지정책은 가치차원에 대한 선택의 결과(Gilbert & Terrell, 2005)라고 할 수 있으니, 복지정책에 대한 담론은 결국 정책행위자들의 가치적 지향성을 드러내는 표현양식이라고 할 수 있다.

과거의 정책변동은 정책의 형성부터 집행, 평가까지 모든 정책과정을 정부(government)가 주도하여 독점적으로 행해 졌지만, 최근에는 정책행위자의 범주가 확대되어 다양한 부문의 비정부부문의 개체와 조직들이 공조하는 거버넌스(governance) 체제가 주를 이루면서 보다 복잡하고 역동적인 양상을 보이고 있다(이진숙, 2017). 따라서 정책변동은 단순하게 규정하기 어려운 복합적인 속성을 가지고 있지만(이재무, 2014: 112), 최근 한국사회에서 가장 중요한 정책이슈 중 하나인 아동돌봄 지원정책은 다양한 차원의 가치들이 서로 충돌하고 있는 중앙지점에 놓인 이슈이기 때문에 정책변동의 복잡성을 가장 잘 보여줄 수 있는 최적의 사례라고 판단된다.

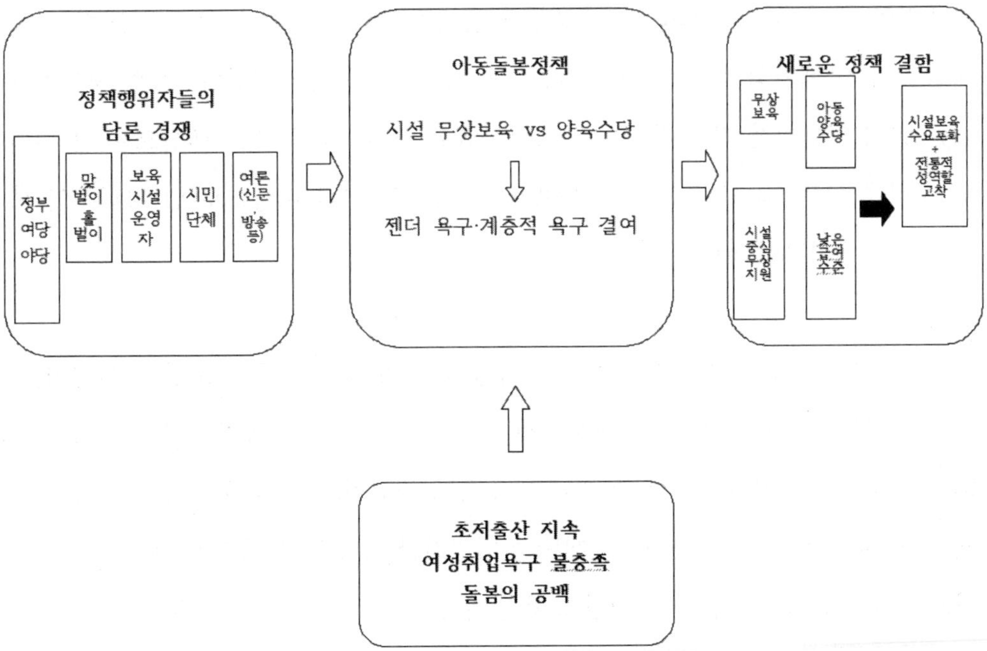

[그림 7] 아동돌봄정책의 담론 형성과정

1. 보편주의와 선별주의

한국사회에서의 공적 아동돌봄은 1921년 태아기독교사회관의 탁아사업에서 시작되었다. 빈민가정의 아동을 구호하는 것을 목적으로 시작된 태초의 보육사업은 1991년 영유아보육법이 재정됨에 따라 영유아의 보호를 중심으로 하는 탁아의 개념에서 보호와 교육이 통합된 교육의 개념으로 확장되었고 이후 급격히 발전하였다. 영유아보육법의 제정이후 보육의 양적 성장이 급속하게 이루어지자 보육의 질적 성장에 대한 요구가 제기되었고 2004년 영유아보육법이 전면 개정되었다. 이후 영유아보육법은 40회 일부개정 되면서 제도를 보완하였고 과거 저소득층을 대상으로 한 선별적인 지원에서 부모의 소득수준과 관계없이 전체 영유아를 대상으로 한 보편적인 보육정책으로 점차 변화했다.

1997년 12월에는 영유아보육법의 개정을 통해 무상보육 특례 조항이 신설되었다. 종전에 아동에 대한 수당은 선별주의적 속성을 지닌 생활보호법(이진숙, 2017)에 의해 생활보호 대상자와 저소득층 자녀의 보육에 필요한 비용을 국가 또는 지방자치단체가 전부 또는 일부를 부담하는 제도만 있었지만, 무상보육 특례가 제정되면서 초등학교 취학직전 1년의 유아에 대한 보육은 무상으로 하되, 순차적으로 실시하도록 규정하였다. 2008년부터 어린이집에 지원하던 보육료는 부모에게 직접 지원하는 방식으로 변경되었고, 영유아보육법의 개정을 통해 2009년부터는 시설서비스를 이용하지 않는 부모에게 지급되는 양육수당이 도입되었다. 사실 양육수당은 시설 이용아동에 대해서는 바우처(voucher)를 통해 기본보조금과 차등보육료 등을 지원되고 있지만, 시설 미이용 아동에 대해서는 지원 정책이 부재하다는 형평성 차원에서 시작된 것이며, 보육시설이나 유치원을 이용하지 않는 영유아에 대해 영유아의 연령과 보호자의 경제적 수준을 고려하여 선별주의적으로 양육에 필요한 비용을 지원하는 방식으로 설계되었다(이진숙, 2017).

〈표 3〉 양육수당의 변화

구분	2009년-2010년	2011-2012년	2013-2018년	2019년-
양육수당 지원대상	차상위 이하 24개월 미만 아동	차상위 이하 36개월 미만 아동	만0~5세 전 계층	만0~86개월 미만 아동
양육수당 금액	월10만원	12개월 미만- 월20만원 12개월 이상~ 24개월 미만 - 월15만원 24개월 이상~ 36개월 미만 - 월10만원	12개월 미만- 월20만원 12개월 이상~ 24개월 미만 - 월15만원 24개월 이상~ 84개월 미만 - 월10만원	12개월 미만- 월20만원 12개월 이상~ 24개월 미만 - 월15만원 24개월 이상~ 86개월 미만 - 월10만원

출처: 행정자치부 국가기록원(http://www.archives.go.kr); 보건복지부(각 연도): 보육사업안내.

아동 양육수당은 우선 2009년과 2010년에는 차상위계층 이하의 24개월 미만 영유아에게 월 10만원을 지원하고, 2011년과 2012년에는 차상위계층 이하 0-3세 영유아에게 아동의 개월 수에 따라 차등 지급하도록 변경되었다. 또한, 2012년에는 장애아동 양육수당이 도입되어 취학 전 만5세 이하 등록 장애아동 중 보육시설을 이용하지 않는 영유아에 대해 36개월 미만에게는 월 20만원을, 36개월부터 만5세 이하에게는 월 10만원을 지원하게 되었다.

보육료와 양육수당은 박근혜 정부의 집권 이후 더욱 큰 변화를 보였다. 2013년 1월 영유아보육법 개정을 통해 0-5세 영유아 전계층을 지원하는 법적 근거가 마련되었다(보건복지부, 2014). 이때부터 시설 이용아동에게는 보육바우처를 통해 부모의 소득 수준과 무관하게 0세에게는 394,000원, 1세 347,000원, 2세 286,000원, 3-5세 220,000만원이 지원되고, 시설 미이용 아동에게는 36개월 미만의 차상위 계층에게만 지급되던 양육수당이 만 0-5세의 전 계층으로 확대되었다. 그리고 양육수당의 지원 대상에 만5세 이하로 농어촌 지역에 거주하며 어린이집, 유치원을 이용하지 않는 농어업인 가구의 양육 아동과 취학 전 만5세 이하 등록 장애아동도 모두 포함되었다(복지로, 2016). 2019년에는 가정양육수당 지원 기간을 늘려 초등학교 취학 년도의 2월까지 지급하기로 했다(복지로, 2019). 그런데 양육수당의 지원수준은 〈표 3〉과 〈표 4〉 그리고 〈표 5〉를 비교하여 보면 알 수 있듯이 시설보육료의 대략 절반수준에 불과하다.

〈표 4〉 시설보육료 전액 지원대상 확대 추이

<table>
<tr><th>연도</th><th>만 0–2세</th><th>만 3–4세</th><th>만 5세</th></tr>
<tr><td>1999년</td><td colspan="2" rowspan="4">법정 저소득층</td><td rowspan="2">법정 저소득층 + 기타 저소득층</td></tr>
<tr><td>2000년</td></tr>
<tr><td>2004년</td><td rowspan="2">도시근로가구 평균소득 80% 이하</td></tr>
<tr><td>2005년</td></tr>
<tr><td>2006년</td><td colspan="2" rowspan="2">법정 저소득층 + 차상위계층</td><td>도시근로가구 평균소득
90%(도시), 100%(농촌)</td></tr>
<tr><td>2007년</td><td>도시근로자가구 평균소득
100 % 이하</td></tr>
<tr><td>2009년</td><td colspan="2">영유아 소득하위 50%</td><td rowspan="2">영유아 소득하위 70%</td></tr>
<tr><td>2011년</td><td colspan="2">영유아 소득하위 70%</td></tr>
<tr><td>2012년</td><td>전 계층</td><td>영유아
소득하위 70%</td><td>전계층(누리과정 도입)</td></tr>
<tr><td>2013년-</td><td colspan="3">전계층</td></tr>
</table>

원자료: 보건복지부(각 연도) 보육사업안내.
출처: 이혜원(2013: 11)에서 재인용.

〈표 5〉 시설보육료 지원의 내용 (단위 : 원)

연령 (적용시기)	지원단가		
	기본보육	야간	24시
만0세반 ('21.1.1-)	484,000	484,000	726,000
만1세반 ('21.1.1-)	426,000	426,000	639,000
만2세반 ('21.1.1-)	353,000	353,000	529,500
만3-5세반 ('21.1.1-2.28.)	240,000	240,000	360,000
만3-5세반 ('21.3.1-)	260,000	260,000	390,000

출처: 보건복지부(2021), 2021년도 보육사업안내(p. 349).

지금까지 0세-1세 영아에 대해 어린이집의 이용 여부에 따라 보육료와 양육수당으로 구분된 지원을 했다. 하지만 2020년 12월에 '제4차 저출산 · 고령사회 기본계획'이 발표됨에 따라 그 이후부터는 어린이집 이용여부와 상관없이 영아수당을 받을 수 있게 된다. 영아수당은 부모의 양육방식에 따라 어린이집, 시간제보육 등의 다양한 서비스의 이용과 직접 돌봄 소요비용으로 선택적 사용이 가능하며, 2022년도 출생아부터 영아수당을 도입하고 2025년까지 월 50만원을 목표로 단계적으로 확대할 계획이다. 이는 영아기의 돌봄 특성상 보육시설의 이용보다 가정돌봄이 많음을 반영한 것으로 아동의 안정적인 발달 지원과 함께 부모의 경제적 부담을 완화할 것으로 기대된다(보건복지부, 2020).

일반적으로 양육수당은 아동의 발달 증진과 양육비의 부담 완화에 긍정적인 효과를 보인다. 그러나 제도의 대상이 시설서비스를 이용하지 않는 모든 아동에게 보편주의적으로 확장되면서 이것이 소득보장이나 젠더평등의 차원에서 바람직한 것인가에 대한 우려(이진숙, 2017)가 제기되고 있다. 그리고 수당의 수준이 지나치게 낮기 때문에 이 수당이 가정양육을 유인하는 효과를 유발하지는 못하는 것으로 확인되고 있으며, 부모의 선택권 보장이나 출산율 제고에도 그 효과가 미미한 것으로 나타났다(유해미 · 김문정, 2012: 13).

2. 젠더평등과 소득보장

현금급여는 가족 중 돌봄을 수행하는 구성원의 돌봄으로 인한 소득의 상실이나 임금노동의 포기로 인한 기회비용을 상쇄할 수 있는 소득보장적 도구이자, 전문돌봄인력의 돌봄을 공식적으로 위치지워주는 유급노동의 보상수단이라고 할 수 있다. 그래서 이 급여유형은 수급자들에게 가장 우선적으로 선호가 되고, 급여에 대한 만족도도 높다. 그러나 다른 한편으로 양육수당을 비롯한 현금급여는 돌봄으로 인해 돌봄제공자의 소득활동이 제한되는 것에 대한 소득보전의 형태로 도입되므로 가족임금적 성격을 띠게 되고, 그로 인해 돌봄을 수행하는 가족구성원의 경제적 의존성을 높이게 되며, 가족에 의한 돌봄의 지속화를 야기하기 때문에 특히 여성이 돌봄제공자가 될 경우에는 전통적 성역할규범을 강화하게 되는 요인이 된다(Lister, 2000). 이런 이유로 1990년대 이후부터 여성주의적 아젠더로 탈가족화(defamilialization)에 대한 관심이 팽창되기 시작하였고, 현금급여제도에 대해 부정적인 관점이 형성되었다(이진숙,

2017). 사실 양육수당이 가지는 정책적 효과를 극대화하기 위해서는 가정 내 보육에 대한 부모의 선택권 강화에 중심을 두어야 하지만 이는 시설인프라가 미비된 상황에서는 여성들의 노동권과 충돌할 경우가 있기 때문에 젠더적 차원에서 바람직하지 못한 것으로 평가된다(이진숙, 박진화, 2015).

사실 지난 수십 년 동안 많은 여성이 노동시장에 진입했음에도 불구하고 가사노동의 대부분은 여전히 여성이 수행하고 있다. 여성과 남성은 가정 내에서 다양한 유형의 가사노동을 분담하고 있으나 많은 국가에서 가사노동의 불평등한 분업은 지속되고 있다(황동진 · 이진숙, 2019). 그러므로 어떤 정책수단을 누구에게 초점을 두고 제공할 것인가에 대해 젠더관점이 적용되는 것이 중요한 것이다. 정책의 결과가 영향을 미치는 데는 집단별로 다르게 그리고 다양하게 반영될 수 있음을 인지해야 한다. 정책의 실효성을 높이기 위해서는 일괄적인 정책보다 집단의 특성에 맞는 정책이 마련될 필요가 있다. 성평등한 아동돌봄정책의 실효성을 높이기 위해서는 자원의 수준에 따른, 시간 가용성에 따른, 개인의 젠더 태도에 따른, 그리고 돌봄 상황에 따른 맞춤형 정책이 마련되어야 할 것이다(황동진 · 이진숙, 2019).

CHAPTER 02

역사적 제도주의 관점을 통해 본 아동돌봄정책의 변동

제1절 아동돌봄 지원정책의 분석을 위한 방법론

한국사회에서 아동돌봄정책은 시대별로, 정부별로 상이한 방향으로 추진되어 왔다. 아동돌봄 지원정책은 소위 '탁아정책'이라고 명명되었던 시설돌봄서비스를 중심으로 시작되었고, 초기에는 주로 저소득가정이나 부모가 부재한 아동을 중심으로 한, 취약계층을 대상으로 한 선별적 복지의 차원으로 이해되었다. 그러나 차츰 시대의 흐름 속에서 가족구조의 변화가 나타나고 여성의 경제활동 참여율 증가에 대한 이슈가 확산됨에 따라, 아동돌봄에 대한 사회의 인식도 점차 변화되었다. 그리고 저출산-고령화가 심각한 문제로 대두되면서 아동돌봄을 더 이상 개인의 책임에만 맡길 것이 아니라 사회적으로 함께 책임져야 한다는, 다시 말하자면 보편적 복지로서의 보육정책을 추구해야 한다는 주장이 거세어지기에 이르렀다(김남식, 2009; 이진숙 · 이슬기, 2013).

정부는 1991년에 영유아보육법을 제정한 뒤부터 보육서비스에 노동시장정책을 결합시킴으로써 종전의 협소한 보육정책의 외연을 점진적으로 확장시켰다. 하지만 이와 같은 대부분의 정책들은 저소득아동에 초점이 집중되어 있거나, 아동에 대한 지원내용이 제한적이어서 부모들의 다양하고 현실적인 욕구에 적극적으로 대응하지 못한 한계가 있었다(이진숙 이슬기, 2013). 그러던 중 2009년부터 지방자치단체의 선거에서 무상보육 이슈가 사회적 이슈로 불거지면서(이진숙, 2012), 보육에 대한 보편적 지원이라는 보육정책의 새로운 패러다임이 등장하게 되었다. 그런데 이처럼 무상보육 또는 보편적 복지라는 새로운 패러다임이 가지는 긍정성이 상당함에도 불구하고, 그것조차 주 이슈당사자인 여성의 욕구를 심도 있게 고려하거나 아동의 복지를 우선적으로 고려하여 장기적 계획에 의해 만들어진 것이 아니었기 때문에 현재의 정책들은 특히 젠더적 차원이나 아동복지라는 측면에서 다양한 문제점을 드러내고 있다(이진숙 이슬기, 2013). 그로 인해 무상보육 패러다임을 현실 속에서 가시화하기 위한 도구라고 할 수 있었던 아동돌봄정책들도 긍정적으로만 평가되기에는 어려움이 있었다(이진숙 · 이슬기, 2013; 김은정 · 이진숙 · 최인선, 2014).

이 절에서는 정부의 수립 이후, 아동의 돌봄에 대해 국가적 지원정책이 형성되기 시작할 초기 무렵부터 현재에 이르기까지의 기간 동안에 아동돌봄이슈와 아동돌봄지원정책이 어떻게 변화되어 왔는지를 분석해 봄으로써 아동돌봄 지원정책의 패러다임이 어떻게 바뀌어 왔는가를 살펴보고자 하였다. 그리고 이를 통해 한국사회의 아동돌봄 지원정책이 부모나 보호자의 양육욕구에 실질적으로 얼마나 부합하여 변모되어 왔는가를 검토해 보고자 하였다. 이를 위해 이 절에서는 아동돌봄 영역에서 돌봄서비스 수요자의 돌봄욕구가 가장 밀도있게 응집되는 지점인 보육시설 이용정도와 보육비용의 부담정도를 집중적으로 분석함으로써 아동돌봄 지원정책의 패러다임(이진숙 · 이슬기, 2013; 김은정 · 이진숙 · 최인선, 2014)이 어떻게 변화되어 왔는가 하는 추이를 살펴보고자 하였다.

패러다임(paradigm)이란 사전적인 의미로 이해해 보면 특정한 시대의 사람들이 지닌 견해나 사고를 근본적으로 규정하고 있는 테두리로서의 인식의 체계, 또는 사물에 대한 이론적인 틀이나 체계(http://ko.wikipedia.org/wiki/%ED%8C%A8%EB%9F%AC%EB%8B%A4%EC%9E%84. 이진숙 · 이슬기, 2013; 김은정 · 이진숙 · 최인선, 2014)로 정의된다. 패러다임을 연구한 대표적인 학자인 토머스 쿤(T. Kuhn, 1962)은 패러다임의 의미를 두 가지로 구분하여 설명하는데, 그는 우선 패러다임을 범례(exemplar: 훌륭한 모범적인 업적)의 의미로써 '구체적인 업적이나 모델'을 뜻하는 개념으로 이해하였다. 그는 또한 패러다임을 두 번째로 '전체가 하나의 공동체 구성원들이 공유하고 있는 믿음들, 가치들, 전문기술들 등으로 구성된 집체(constellation)'로서, 포괄적인 인식적 구조의 의미로 이해하였다(박영태, 2011. 이진숙 · 이슬기, 2013; 김은정 · 이진숙 · 최인선, 2014).

가치들은 언제나 작용하고 있지만 이러한 가치들이 극명하게 드러나는 때는 어느 특정한 공동체 성원들이 위기를 만났을 때 또는 서로 모순되는 실천 방식 사이에서 어떤 것을 선택해야 할 때이다(박영태, 2011; 이진숙 · 이슬기, 2013; Kuhn, 1962).

이 글에서는 상기한 쿤의 논리에 따라 아동돌봄정책의 패러다임을 보육정책에 대해 사회구성원들에게 인식되는 일반화된 상징으로써 공유된 가치나 틀로 정의하고, 보육정책 내에 그것을 관통하는 어떤 일정한 경향성이 발견되면 이를 아동돌봄정책의 패러다임(이진숙 · 이슬기, 2013; 김은정 · 이진숙 · 최인선, 2014)으로 규정하였다. 그리고 아동돌봄정책의 발달단계를 시대별로 구분하고, 문헌연구방법을 통해 아동돌봄과 관련된 다양한 정책적, 학술적 자료들을 분석하였다.

제2절 아동돌봄정책의 패러다임 변화

1. 저출산과 아동돌봄 그리고 관련 정책의 변화

통계청에 의하면 합계출산율이 1.3명 미만인 상황을 표현하는 용어인 초저출산 현상이 한국사회에서는 2001년(1.297명)부터 2020년(0.84명)까지 약 20년 동안 이어지고 있다. 지속되는 초저출산 현상은 아동돌봄이라는 이슈에 대해 사회적인 관심을 촉구하는 동인이자 기회가 되었다. 그리고 이에 따라 아동돌봄을 지원하는 정책들이 강화되는 계기로 작용하였다(이진숙, 2019).

앞의 장에서 살펴 본 바와 같이 역사적 제도주의는 정책변화의 경로를 통시적이고 과정적인 측면에서 설명하는 데에 유용한 이론이다. 이런 맥락에서 이 절에서는 한국의 아동돌봄 관련정책의 변화가 어떠한 경로에 있는지를 통시적으로 개관해보기 위해 역사적 제도주의의 관점에서 우선 저출산·고령사회기본계획을 통해 분석해 보고, 그런 다음 각 시대별 패러다임의 변동과정을 살펴보고자 하였다.

가구유형을 통해 한국 가족의 변화추이를 살펴보면 3세대 이상의 가족구성원들로 구성된 대가족 가구는 매우 빠른 속도로 감소하고, 전형적 핵가족인 부부와 미혼 자녀의 감소화도 명확히 드러나(통계청, 2017) 부모들이 가족구성원들에게 아동돌봄의 도움을 기대하기가 매우 어렵고, 그에 따라 출산을 선택하지 않는 상황이 나타나고 있음을 짐작케 한다(이진숙, 2019).

'저출산'이라는 항목으로 예산이 편성된 것은 2006년부터인데, 그 후부터 2018년까지 정부가 저출산을 타개하기 위해 편성한 예산 총액은 126조 원이었다. 그러나 출산율의 저하와 자녀양육의 어려움은 여전하다. 그렇다면 이렇게 정책적 대응의 효과가 미흡했던 이유는 무엇이고, 이를 해결하기 위한 방안을 모색하는 것에 대한 논의가 필요하다(이진숙, 2019).

이 절에서는 역사적 제도주의가 제시하고 있는 진화론적 접근 방법을 수렴하여 4차례에 걸쳐 시행되고 있는 저출산 · 고령사회기본계획의 저출산 정책에 포함되어 있는 아동돌봄 지원의 내용적 경로를 분석해 보고자 한다. 이를 위해 각 계획에 포함되어 있는 아동돌봄 지원정책의 내용들을 살펴보고 경로를 파악한 뒤, 정책의 경로들이 4차례의 기본계획 속에서 변화되었으면 이를 경로진화로 규정하고, 변화되지 않았다면 경로의존으로 규정(이진숙, 2019)하고자 한다.

정부는 1960년대부터 1990년대 중반까지는 산아제한적 가족계획 정책을 진행하였다. 하지만 2001년에 합계출산율이 1.3명으로 저하되어 초저출산현상이 나타나면서 2000년대 중반부터 정책의 기조를 출산장려로 변경하였다(변수정 · 황남희, 2018: 43; 이진숙, 2019).

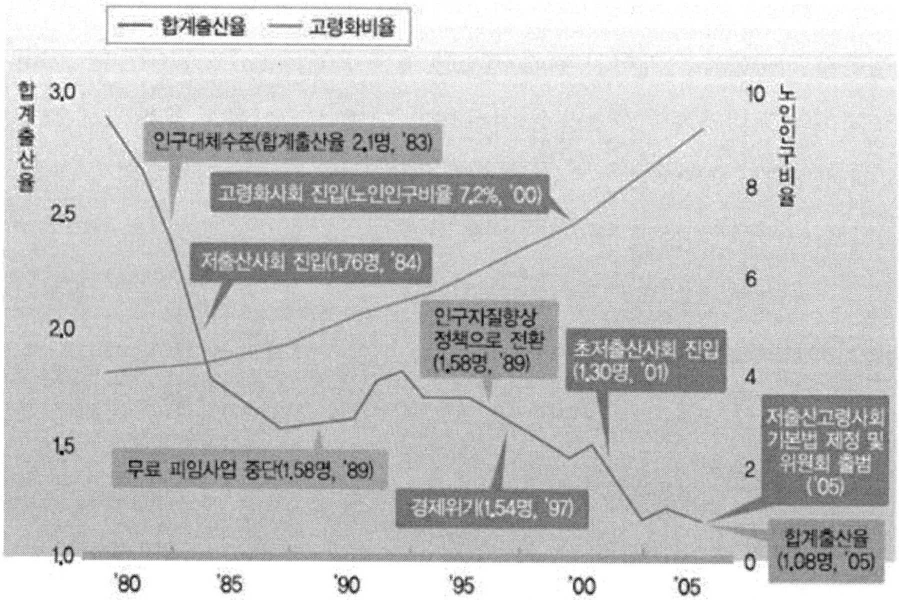

출처: 대한민국 정부(2008): 32.

[그림 8] 저출산 추이 및 관련 정책방향 변화

정책의 방향이 변화되고, 정책을 추진하기 위한 기본계획을 수립하게 되면서 2006-2010년에 제1차 저출산 · 고령사회기본계획을 추진하고, 제2차는 2011년부터 2015년, 제3차는 2016년부터 2020년까지 기본계획을 추진하는 것으로 설정되었다(대한민국 정부, 2011: 21). 제1차 기본계획에서는 자녀의 양육과 교육에 대한 경제 부담, 일-가족 양립문제, 보육시설 부족 등 양육을 위한 환경이 미흡함을 출산과 양육의 장애 요인으로 지목하고 정책의 주요 대상은 저소득 가정이고, 정책적 내용은 보육 지원을 중심으로 구성되었다(대한민국 정부, 2008: 57; 변수정 · 황남희, 2018: 44; 이진숙, 2019).

제1차 기본계획의 추진으로 영유아 보육 및 교육비 지원율은 21.9%에서 42%로 상향되었고, 육아휴직 이용율은 26%에서 50.2%로 증가하였다(대한민국 정부, 2011: 18). 그러나 출산율은 크게 변화되지 않았다. 그리고 제2차 기본계획은 출산율의 점진적 회복을 목표로 설정하고, 자녀출산과 양육에 우호적인 환경을 조성하기 위해 '일과 가정의 양립 일상화', '결혼, 출산, 양육 부담 경감', '아동 · 청소년의 건전한 성장 환경 조성'(대한민국 정부, 2011: 35; 변수정 · 황남희, 2018: 44; 이진숙, 2019)에 초점을 두었다.

〈표 6〉 제2차 저출산 · 고령사회기본계획 중점과제

분야		중점 과제	부처
일과 가정의 양립 일상화	휴가휴직제도 개선	• 육아휴직 급여 정률제 및 복귀 인센티브 도입 • 육아기 근로시간 단축청구권 도입 • 산전후 휴가 분할사용 허용	고용 고용 고용
	유연한 근로형태 확산	• 상시근로자 수 산정기준 개선 • 스마트 워크센터 도입 및 확산	고용 행안
	가족친화 직장환경 조성	• 직장보육시설 설치 의무이행강제방안 도입 • 공공기관 가족친화인증 확산	복지, 고용 여성가족, 기재
결혼 · 출산 · 양육 부담 경감	가족형성 여건조성	• 신혼부부 주택자금 대출 소득요건 완화 • 유자녀 현역병 상근예비역 편입	국토 국방
	임신 · 출산 지원 확대	• 분만취약지 보건의료인프로 지원 확대 • 난임부부 지원 확대	복지 복지
	자녀양육비용 지원 확대	• 보육 · 교육비 전액지원 확대 • 다자녀가장 공무원 퇴직후 재고용 • 다자녀가정 세제, 주택, 학비지원 확대	복지, 교과 행안 기재, 국토, 교과

분야		중점 과제	부처
	육아지원 인프라 확충	• 보육시설 평가인증제 개선 • 공공형 · 자율형 어린이집 도입 • 보육시설 운영시간 다양화 • 영아 돌봄시장 제도화(베이비시터 시장 조성) • 방과후 돌봄서비스 인프라 구축	복지 복지 복지 여성가족 복지, 교과, 여성가족
아동 · 청소년의 건전한 성장환경 조성	취약계층 아동지원	• 드림스타트 사업 활성화	복지
	안전한 보호체계 구축	• 성폭력 피해아동 지원 강화 • 아동보호전문기관 확대(아동학대 예방) • Wee프로젝트(학교폭력예방 및 피해자 보호)	여성가족 복지 교과
	아동정책 기반조성	• 중장기 아동정책기본계획 수립	복지

출처: 대한민국 정부(2011, 35).

전반적으로 제1차와 제2차 저출산 · 고령사회기본계획은 내용상으로 자녀 양육을 위한 환경을 조성하는 데에 중점을 두었고, 무엇보다 자녀가 있는 기혼 가구를 정책의 주 대상으로 표적화한 경향이 드러났다. 이에 비해 제3차 기본계획은 가족중심의 양육지원에서 더 나아가 부모의 노동과 고용을 지원하기 위해 일자리나 주거와 같은 거시적 사회구조를 변화시키기 위한 차원으로 접근되었다(대한민국 정부, 2015: 36; 이진숙, 2019).

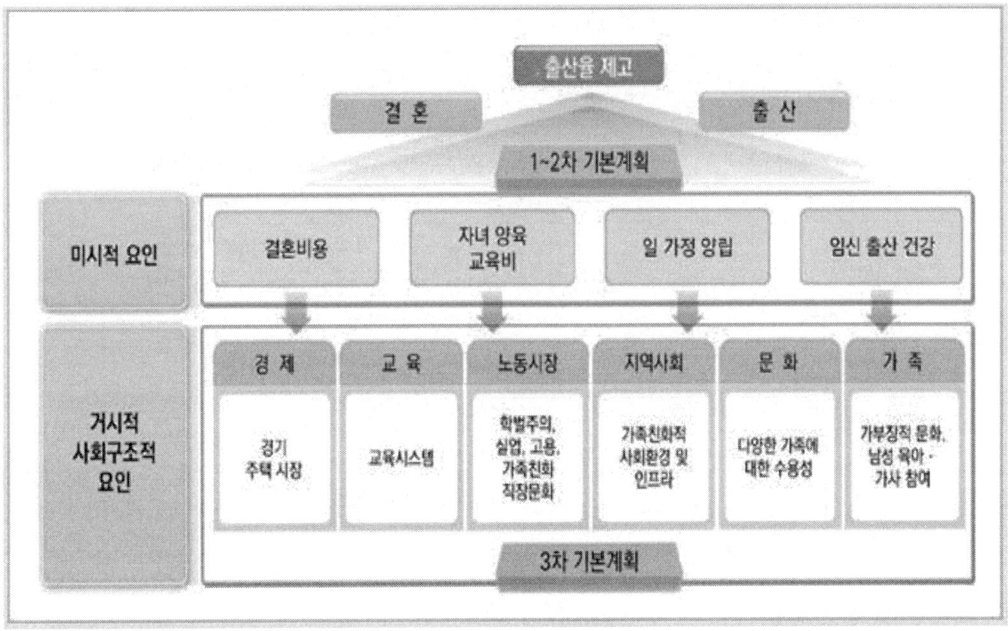

출처: 대한민국 정부(2015, 36).

[그림 9] 제3차 기본계획 저출산 대책 확장 방향

정부는 제3차 기본계획에 따라 가족형성 초기의 부부들을 위한 주거지원, 청년층을 위한 취업과 고용 지원 그리고 대안적 근로제도 등의 거시적 사회정책들을 저출산대책으로 추진하였다.

〈표 7〉 제3차 저출산 · 고령사회기본계획 중 저출산대책 핵심성과지표

성과지표	현재 ('14)	목표 ('20)	관련 과제
신혼부부 임대주택 수혜율	4.8%	10%	• 신혼부부 맞춤형 임대주택 공급확대 • 신혼부부 주택자금지원 현실화
임신 유지율	77.6%	82%	• 고위험 산모 신생아 의료지원 확대 • 다양한 가족에 대한 사회적지지 강화 • 생명존중 분위기 확산
청년 고용율	40.7%	48%	• 청년고용대책 • 노동개혁 과제 • 일학습병행 등
전체 육아 휴직자 중 남성비율	5% ('15.7)	15%	• 남성육아휴직 활성화 • 육아휴직제도 내실화 • 남성육아참여 문화 확산
국공립 등 믿고 맡길 수 있는 어린이집 이용아동 비율	26%	27% ('25년까지 45%)	• 맞춤형 돌봄 확대 · 교육개혁
근로자 1인당 연간 근로시간	2,057시간 (14')	1,800 시간대	• 일 · 가정양립 지원 · 홍보 및 유연근무제 활성화
사교육비 부담	18.2조	17조	• 사교육 경감 • 공교육 정상화 • 능력중심사회 구현

출처: 대한민국 정부(2015): 44.

제3차 기본계획은 제1차와 제2차 계획과는 달리 기혼가구를 위한 보육과 교육비용 부담 완화라는 협의의 정책범위를 청년일자리와 주거대책 강화라는 광의의 영역으로 확장되었지만 그 효과는 크지 않았다. 그 결과는 초저출산의 지속이라는 현상을 제거하지 못했기 때문이다(대한민국 정부, 2015: 37). 이러한 한계를 인식하고 2017년에 새로 집권한 문재인정부는 저출산의 가장 근원적인 문제인 아동돌봄은 국가가

책임을 지고 수행하는 것이 바람직하다고 천명하며 국공립유치원 확대, 어린이집 누리과정 국고 지원, 고교 무상교육, 대학생 주거부담 경감 등 생애주기별 맞춤형 지원을 위한 국가의 책무성을 강화하기 위한 계획을 밝혔다(국정기획자문위원회, 2017: 80). 그리고 2018년의 대통령 업무보고에서는 국공립어린이집 확충과 보육서비스의 질 제고 그리고 온종일 돌봄체계 구축을 통해 일 · 생활균형의 패러다임을 통해 저출산과 아동돌봄문제를 해결해 나가겠다는 의지를 밝혔다(보건복지부, 2018: 14; 이진숙, 2019).

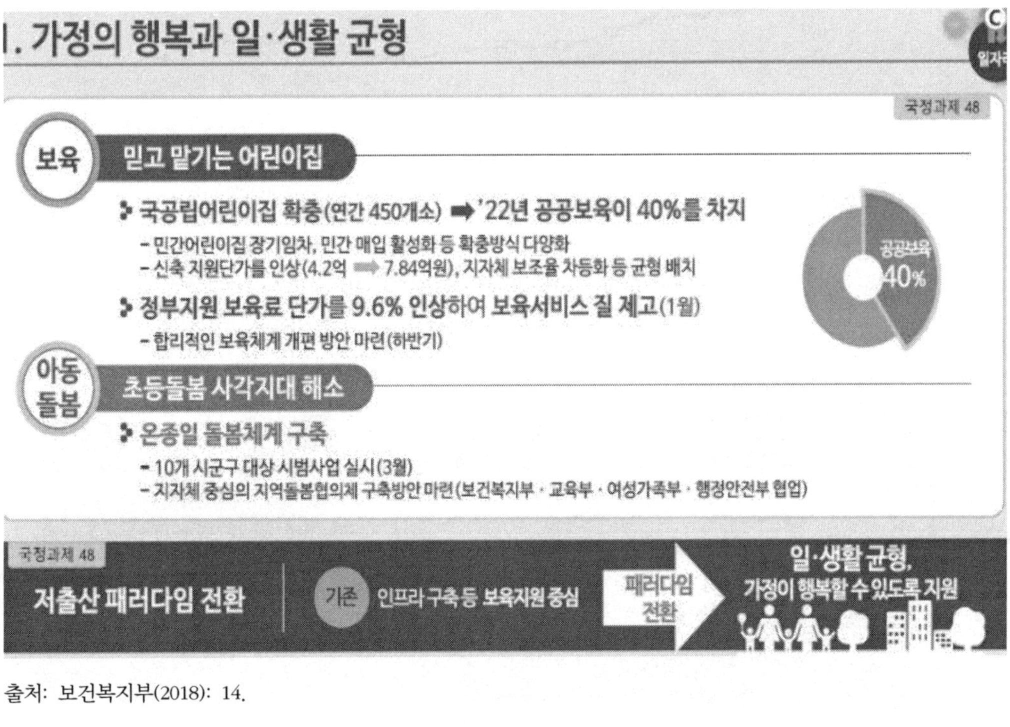

출처: 보건복지부(2018): 14.

[그림 10] 문재인정부의 아동돌봄 패러다임

제3차 저출산고령사회 기본계획을 시행했음에도 불구하고 초저출산은 지속되었고, 급기야 전체인구의 감소라는 전대미문의 위기가 닥치게 되었다.

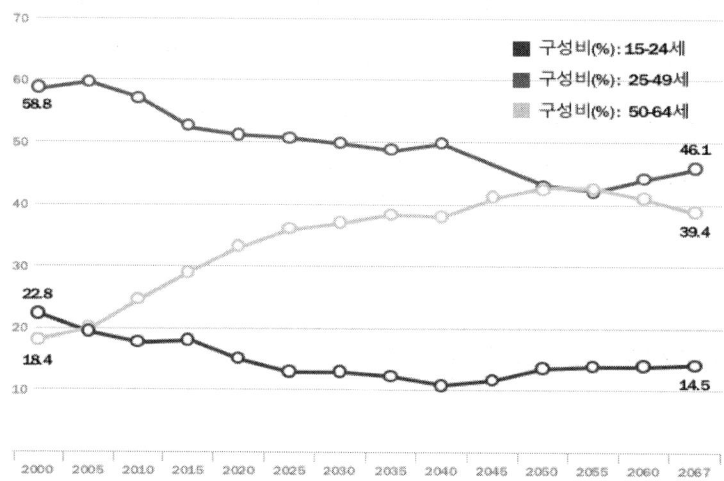

출처: 2019년 장래인구추계(통계청)

[그림 11] 생산연령인구의 변화(단위 : 천 명)

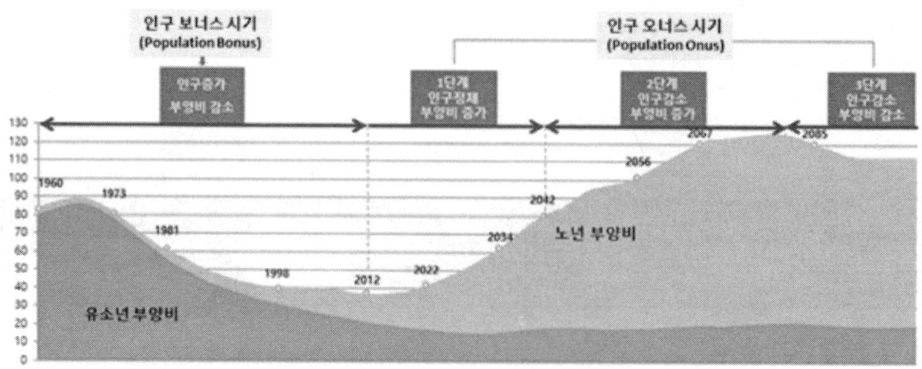

출처: 통계청, 2019년 장래인구추계

[그림 12] 부양비 변화 (1960~2100)

정부는 2019년에 제3차 저출산고령사회기본계획의 백화점식 나열사업이 가진 문제점을 인식하고 수정 기본계획의 마련을 통해 저출산 정책의 패러다임을 종전의 출산수치 중심의 출산율 제고에서 삶의 질 제고로 전환하였다. 이 수정 기본계획에서는 종전의 인구정책과 아동돌봄정책이 출산장려에만 초점을 두었음을 비판하고, 그러한 정책의 결과로 출산장려효과는 없었으며 오히려 저출산이 지속되게 된 사회구조적 '원인'이 무엇인가를 새롭게 파악하고, 그 원인을 해소함으로써 국민들의 전체적인 삶의 질을 제고하는 것을 목표로 추구하기 위한 종합적 대응으로 확장되었다.

이러한 패러다임과 정책적 대응방식의 전환은 일면 긍정적으로 평가되었다. 그런데 새롭게 불어 닥친 코로나 19(COVID-19)의 위험은 일상생활에서부터 경제와 사회 전반에 걸쳐 지대한 부정적 영향을 미치기 시작하였고, 출산과 돌봄영역에도 더욱 가중된 어려움과 문제를 수반하였다. 그로 인해 초저출산의 심화와 강화된 돌봄의 위기는 아동돌봄영역에서도 코로나 19 이후의 뉴노멀(New Normal)에 대해 새롭게 대응을 모색해야 하는 변화가 나타났음을 일깨우게 되었다.

사실 코로나 19는 한국사회 전반에 사회적 관계의 단절과 비대면의 일상화라는 새로운 생활조건을 형성하도록 하는 데에 강력한 촉매가 되었다. 이러한 변화는 결혼-출산-아동 양육기라는 전통적 가족주기가 수행되는 데에 어려움을 야기하고, 삶의 안정성을 뒤흔들 위험성이 높은 원인들을 제공하였으며, 그로 인해 아동돌봄정책에 이제는 다양한 근무방식, 변화된 직장문화, 일 · 생활 균형 정책의 획기적 확산 기반 마련 등의 조치들을 추가적으로 보완할 것을 한국사회에 정책적 과제로 요구하였다.

저출산문제로 촉발된 아동돌봄에 대한 사회적 관심은 코로나 19라는 새로운 위험요인을 만나 저출산을 사회 · 경제 · 구조 · 가치관의 변화가 야기한 총체적 결과로서 저출산에 대한 보다 근본적이고 사회구조적인 접근을 필요로 함을 인식할 수 있는 강력한 계기가 되었다. 따라서 이제 질적인 아동돌봄정책을 위해서는 결혼, 출산, 가족 구성 등 삶의 양식을 둘러싼 사회구조적 변화와 청년의 가치관 변화를 반영한 정책이 필요해 졌으며, 또한 높아진 성평등 의식을 고려하여 성별에 따라 소득과 경력에서 차별이 되지 않도록 생애 경로와 삶의 질에 대한 젠더적 접근을 강화하는 것이 필요함을 한번 더 새길 수 있는 계기가 되었다.

과거보다도 더 복잡하고 불투명해진 사회환경의 변화를 경험하면서 이제 아동돌봄정책의 큰 패러다임을 확인할 수 있는 일종의 정책적 로드맵이라고 할 수 있는 저출산고령사회 기본계획도 중대한 변화의 기로에 놓이게 되었다. 이런 상황에서 정부는 가족이라는 집단보다는 개별 양육자로서의 부모가 '개인'의 삶의 질을 제고할 수 있도록 지원하는 것에 초점을 둔 제4차 저출산고령사회 기본계획을 발표하였다.

제4차 기본계획에서는 개인을 노동력과 생산력의 관점에 기반한 「국가 발전 전략」에서 인식하는 종전의 관점에서 탈피하여 개인의 삶의 질 제고라는 전략으로 관점을 전환하고, '개인의 삶의 질 향상', '성평등하고 공정한 사회', '인구변화 대응 사회 혁신'이라는 목표상을 설정하였다. 또한 가족지원 투자와 사회구조적 혁신의 균형적 접근과 실천이라는 맥락 속에서 핵심 정책에 대한 과감한 투자를 통해 미래를 준비하는 청년층과 아이를 키우는 부모의 정책 체감도를 획기적으로 제고하겠다는 목표를 설정하고 가족지원과 관련된 재정투자를 장기적으로 OECD 평균 수준(GDP대비 2.4%)까지 확대하겠다는 계획을 발표하였다.

〈 OECD 주요국 GDP 대비 가족지출 비중 〉 〈 OECD 주요국 가족관련 유형별 구성 (2015) 〉

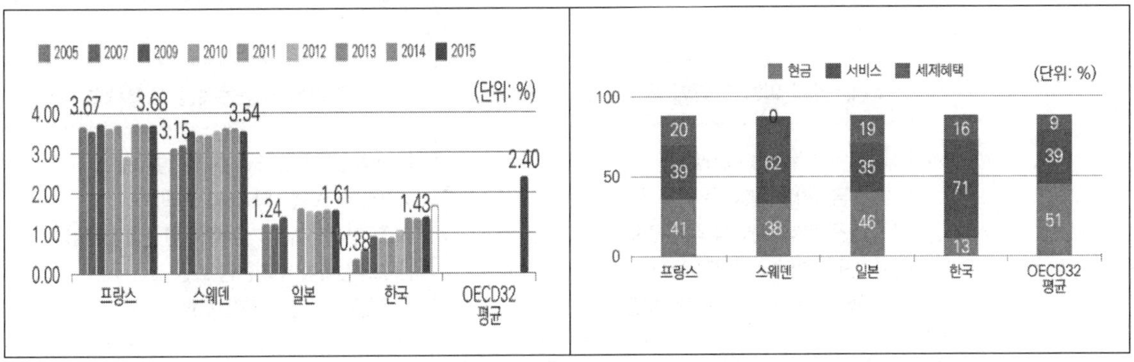

출처 : 국회입법조사처(2020): 한국 저출산 대응 예산 증가의 특징과 시사점.

[그림 13] OECD 주요국 가족지출과 가족 현황

그리고 양성평등 육아, 일 · 가정 양립, 노동시장 개혁, 교육 시스템 개혁, 노동시장의 성평등 구현 등의 대책을 통해 사회구조적 문제에 대한 보다 강도높은 정책적 지원과 사회 각 분야의 실천을 통해 생애주기의 순조롭고 유연한 이행을 지원하겠다고 발표하였다.

비전

모든 세대가 함께 행복한 지속 가능 사회

목표

- 개인의 삶의 질 향상
- 성평등하고 공정한 사회
- 인구변화 대응 사회 혁신

추진 전략

1. 함께 일하고 함께 돌보는 사회 조성

1. 모두가 누리는 워라밸
2. 성평등하게 일할 수 있는 사회
3. 아동돌봄의 사회적 책임 강화
4. 아동기본권의 보편적 보장
5. 생애 전반 성 · 재생산권 보장

2. 건강하고 능동적인 고령사회 구축

1. 소득공백 없는 노후생활보장체계
2. 예방적 보건 · 의료서비스 확충
3. 지역사회 계속 거주를 위한 통합적 돌봄
4. 고령친화적 주거환경 조성
5. 존엄한 삶의 마무리 지원

3. 모두의 역량이 고루 발휘되는 사회

1. 미래 역량을 갖춘 창의적 인재 육성
2. 평생교육 및 직업훈련 강화
3. 청년기 삶의 기반 강화
4. 여성의 경력유지 및 성장기반 강화
5. 신중년의 품격있고 활기찬 일 · 사회참여

4. 인구구조 변화에 대한 적응

1. 다양한 가족의 제도적 수용
2. 연령통합적 사회 준비
3. 전 국민 사회안전망 강화
4. 지역상생 기반 구축
5. 고령친화사회로의 도약

추진 체계

1. 연도별 중앙부처 · 지자체 시행계획 수립
2. 중앙 · 지자체 인구문제 공동대응 협의체 운영 등 중앙 · 지역 거버넌스 구축

출처 : 대한민국 정부(2020), 제4차 저출산고령사회 기본계획.

[그림 14] 제4차 저출산고령사회기본계획의 정책체계도

이상과 같이 이 절에서는 아동돌봄 정책의 경로가 의존적인지 또는 진화적인지를 파악하기 위해 역사적 제도주의를 방법론으로 활용하여 제1차에서 제4차까지의 저출산·고령사회기본계획들을 대상으로 하여 분석해 보았다. 분석결과, 제1차 계획과 제2차 계획에서는 정책적 경로가 유사성을 강하게 보였다. 그렇지만 제3차 계획에서는 정책의 경로가 진화되었음을 알 수 있었다. 그러나 여전히 정책이 초저출산현상을 해결하지는 못하고 있고, 그에 대한 원인으로 작용하고 있는 부모의 아동돌봄의 어려움 또한 해결하지 못하고 있었다.

분석결과를 바탕으로 정책적 경로의 진화를 통해 아동돌봄문제를 개선하기 위한 시사점을 도출해보면 다음과 같다.

우선 출산을 제고하고, 부모의 아동돌봄 문제를 해결하기 위해서는 자녀의 양육을 직접적으로 지원하는 데에서 한걸음 더 나아가 부모의 일-생활 균형에 초점을 둔 아동돌봄 정책의 강화가 필요하다. 이를 통해 부모들이 직업과 양육을 병행할 수 있도록 지원하여야 한다.

둘째, 시설보육료나 양육수당 및 아동수당 등의 현금정책보다는 노동시장정책을 강화하여 부모의 돌봄부담과 경제적 부담을 완화하는 것이 중요하다.

셋째, 아동돌봄의 주체를 부모에게 한정하는 현재의 정책적 경로에서 탈피하여 아동돌봄은 사회 전체의 책임으로 강력히 규정하기 위한 획기적인 정책적 경로의 진화가 필요하다.

이상과 같은 거시적 사회정책들을 동원하여 부모들의 일상적 생활환경을 변경하는 정책적 경로의 진화가 뒷받침되지 않는다면 한국사회의 아동돌봄문제는 해결되기 어려울 것이다. 그리고 정책경로의 구체적인 경로를 미리 예측하여 대안을 모색하는 것이 요구된다.

위와 같이 전반적인 아동돌봄 지원정책의 전반적인 경로를 살펴 본 결과를 토대로 다음에서는 각 시대별 아동돌봄 패러다임의 특성들을 살펴보기로 하겠다.

2. 패러다임의 변화 추이[1)]

1) 요보호아동을 위한 소극적 탁아패러다임(1953–1970년대)

한국사회에서는 6 · 25 전쟁 직후부터 갑작스럽게 증가된 전쟁고아들과 빈곤가정의 아동들을 위한 돌봄을 지원하기 위해 아동의 권리를 보장하기 위한 기본적 정책틀이라 할 수 있는 아동권리협약의 제정에 대한 요구가 확산되었다. 이는 아동의 돌봄을 지원하기 위한 시설서비스가 거의 부재한 현실에 대한 지적이었고, 당시에 이와 관련된 정책적 대응이 거의 존재하지 않았던 사회적 상황을 개선해야 한다는 자성의 목소리이기도 하였다.

1) 이 절의 내용은 이진숙 · 이슬기(2013)의 '젠더관점에서 본 보육정책 패러다임의 변화 연구(젠더와 문화, 제6권 제2호, pp. 85-123)'을 수정 및 보완한 것이다. 그리고 패러다임의 도출 시에는 저자가 연구진으로 참여한 김은정 · 이진숙 · 최인선(2014)의 글도 참고한 것이다.

이 당시의 아동돌봄 지원정책을 살펴보면 해방이 되고 나서 건국이 되고 6.25 전쟁 이후의 시기에는 주로 전시 · 전후의 위급한 상황에 대응하기 위한 구호적인 복지정책만이 실시되었다. 그러다가 1961년 '아동복리법'이 제정 · 공포되고, 이때 처음으로 탁아시설의 설치기준, 직원, 탁아기간, 보호내용 등(이진숙 · 이슬기, 2013)이 구체적으로 규정되었고, 탁아시설에 대한 정책은 보건사회부가 관장하였다. 그리고 어린이집은 새마을 유아원으로 통합되기 전(1981)까지 전국에 약 600~700개소가 탁아기능을 제공하였다(김정자, 1987). 1968년 3월에는 아동복리법 시행령으로 「미인가 탁아시설 임시조치요령」을 공포하여 돌봄이 필요한 저소득가정의 어린 아동들을 위한 민간탁아시설 설치를 유도하였다. 그리고 탁아소를 '어린이집'으로 고쳐 부르도록 권장하였고, 주무부서인 보건사회부 예산에 어린이집을 위한 시설보조금, 인건비 및 운영비 보조금을 책정하기 시작했다(정계영, 1995).

이 시기에는 아동돌봄이나 보육이라는 용어보다는 정책적인 측면에서 탁아라는 개념을 사용하였고, 아직은 사회분위기나 정책여건 상으로 아동의 권리와 부모, 사회, 국가의 책임에 대한 논의는 이루어질 수 없었던 것으로 보인다. 또한 공공보육시설 혹은 국고 보조금이 처음 시작(김정자, 1987)되었기 때문에 보육의 사회화 정도는 매우 미약하였다. 그렇지만 아동을 가정 내에서만은 키울 수 없다는 현실에 대해서는 사회적으로 차츰 인지하기 시작했던 것으로 보인다. 따라서 부모 간의 성분업구조에 대해서도 약간의 변화 조짐이 보이기 시작했다. 당시의 여성의 경제활동참가율은 1970년 기준 남성 취업자의 57%(통계청, 1970)로 절반을 약간 상회하는 수준이었지만, 여성의 경제활동참가율이 지속적으로 증가하면서 보호해야 하는 아동이 많아졌고 그에 따른 탁아소 설치에 대한 수요가 증가했다. 그렇기 때문에 여성은 이전과 변함없이 가족 내 돌봄의 주 담당자로 역할을 하면서도 노동시장에서의 역할까지 함께 짊어져야 했다(이진숙 · 이슬기, 2013). 하지만 이러한 어려움에 대한 사회적 여론은 크게 형성되지 않았던 것으로 보인다.

이러한 흐름에 따른 정부의 정책을 보면 전후부터 70년대까지는 여전히 아동돌봄이나 보육에 대한 개념보다는 아동의 단순한 기초생활 상의 보호에 초점이 맞추어져 있었다. 또한 정부에서는 여성의 경제활동참가율이 증가하기 시작하면서 필요하게 된 어린이집 등과 같은 보호기능으로서의 '탁아' 기관의 양적 증대에도 관심을 기울였다(이진숙 · 이슬기, 2013). 또한 출산을 담당하는 여성을 정책의 대상으로 규정하고 있었기 때문에 성인지적 관점은 배제되었다.

2) 취업모의 양육지원을 위한 선별적 패러다임(1980년대)

정부에서는 1981년 「아동복리법」을 폐지하고, 「아동복지법」을 시행하면서 탁아사업은 이에 준하여 실시되었다. 그러나 「아동복지법」상에는 탁아에 관한 어떤 내용도 포함되어 있지 않고, 단지 부칙에 "이 법 시행 당시 도지사의 임시 인가를 받아 설치한 탁아시설은 이 법 시행 후 2년간 이 법에 의하여 설치된 아동복지시설로 본다."는 조치가 삽입되어 있을 뿐이었다. 「유아교육진흥법」에 따라 탁아사업은 보건복지부에서 행정력과 재정동원 능력이 강한 내무부로 이관 돼 새마을운동의 일환으로 시행되기에 이르렀다(이진숙 · 이슬기, 2013).

이 당시에는 아동돌봄 지원정책의 방향에 있어서 출산을 담당하는 여성에 초점을 맞추고 그들의 역할은 아동을 양육하는 것을 중요한 사회적 규범으로 생각했다. 따라서 아이를 '잘 기르는'것에 대한 책임마저 여성에게 주어졌다. 따라서 가정 내 보육에 대해 많은 문제점들이 발생 할 것을 예상할 수 있지만 당시의 보육정책은 보육보다는 교육에 초점을 맞추고 있었기 때문에 여전히 보육의 사회화 정도는 미약하였다.

이러한 사회적 이슈에 따른 정부의 정책을 보면, 정책적으로 탁아에 대한 보육적 의미를 강화하겠다는 의지는 부족했으며, 급증하는 수요에 대해 올바른 대응을 하지 못하였던 것으로 보인다. 또한 노동시장에 진출한 취업모를 정책적 대상으로 하여 양성의 역할 분담에 대한 정책은 고려되지 못하였고, 선별적 정책을 통해 대다수 여성들이 겪고 있던 이중부담의 문제는 해결될 수 없었다(이진숙 · 이슬기, 2013).

3) 시장 지향적 사회화 패러다임(1990년대)

1988년 5월 9일 매일경제신문에 따르면 당시 취업여성의 가장 큰 고민은 자녀양육이었고, 한국여성개발원의 조사에 의하면 자녀양육 때문에 취업을 그만 둔(이진숙 · 이슬기, 2013) 여성들이 30%에 달했으며, 자녀양육과 경제활동의 이중 역할 부담이 기혼여성의 취업에 가장 큰 갈등요인인 것으로 나타났다.

이러한 과정에서 1989년 보건복지부는 저소득층 맞벌이 가정의 자립 지원을 목적으로 「아동복지법 시행령」, 동법의 시행규칙을 차례로 개정, 공포하여 탁아시설 설치

기준과 운영방법 등에 대한 세칙을 제시하였지만 「아동복지법」만으로는 탁아사업을 효율적으로 추진하는데 한계가 있었다(이진숙 · 이슬기, 2013). 그러다가 12월 14일자로 통과된 영유아보육법에 대해 여성계 · 유아교육계 · 탁아관련 단체들은 '여성과 아동을 위한 복지법과는 거리가 멀다'며 반대운동을 펼치겠다고 반발에 나섰지만(이진숙 · 이슬기, 2013), 영유아보육법이 국회본회의를 통과하여 여성계에서 논란의 대상이 되어 온 탁아입법문제가 일단락되게 되었다(동아일보, 1990.12.19.). 그러나 영유아보육법은 단편적이고 실제적인 효과가 미비했다. 그리고 취업을 한 어머니들은 양육과 노동의 이중부담에 시달려야 했다. 또한 정부가 처음 제시한 보육시설을 확충하지 못하자 시장에서 서비스를 받도록 하였는데, 민간보육시설은 국공립 시설에 비해 월등히 비싸기 때문에 저소득 취업모에게 불리하게 작용하였다(이혜경,1997). 따라서 보육의 사회화는 민영화를 시작으로 확대되었다. 이는 이제껏 묵살되어 온 여성의 이중역할 부담에 대한 문제들이 사회적 이슈로 불거졌기 때문이다(이진숙 · 이슬기, 2013). 그러므로 이 시기에 제정된 영유아보육법은 노동시장내의 인력 확보를 위한 목적에서 제정된 것으로 볼 수 있다(이진숙 · 이슬기, 2013).

사회적으로 보육에 대한 책임이 더 이상 개인이 아닌 국가의 개념으로 넓어졌고, 특히 IMF위기 이후 공보육의 개념이 언급되면서 양적 증대는 90%이상 민간시설에 의해 충족 되었고, 단기간에 수량적 목표달성에 가치를 두어 보육의 질에 대해서는 의심의 여지가 충분하였다(이진숙 · 이슬기, 2013). 따라서 여성들의 이중부담이 사회적 문제로 인식되어 민영화를 방향으로 추구하면서 시설인프라를 확대하였지만 이는 저소득 가정에는 또 다른 부담을 안겨주었으며, 양성 간의 성평등한 돌봄분업 관계에 대해서 근본적인 해결책이 되지는 못하였다.

시기	아동돌봄관련 주요 정책	정책의 내용
1991.08.12	영유아보육법과 동법 시행령 · 시행규칙 제정	1. 영유아 보육에 대한 국가와 지방자치단체의 책임 규정 • 국가와 지방자치단체는 보호자와 더불어 영유아를 건전하게 보육할 책임을 지도록 함. • 정부가 영유아 보육사업을 적극적으로 추진하려는 정책적 의지를 명문화 2. 직장보육시설의 설치 • 상시 여성근로자 500인 이상을 고용하고 있는 사업장의 사업주는 직장보육시설을 의무적으로 설치 • 그 밖의 사업장에 대하여도 직장보육시설의 설치를 가능하게 하는 법적 근거를 마련 • 의무대상 사업장이라 하더라도 공해 또는 위험시설의 존재, 보육대상 아동의 부족 등 불가피한 사유가 있는 사업장의 사업주는 공동보육시설을 설치하거나 보육수당을 지급 3. 보육위원회의 구성 • 영유아 보육에 관한 사업의 기획.조사.실시 등에 관하여 필요한 사항을 심의하기 위하여 중앙 및 시.도와 시.군.구에 보육위원회를 둠. • 위원회는 복지 및 유아교육 전문가, 보육시 종사자 대표, 보호자 대표, 관계공무원 등으로 구성 4. 보육정보센터의 설치 • 영유아의 보육에 관한 상담 및 지도업무를 담당하게 하기 위하여 영유아 30인 미만을 보육하는 소규모 보육시설에 서비스를 제공할 수 있도록 하는 근거 규정을 마련

시기	아동돌봄관련 주요 정책	정책의 내용
		5. 보육시설 종사자의 교육훈련 • 보육교사 등 보육시설 종사자의 교육훈련을 위탁실시하기 위한 교육훈련시설의 선정기준을 마련 6. 비용의 부담과 보조 • 국가와 지방자치단체로 하여금 저소득층 자녀의 보육에 필요한 비용을 부담하도록 함 • 보육시설의 설치비용, 국·공립 보육시설 및 비영리법인이 설치운영하는 보육시설의 운영비와 기타 영유아의 보육사업에 소요되는 비용을 보조하도록 함
1994.10.21	인구정책발전위원회 구성 및 운영	1. 인구정책발전위원회 발족 • 위원회 구성 배경 • 구성 및 운영 2. 주요 인구정책과제 • 인구정책의 기본목표와 추진방향 • 인구규모 및 인구구조의 변동예측과 이에 따른 사회경제적 영향 평가 • 가족구조 및 기능변화에 따른 대응방안 • 인공임신중절 및 성비 불균형에 대한 대응방안 • 각종 인구관련 사회지원시책의 발전방향 • 인구정책과 관련정부 및 민간조직의 기능재편방안 • 남북통일에 대비한 인구정책의 기본구상 등
1995.02.07	보육시설 확충계획	1. 보육시설 설치 융자 • 직장 및 민간보육시설은 국민연금기금 1,500억 원을 융자 지원하여 1,250여개소를 설치 • 융자금액은 보육시설 신축의 경우 9억원까지, 기존건물을 활용하여 보육시설을 설치(임대 포함)할 경우 6억원까지, 기존의 보육

시기	아동돌봄관련 주요 정책	정책의 내용
		시설을 개·보수하거나 교재.교구를 구입할 경우 6천만원까지 융자받을 수 있음. 2. 보육환경의 개선 • 공공보육시설의 경우 정부재정에서 500억원을 투자하여 1,000개소를 확충함으로써, '95년도말까지는 민간.공공보육시설을 합해 35만명을 보육할 수 있는 환경을 마련할 계획 • 다양한 보육욕구 충족과 보육의 질 향상을 위해 영아, 장애아 전담 보육시설 설치 권장, 야간 및 국민학교 저학년 방과후 보육확대, 보육 프로그램 및 보육교재교구 개발보급, 보육교사의 훈련시간 연장 및 보육교사의 인건비를 인상 3. 보육률 제고 • 저소득층 아동에 대한 보육률을 높이기 위해 가구당 월 평균소득과 가구원수에 따라 세분해 대상자 선정토록 하여 그 대상자수를 6만명에서 8만명으로 확대 • 생활보호대상자 자녀 및 요보호대상 모자가정 등의 자녀에 대해서는 종전과 같이 보육료 전액을 지원 4. 보육시설 운영 개선 • 농어촌 소재 보육시설에 대하여는 개소당 연 120만원의 차량운영비를지원 • 민간보육시설에 대하여 개소당 연 30만원의 교재·교구비를 지원
1995.11.16	장애아·영아보육 활성화 방안	1. 국고보조 보육시설 150개소 마련 • 장애아, 영아 전담보육시설 설치시 신·증축비 우선지원(50개소) • 장애인복지관, 장애아 특수학교 등에 장애아, 영아 전담보육시설을 부설하는 경우 개

시기	아동돌봄관련 주요 정책	정책의 내용
		소당 설치비 5천만원 특별지원(1백개소) • 1996년부터 농어촌 보육시설에 준하여 월 10만원의 차량운영비 지원, '97년부터 취사부 인건비(1명) 지원 • '97년부터 6천여명에 달하는 장애아, 영아 전담보육교사수당 추가지급(월 5만원) • 이밖에 기존 보육시설에서 장애아, 영아반을 50% 이상 편성 운영시 '96년부터 추가소요교사의 인건비 70% 지원 2. 민간보육시설 150개소 마련 유도 • 장애아, 영아 전담보육시설 설치 시 국민연금기금 우선 융자 • 내년부터 장애아 전담보육시설에 교재교구비(연간 120만원)를 특별지원하고, 장애아, 영아 전담보육시설의 보육교사 인건비(2명까지)를 지원 • 장애아, 영아 전담보육교사수당 추가지급(월 5만원) 3. 영유아보육사업지침 개정 - 장애아 인정절차에 관한 영유아보육사업지침을 개정하여 장애인등록절차를 거치지 않고 의사의 진단서만으로도 장애아임을 인정하여 전담보육시설을 이용할 수 있게 함. • 영유아보육사업지침 개정을 통해 장애아의 입소대상연령을 기존 취학 전 아동에서 '96년부터는 12세까지로 연장할 예정
1999.09.14	농어촌지역 저소득층에서 대도시지역 자녀들에게 까지 5세 아동 무상보육 확대 실시	1. 5세아 무상보육 계획 • 1999년: 농어촌지역부터 저소득층 무상보육 실시(14,700명) • 2001년: 중소도시 저소득층으로 점차 확대(56,036명)

시기	아동돌봄관련 주요 정책	정책의 내용
		• 2002년: 대도시 저소득층까지 확대(107,581명) • 2003년: 전국 5세아에 무상보육 완전 실시 (358,566명) 2. 5세아 무상보육 계획 진행과정 • 장기적으로 5세아에 대한 무상보육 정책기조를 4세 이하 전국민 저소득층 자녀까지로 확대하여 현재 40% 지원하고 있는 기타 저소득층 자녀에 대한 보육료 지원율을 50~60%로 확대 지원하도록 관계부처와 협의 • 단기적으로는 보육료를 내야 하는 부모의 부담을 줄이기 위하여 보육료에 대한 연말정산 시 소득공제액을 현재의 70만원에서 100만까지로 확대, 적용하기로 관계당국과 협의하여 '99년부터 실시

출처: KDI 경제정책 시계열서비스(http://epts.kdi.re.kr/polcTmsesSrvc/them#this)에서 재구성. 2020년 9월 27일 검색.

4) 일-가족 양립을 추구하는 사회적 돌봄의 패러다임(2000년대)

1990년대 후반부터 촉발된 외환위기는 전세계적으로 경제가 위기에 빠지게 되는 위험요인이 되었고, 이는 한국도 예외가 될 수 없었다. 한국사회에서 지속적으로 가계가 어려워지고, 여성들의 경제활동 참여율이 낮아지면서 육아부담의 완화에 대한 요구도 높아지기 시작하였다.

국가적 위기로 언급되는 출산율의 저하로 인해 국가는 보육을 사회적 문제로 인식하게 되면서 젠더관점을 고려하기 시작했다(이진숙 · 이슬기, 2013). 또한 정부 수립

이후 최초로 성인지적 접근을 통해 복지정책을 확대했고(김인숙 · 정재훈, 2001), 가정 내 돌봄 노동에 대해 사회적 책임을 명확히 하고 질 향상을 위한 노력에 있어서도 바람직한 방향으로 전개되었다고 할 수 있다. 따라서 남성과 여성의 역할에도 변화가 있었는데, 보육시설과 서비스에 대한 질 제고를 통해 여성은 노동시장과 보육의 이중부담에서 벗어날 수 있는 발판이 마련되었고, 이에 따라 가정 내에서 남성과 여성의 보육에 대한 역할 분담 문제가 새롭게 대두되었다(이진숙 · 이슬기, 2013).

저출산이슈가 사회적으로 큰 파장을 일으키면서 2004년에 보육에 대한 패러다임을 변화시켰다고 평가될만한 영유아보육법의 전면개정이 실현되었다. 이는 1990년도 중반 이후부터 나타난 보육수요의 급격한 변화를 반영하기 위해 진행된 것으로, 이 개정법의 특징은 '모든 영유아를 대상으로 심신의 보호와 건전한 교육을 통해 건강한 사회성원으로 육성한다.'는 것으로, 보편주의적인 보육이념을 강화하기 위한 목적이 내포되어 있다는 점이다(이진숙 · 이슬기, 2013). 그리고 2006년에는 새싹플랜이라고 명명된 제1차 중장기 보육계획이 수립되었는데, 1차 중장기 보육계획(새싹플랜)에서는 저소득층 위주의 선별적 보육에서 보편적 보육으로, 공급자 중심의 정책에서 수요자 중심의 정책으로의 보육에 대한 패러다임의 전환이 요구됨을 명시하고 보육의 공공성 강화, 양질의 보육서비스 제공이라는 정책목표를 추구하였다. 제1차 건강가정기본계획에서는 가족의 아동돌봄 부담을 경감하기 위한 가족 돌봄의 사회화가 핵심과제로 포함되어 있다(이진숙 · 이슬기, 2013).

시기	아동돌봄관련 주요 정책	정책의 내용
2001.08.09	보육사업 중·장기 종합발전 계획(안)	1. 아동 및 보호자가 만족하는 질 높은 공보육의 기반 구축 • 국공립 보육시설 확충 • 보육료 지원수준 및 지원아동 수의 단계적 확대 • 만 5세아무상보육 단계적 확대 실시 • 영아보육시설의 확충 • 장애아보육의 확충 및 내실화 • 방과후 보육의 확충 • 직장보육시설의 확충 및 내실화 2. 보육인력의 전문성 제고 및 처우 개선 • 보육인력의 자격기준 강화 • 보육교사 양성체계의 재정립 • 보육교사 보수교육체계 확립 • 보육교사 처우 개선 3. 안전한 보육환경 및 체계적이고 다양한 프로그램 제공 • 표준보육과정의 개발 및 보급 • 물리적 인적 보육환경의 개선 • 편리하고 다양한 보육서비스의 제공 4. 편리하고 효율적인 보육행정 지원 체계의 구축 • 보육전담공무원 배치의 의무화 • 보육행정업무의 표준화 및 전산화 • 보육정보센터 설치의 의무화 • 보육행정 및 지원체계의 확충 및 정비
2002.03.07	맞벌이부부의 육아문제 해결을 위한 보육종합대책	1. 다양한 보육시설의 확충으로 맞춤식 보육서비스 제공 2. 보육서비스의 질제고

시기	아동돌봄관련 주요 정책	정책의 내용
		3. 보육서비스에 대한 정부의 역할 재정립 • 정부의 예산지원 원칙의 재정립 • 보육인프라의 확충 및 내실화
2003.01.14	보육시설 평가인증제 도입 기본계획	1. 도입목적 • 보육서비스에 대한 효과적인 질 관리 시스템 마련 • 보육시설의 환경, 인력, 프로그램의 질적 수준에 대한 정보 제공을 통해 보육수요자의 합리적 선택 유도
2003.11.10	인구고령화에 따른 정책대응 방향	1. 적극적 출산장려 정책의 추진 • 출산장려 쪽으로 인구정책방향의 전환
2004.01.05	저출산·고령사회 대응을 위한 국가실천전략	1. 인구정책의 패러다임 전환 • '인구억제'와 '인구방임'정책에서 '출산안정을 위한 적극적 인구대책'으로 전환 • 종합적인 가족지원시책 추진 2. 적극적 출산안정화 정책의 추진 • 혼인, 가족 및 양성평등 가치관의 정립 • 자녀양육지원 강화 • 출산관련 사회적 지원시책의 강화 3. 가정과 직장의 양립환경 조성 • 출산 및 육아에 대한 사회적 분담 강화 • 보육사업의 확충 및 내실화 4. 인구자질 향상정책 추진
2004.03.24	지방자치단체의 출산장려 시책	1. 인구정책 유형 • 출산축하금 • 농/어촌지역 신생아에 대한 양육비 지원 • 출산육아용품 지원 • 기타 출산축하 • 보육료 지원사업

시기	아동돌봄관련 주요 정책	정책의 내용
		• 인구자질 향상 • 출산준비교실 • 출생성비 불균형 해소
2004.07.24	저출산 · 고령사회대책기본법 제정	1. 기본이념 • 국가의 지속적 발전, 건강하고 안정된 노후생활, 노인이 존엄성을 유지하고 존경을 받으며 보호와 안전 속에서 자아 실현 2. 조사연구와 전문인력 양성 • 고령화에 관한 통계와 자료 수집 · 분석, 조사와 연구, 이를 위한 한국 고령사회연구원 설립 및 필요한 분야의 전문인력 양성 3. 고령사회대책의 기본방향 • 출산 · 육아의 사회적 분담 강화, 가정과 직장의 조화로운 환경조성
2005.03.05	중앙건강가정지원센터 개원	1. 법적근거 • 건강가정기본법 제35조(건강가정지원센터의 설치) 2. 사업내용 • 건강가정 형성 · 유지 프로그램 개발 · 보급 • 지방건강가정지원센터 기술지원 및 평가 • 종사(예정)인력 교육 · 훈련 • 가정관련 정보 및 자료 제공 • 전국단위의 가정생활문화운동 전개 등 3. 주요업무 • 건강가정 상담 • 건강가정 교육 • 건강가정 문화 • 기타

시기	아동돌봄관련 주요 정책	정책의 내용
2005.06.08	저출산 · 고령사회위원회 구성 및 운영	1. 저출산 · 고령사회위원회의 구성 및 운영 • 정부위원 • 민간위원 2. 운영위원회의 설치 · 운영 • 의장 • 위원 3. 위원회의 사무국 및 전문위원회 설치 • 사무국 • 전문위원회 • 위원
2005.08.10	출산지원시책을 포함한 '아가사랑' 웹사이트 개설	1. 아가사랑 웹사이트 콘텐츠 • 출산시원시책 • 정보센터 • 성장발달체크 • 의료기관/보육센터 • 임산부교실 • 커뮤니티 • 회원별 이메일 발송서비스
2006.01.17	저출산 · 고령사회 본격 대비를 위한 제1차 기본계획	1. 미래세대 육성을 위한 지원 확대 • 영유아 보육료, 교육비 지원 확대 • 다자녀가정에 대한 인센티브 강화 • 아동건강에 대한 국가책임 강화 2. 믿고 맡길 수 있는 육아인프라 확대 • 육아지원시설 서비스 개선 및 지원 확대 • 수요자 중심의 다양한 육아지원서비스 제공 • 육아지원시설 확충 및 기능 보강 3. 가정과 일을 양립할 수 있는 근로환경 조성 • 출산에 대한 사회부담 확대를 통해 모성보호 기

시기	아동돌봄관련 주요 정책	정책의 내용
		반 조성 • 여성의 고용율 확대를 위한 제도적 지원 4. 건강한 임신과 출산에 대한 사회적 책임 강화 • 임신, 출산비용 국가지원 확대 • 건강한 임신과 출산을 위한 사회여건 조성 5. 출산/가족친화적 사회문화 조성 • 차별화된 저출산대책 홍보 실시 • 저출산대책 추진인프라 구축
2006.06.08	제1차 저출산 · 고령사회 기본계획 (새로마지 플랜2010)	1. 출산과 양육에 유리한 환경 조성 • 출산양육에 대한 사회책임 강화 • 일과 가정의 양립환경 조성 • 건전한 미래세대 육성 2. 고령사회 삶의 질 향상 기반 구축 • 안정적인 노후소득보장체계 구축 • 건강하고 활기찬 노후생활 보장 3. 저출산 고령사회의 성장동력 확보 • 여성, 고령자 등 잠재인력 활용기반 구축 • 고령친화산업 육성 및 고령사회의 금융기반 조성
2007.02.15	제1차 표준보육과정 보급	1. 표준보육과정의 특징 • 여성가족부는 표준보육과정의 보급 및 운영을 통해 영유아를 건강하고 안전하게 보호함은 물론 체계적 교육을 제공함으로써 부모로부터 어린이집에 대한 신뢰 제고 • 보육교사에게는 영유아의 연령 및 발달수준에 맞는 기본적인 보육내용 및 교사의 역할을 제시해 줌으로써 보육서비스 제공의 질을 향상시킬 것으로 기대

출처: KDI 경제정책 시계열서비스(http://epts.kdi.re.kr/polcTmsesSrvc/them#this)에서 재구성. 2020년 9월 27일 검색.

5) 보편주의적 무상보육 패러다임(2010–현재)

2008년 이명박 정부가 출범되고 달라진 보육정책의 핵심은 보육료를 부모에게 직접 지원하기 시작했다는 것이다. 자녀를 양육하는 부모들은 보육지원이 확장되는 것을 당연히 반겼지만 무상보육에 대해서는 서로 이견을 주장하던 여야가 전면적으로 충돌하게 되었다. 2010년 9월 16일 한겨레에 따르면 정부가 보육비용의 전액 지원대상을 전체 보육가정의 70%까지 확대한 것은 다소 파격적이라고 할 만 하지만, 여전히 공공보육시설은 전체의 5.5%만을 차지하고 있어 실효성은 떨어진다고 보았다(한겨레, 2010.09.16.)(이진숙 · 이슬기, 2013).

사실 0-2세 아동을 대상으로 한 무상보육은 시민 사회의 주장에 의한 것도, 여성들의 요구에 의한 것도 아닌, 갑작스럽게 벌어진 정치권의 결정으로 급조된 것이었다(백선희, 2012). 결국 무상보육은 정책에 대해 보육의 사회화 및 남성과 여성의 돌봄분담의 측면에서 시행된 성 평등적 제도가 아닌 정부의 책임을 규정하고 이를 시행하고자 하는 의지와 관련된 정치적 차원에서 이루어진 것 이라고 할 수 있다(이진숙 · 이슬기, 2013).

당시의 언론보도 자료에 의하면 무상급식으로 불붙은 무상시리즈에 대해 여론이 움직이기 시작했다. 여론조사에서도 나타났듯이 여론은 이미 선별적 복지보다 보편적 복지를 원하는 것으로 나타났다(이진숙 · 이슬기, 2013). 정부는 여론의 요구를 수용하여 보육의 접근성, 적절한 비용부담 그리고 서비스의 질을 중요하게 포함한 새싹플랜을 도입하였다. 이 계획은 보육정책에 대한 적극적 국가개입의 의지를 가지고 정부주도의 보육정책 계획을 수립하여 실천하려고 노력하였다는 점에서 앞선 정책계획들과 차별적이라고 할 수 있다(백선희, 2009).

당시에 재정적 대비가 충분하지 못했던 상황에서 무상보육에 대한 논의가 갑자기 확산되기 시작하면서 예상치 못한 상황에서 무상보육이 실시되었고, 그로 인해 이 방안에 대해서 초기에는 비판적 평가가 주를 이루었다. 특히 무상보육서비스의 대상에 대해 소득을 고려하지 않고 보편주의적으로 모든 아동에게 일괄적으로 혜택을 제공하는 방식은 아동을 양육하는 가정의 경제적 부담완화나 시설서비스의 비용경감에 모두 적합하지 않다는 지적들이 많았다(동아일보, 2013. 08. 15.; 중앙일보, 2013. 09. 02.). 그러나 무상보육에 내재된 본질적인 한계가 있었음에도 불구하고 시간의 흐름 속에서 무상보육에 대한 국민적 지지는 안정적으로 확산되기 시작하였다.

수요자 중심의 보육정책을 추진한다는 방향 속에서 2016년 7월부터는 맞춤형 보육이 시행되었다. 맞춤형 보육은 어린이집 만 0-2세 이용 아동을 대상으로 아이와 부모의 필요에 따라 종일반 또는 맞춤반을 이용할 수 있도록 한 제도이다. 하지만 맞벌이와 외벌이 가정의 차별 문제가 대두되면서 보건복지부는 보육지원체계의 개편 세부사항이 담은 영유아보호법 시행규칙 개정안을 마련하였다. 2020년부터는 맞벌이 가정뿐만 아니라 외벌이 가정 등 모든 실수요자 연장보육을 이용할 수 있게 되었다(연합뉴스. 2019. 9. 18.

(https://www.yna.co.kr/view/AKR20190918075200017?input=1195m)

문재인 정부는 2018년 9월부터 만6세 이하의 아동들을 대상으로 매달 10만원을 지급하는 '아동수당'을 도입하였다. 당시에 소득상위 10%는 제외되었지만 2019년부터는 만 6세 미만의 모든 아동을 대상으로 보편지급 했으며 9월부터는 아동수당 지급 연령을 확대하여 만 7세 미만의 아동까지 수당을 받을 수 있게 되었다.

무상보육에 대한 반대와 부정적인 의견도 많았지만 시간이 흐르면서 무상보육에 대한 사회의 안정적인 지지는 확산되었고, 그 결과 보편적 복지의 일환인 다양한 보육정책들이 등장하게 되었다. 하지만 이러한 보육정책의 도입과정에서는 정치성이 강하게 배태되어 있어서 부모와 아동이라는 직접적 수요자들의 서비스욕구를 세밀하게 반영하지는 못했다는 한계가 있었다. 그런 결과, 아동돌봄의 어려움과 비용부담으로 인한 자녀양육의 어려움은 결국 초저출산현상이 지속되는 결과를 야기하였고, 이를 해결하기 위해 등장한 무상보육정책은 정책자체에 본질적으로 해결되지 않은 한계점들이 있음에도 불구하고 대다수 국민들의 지지를 얻고 있다. 그런 측면에서 무상보육정책은 아동돌봄 지원정책의 패러다임이 근본적으로 변화되는 데에 촉매의 역할을 한 것이라고 볼 수 있다(이진숙 · 이슬기, 2013; 김은정 · 이진숙 · 최인선, 2014).

시기	아동돌봄관련 주요 정책	정책의 내용
2010.02.09	제1차 중장기보육 기본계획의 보완대책, 아이사랑플랜(2009~2014) 실시	1. 부모의 비용부담 완화 • 보육료 지원 기준을 다양화(두자녀 추가지원 확대, 맞벌이 소득산정기준 개선)하여 보육료 전액지원 대상을 보육시설 이용아동의 60%까지 확대(61만명 → 76만명) • 양육수당 지원 대상 확대 추진(차상위 0~1세, 77천명 → 0~2세, 114천명)

시기	아동돌봄관련 주요 정책	정책의 내용
		2. 수요자 맞춤 지원 • 장애아 • 맞벌이 3. 보육시설 질제고 및 균형 배치 • 평가인증 2주기 시행에 따라 인증지표 강화, 인증결과의 다양한 활용(재정지원과 연계 등)을 통해 평가인증률 제고 • 취약지역 중심으로 국공립보육시설(30개소) 및 소규모 보육시설(10개소) 확충 4. 보육인력 전문성 제고 • 보육교사 및 보육시설장 자격취득 요건 및 보수교육을 강화하고, 보수교육기관 평가 및 운영지원 시스템 등 구축을 통해 전문성 제고 • 우수 보육시설 근무환경 개선 지원비 지원(400억원) 5. 전달체계 효율화 • 보육통합정보시스템 기능 개선을 통해 보육행정업무 부담 완화 및 부모의 체감도 제고 6.보육사업 지원체계 구축 • 보육시설 지도점검 합리화방안(위법행위 적발 위주의 지도점검→자율적 시정기회 부여 등)을 마련해 보육서비스 품질개선 추진
2010.10.26	저출산 고령사회 본격 대비를 위한 제2차 기본계획(새로마지플랜 2015)	1. 출산과 양육에 유리한 환경 조성 • 일과 가정 양립 • 결혼, 출산 지원 • 보육, 양육부담 경감 • 다자녀 가정 지원 • 아동, 청소년

시기	아동돌봄관련 주요 정책	정책의 내용
		2. 고령사회 삶의 질 향상 기반 구축 • 베이비붐 세대 • 현세대 노인 • 사회환경 3. 성장동력 확보 및 분야별 제도개선 • 인력활용 • 제도개선 • 고령친화산업
2010.12.31	차상위이하 아동의 가구에 대한 양육수당 지원 확대	1. 지원연령 확대 • 24개월 미만→36개월 미만 2. 지원금액 확대 • 월10만원→월 10~20만원 3. 소득인정액 상향 • 163만원→173만원 (4인 가구 기준) 4. 신청방법 • 기존에 양육수당을 지원받던 아동은 자동으로 자격이 연장 반영되므로 추가적인 신청을 할 필요 없음. • '10년에 연령초과로 양육수당 자격이 중지되는 아동은 해당 읍 · 면 · 동 주민센터로 재신청이 필요함. • 재신청된 아동에 대해서는 소득, 재산 조사를 거쳐 소득인정액 기준에 해당하는 경우에 양육수당 지원 자격을 다시 부여하여 지원하게 됨.
2011.07.22	산업단지 내 어린이집 설치 활성화 방안	1. 어린이집을 설치할 수 있는 공간 확대 • 어린이집 설치 층수 제한 완화 • 도시공원에 직장어린이집 설치 허용 • 지식산업센터에 어린이집 설치 시 인센티브 부여 • 지식산업센터에 어린이집 설치 시 인센티브 부여

시기	아동돌봄관련 주요 정책	정책의 내용
		2. 중소기업 직장어린이집에 대한 지원 확대 • 어린이집 운영비 부담 완화 • 직장어린이집 운영비 지원 확대 3. 공동 직장어린이집 설치 활성화 • 공동어린이집 설치 주체 확대 • 어린이집 설치, 운영 컨설팅 강화 4. 어린이집 확충 • 산업단지 내 국공립어린이집 6개소 설치 • 소규모 직장어린이집 설치 및 운영
2011.09.05	5세 누리과정 발표	1. 5세 누리과정의 영역별 내용 • 신체운동, 건강 • 의사소통 • 사회관계 • 예술경험 • 자연탐구
2012.01.18	3~4세 누리과정 도입계획	1. 3세 및 4세 누리과정 마련 • 연령별 누리과정으로 일원화 • 3, 4세 누리과정 구성 방향 • 3, 4세 누리과정 고시 및 적용 2. 3, 4세 누리과정 담당교사 수급 대책 • 교사 자격기준 • 교사 양성 체제 3. 재정확보 • 재정지원 계획 4. 법령 개정 • 만 3~4세 유아교육비 지원 규정

시기	아동돌봄관련 주요 정책	정책의 내용
2012.03.02	제2차 표준보육과정 개정 고시	1. 제2차 표준보육과정 주요 개정내용 • 기존 표준보육과정에 총론을 추가해 표준보육과정의 방향성을 제시하고, 보육 영역의 기초를 강화 • 보육과정을 통해 추구하는 인간상에 자연을 사랑하는 사람을 추가하여 지속가능한 생태환경의 중요성을 강조 • 발달 과정에 따른 보육수준 및 보육 내용을 수정
2012.09.25	실수요자 중심의 보육지원체계 개편방안	1. 양육수당제도 확대 개편 • 양육수당 지원대상 및 금액을 대폭 확대하여 가정양육을 활성화해 나갈 계획 2. 보육지원제도 개편 • 실수요자 중심의 0~2세 보육지원제도 3. 일시보육서비스 신규도입 4. 보육서비스 품질 제고 지속 추진 • 어린이집 운영의 자율성 확대 등을 위한 불요불급한 규제는 지속적으로 개선 • 교사 처우개선 및 자질 향상 등 보육서비스 질 향상 토대도 마련할 계획
2013.01.22	제3차 어린이집 표준보육과정 개정 고시	1. 제3차 어린이집 표준보육과정의 주요 개정내용 • 제3차 어린이집 표준보육과정은 어린이집을 이용하는 모든 영유아를 대상으로 함.
2013.06.10	일과 가정 양립을 위한 직장어린이집 활성화 방안	1. 직장어린이집 설치지원 확대 • 용적률 규제 완화 • 설치기준 완화 • 설치비 지원 확대 2. 중소기업에 대한 지원 강화 • 중소기업 직장어린이집에 대해서는 일반 사업장보다 설치비와 운영비 지원 확대

시기	아동돌봄관련 주요 정책	정책의 내용
		3. 군대 어린이집 지원 • 군부대 내 어린이집 설치, 운영 시 국가에서 적극 지원 4. 직장어린이집 설치 대체수단 정비 • 대체수단 제도를 '17년가지 단계적으로 정비해 모든 의무사업장이 직장어린이집을 설치하도록 유도 5. 의무이행수단의 실효성 강화 • 기업의 설치의무 이행을 유도하기 위해 명단공표제도를 강화하고 기업 등의 평가제도에 반영 추진
2015.02.05	제3차 저출산·고령사회 기본계획 (브릿지 플랜 2020)	1. 저출산대책 1) 일자리, 주거 등 만혼대책 강화 • 청년고용 활성화 • 결혼을 위한 주거사다리 강화 2) 난임 등 출생에 대한 사회책임 실현 • 아이를 낳기 원하는 난임부부에 대한 지원 확대 • 임신, 출산에 대한 종합 지원 강화 • 여성 건강증진 지원 확대 • 다양한 가족에 대한 포용성 제고 3) 맞춤형 돌봄 확대 교육개혁 • 맞춤형 안심보육 • 돌봄지원체계 강화 • 교육개혁 추진 4) 일-가정 양립 사각지대 해소 • 중소기업, 비정규직 등 실천여건 강화 • 남성육아참여 활성화 • 일·가정양립지원 제도 활성화
2015.09.22	정부 3.0 행복출산 원스톱 서비스 추진	1. 추진배경 • 국민이 임신, 출산과 관련된 공공서비스를 잘 모르며, 서비스별로 증빙서류를 준비하고 소관기관을 각각 방

시기	아동돌봄관련 주요 정책	정책의 내용
		문하는 등의 불편 • 임신, 출산과 관련된 서비스 중 선제적, 원스톱으로 제공할 수 있는 서비스를 발굴하고, 업무처리절차를 개선할 필요 • 원스톱 제공이 가능한 서비스를 발굴·통합처리해서 '정부3.0 행복출산' 원스톱 서비스 설계 및 국민 맞춤형 서비스 제공
2016.08.25	출산율 회복을 위한 보완대책	1. 첫째 자녀 갖기 대책 강화 • 아이를 원하는 모든 난임부부에게 난임시술 지원 전면 확대 • 여성근로자 첫 아이 안심출산 시스템 구축 2. 일–가정 양립 선순환 체계 정착 • 남성, 중소기업 등 사각지대 해소 • 일하는 방식 개선 유도 • 고용-돌봄 연계 강화 3. 둘째, 셋째를 꿈꿀 수 있도록 응원 • 우대권 강화 등 출산장려정책의 실효성 제고 • 공공부문 출산장려 대책 강화 4. 저출산 위기 극복 거버넌스 강화 • 저출산 대책 정부 총력대응 강화 • 저출산 극복을 위한 지역의 주도적 역할 강화
2017.04.12	지방자치단체 저출산 시책 지원방안	1. 출산, 육아 부담 경감시책 발굴 및 추진 • 결혼, 출산, 육아의 경제적 부담 경감 • 출산 친화적 지역일자리 창출 • 지역공동체 차원의 육아지원 문화 정착 • 돌봄 사각지대 발굴 및 지원 2. 지역실정에 맞는 서비스 제공 시스템 구축 • 출산, 보육 서비스 패키지 제공

시기	아동돌봄관련 주요 정책	정책의 내용
		• 원스톱 지역 거점센터 구축 • 저출산 지역인구진단시스템 마련 • 지역특화형 시책 모델 개발 및 확산 • 지방 공공부문 선도모델 추진 3. 지역단위 거버넌스 역량 강화 • 재정적, 제도적 연계기반 확충 • 민간 네트워크 강화 • 중앙-지방 협력 강화 4. 지역사회 인식개선 • 여성, 아동친화도시 확산 • 주민인식 체감제고를 위한 교육, 홍보 강화 〈지방자치단체 저출산 극복 지원계획〉 • 지역단위의 사령탑(컨트롤타워) 구축 • 지자체의 저출산(인구정책) 전담팀 구축 조기완료 및 운영 내실화 • 저출산 극복 선도모델과 우수시책 발굴 및 확산 • 중앙-지자체-민간이 협력해 지역사회의 인식 개선 • 지자체 저출산 시책의 실효성 제고
2019.09.24	아동의 권리를 구체화하는 포용국가 아동정책	1. 보호권: 보호가 필요한 아동은 국가가확실히 책임지도록 시스템 혁신 • 공적결정 강화 • 원가정 복귀 • 전문가정위탁 • 입양 2. 보호권: 아동학대 대응체계 전면 개편 • 학대조사 공공화 • 위기아동 전수조사 • 관계회복 지원

시기	아동돌봄관련 주요 정책	정책의 내용
		3. 보호권: 보호 종료 후 지역사회 내 건강한 시민으로 정착 지원 • 보호종료 전 지원 4. 인권과 참여: 누락없는 출생 등록 • 출생통보제 도입 • 보호출산제 병행 5. 인권과 참여: 아동에 대한 체벌 금지 노력 • 인식개선 • 징계권 6. 인권과 참여: 아동의 목소리에 귀 기울이는 정부 7. 건강권: 아동 발달단계에 맞는 건강지원 강화 • 임신 · 출생 • 예방 · 맞춤지원 8. 건강권: 예방부터 치료지원까지 마음건강 돌봄 지원 강화 • 학령기 마음건강 • 고위험군 관리 9. 놀이권: 아동이 맘껏 뛰어놀 수 있는 지역사회 • 추진체계 • 사업확산 10. 놀이권: 창의적 놀이를 통해 잠재력을 키우는 학교 • 놀이시간 • 공간
2020.08.28	제2차 아동정책 기본계획 ('20~'24년)	1. 추진방향 • 아동 권리의 존중 및 실현 • 아동이 현재 행복을 누릴 수 있는 환경 조성

시기	아동돌봄관련 주요 정책	정책의 내용
		2. 중점 추진과제 1) 권리주체 아동권리 실현 • 아동 권리 실현을 위한 정책추진체계 마련 • 생활 속 아동권리 실현 2) 건강하고균형있는 발달 지원 • 놀이와 학습이 조화로운 학교와 지역사회 • 아동 신체와 마음건강 관리 강화 • 폭력과 각종 안전사고로부터 보호 3) 공정한 출발 국가책임 강화 • 아동중심 공적 보호 · 돌봄체계 구축 • 저소득 가구 등 취약아동 지원 강화 4) 코로나19 대응 아동정책 혁신 • 가정의 양육 역량 강화 • 재난 상황에 대응가능한 돌봄체계 마련
2020.11.27	코로나19 시대 지속가능한 돌봄체계 개선방안	1. 코로나 공존시대 돌봄체계 재정비 1) 시설별 · 지역별 맞춤형 방역 대응 2) 감염 · 격리시 상황별 대응체계 구축 3) 돌봄 사각지대 발굴을 위한 선제적 대응 4) 지역사회 통합돌봄 제도화 2. 재가 돌봄 및 비대면 서비스 다양화 1) (아동) 서비스 확대 및 원격수업으로 인한 격차 해소 2) (노인) 비대면 돌봄 및 건강관리 강화

시기	아동돌봄관련 주요 정책	정책의 내용
		3) (장애인) 가정 내 고립 방지를 위한 활동지원 강화 3. 가정 돌봄 지원 및 아동 모니터링 강화 1) 가족 돌봄 지원 확대 2) 가정 돌봄 아동에 대한 모니터링 강화 3) 양육자 정서 지원 강화

출처: KDI 경제정책 시계열서비스(http://epts.kdi.re.kr/polcTmsesSrvc/them#this)에서 재구성. 2022년 7월 8일 검색.

CHAPTER 03

아동돌봄 패러다임 변동의 함의

지금까지 앞에서는 한국사회의 아동돌봄 지원정책에 깃들어있는 패러다임이 어떻게 변화되어 왔는가를 분석하기 위해, 전후 정부 수립부터 현재에 이르기까지 아돌돌봄 지원정책이 변화되어 온 궤적을 추적해 보고, 이를 통해 시대별로 상이하게 형성되었던 정책적 패러다임들의 변화추이를 정리해 보았다.

아동돌봄 지원정책들의 시대별 패러다임들을 종단적으로 살펴 본 결과, 초기의 지원정책은 전쟁 후 고아의 보호를 위해 시작된 소극적 탁아패러다임으로 규정할 수 있었고, 그 후 정책적 대상을 노동시장에 진출한 여성과 그 아동으로 한정하는 선별적 패러다임으로 변화되었음을 파악할 수 있었다. 그리고 이후에는 민영보육을 통한 사회화로 패러다임이 변화되었음을 확인하였다. 그러나 그 다음 시기부터는 일-가정 양립을 위한 사회적 돌봄의 패러다임으로 변화하였다. 최근 약 20년 동안에는 보편적 복지에 대한 논의가 진행되면서 본격적인 무상보육 패러다임이 공고하게 자리잡게 되었음을 확인할 수 있었다(이진숙 · 이슬기, 2013; 김은정 · 이진숙 · 최인선, 2014).

무상보육은 정치적으로나 사회적으로 갑자기 준비되지 않은 채 시작되면서 초기에는 사회적으로 비판적 목소리가 높아지기도 하였지만, 보편적 복지의 시작을 알린 무상보육정책은 복지패러다임을 선진적으로 전환시킨 기점이 되었기 때문에 보육정책의 역사에 있어서나 복지정책 전반의 역사에 있어서도 중요한 의미를 가진다고 볼 수 있다. 그러나 보육은 실질적으로는 젠더차원에서 여성의 사회진출과 무엇보다도 아동 스스로의 돌봄욕구를 고려하여 결정되어야 하는 문제인데, 정책결정과정을 살펴보면 이에 대한 젠더관점에서의 논의나 사회적 합의, 혹은 아동의 욕구가 진정

무엇인가에 대한 사회적 관심은 미흡했던 것이 사실이다. 그러하다 보니 무상보육이 여성의 사회진출에 대해 긍정적 영향을 미치고 있는가 그리고 아동양육을 수월하게 지원하여 출산과 돌봄문제를 경감해 주고 있는가를 살펴보면 아쉽게도 정책적 효과는 크다고 평가하기가 어렵다는게 중평이다(이진숙 · 이슬기, 2013; 김은정 · 이진숙 · 최인선, 2014).

이상의 결과를 바탕으로 아동돌봄 지원정책의 패러다임에 대한 제언을 해본다면, 향후 정책의 발전에 있어서 가장 중요한 포인트는 정책의 초점과 방향은 아동의 욕구와 부모의 수요를 우선적으로 고려해야 한다는 점일 것이다. 아동돌봄의 직접적 수요자는 아동이지만 한국사회의 아동돌봄 지원에 대한 논의는 여태껏 아동의 진정한 돌봄욕구는 무엇인지 살펴본 바가 거의 없었으며, 부모의 수요 또한 세밀하게 반영된 바가 많지 않다. 따라서 앞으로는 패러다임의 전환을 꾀하고자 할 때 이들이 진정 원하는 바가 무엇인지를 늘상 가장 우선적으로 살펴보고 정책을 고민해야 할 것이다.

PART 3

정책담론과 아동돌봄

CHAPTER 01

정책담론에 대한 연구방법론

일반적으로 정책과 관련된 담론은 다양한 방식으로 생산되고 유통된다. 그렇기 때문에 정책담론에 의한 정책과정은 특정행위자가 참여자들의 다양한 이해관계를 합리적으로 조정하는 과정이 아니라 참여자들의 상호 담론적 작용을 통하여 특정 이해관계가 정당화되는 과정으로 간주된다(이재무, 2014; 이진숙, 2017; McBeth, Shanahan, Arnell & Hathaway, 2007; Shanahan, Jones & McBeth, 2011).

정책담론은 특정 정책을 중심으로 일어나는 일체의 논의를 뜻하며, 정책행위자들 간의 찬성과 반대에 대한 연합을 통해 토론 · 논변을 통한 의사결정과 설득, 참여자의 자기성찰과 사회적 통합의 진행, 동태적 학습과정 등을 함축하고, 특정 사회의 다양한 이해집단으로부터 정책문제에 대한 합의를 도출하여 제도화시킨다(박재창, 2009; 이왕재, 2007; 김길수, 2011; 이재무, 2014; 이진숙, 2017). 이러한 의미를 가진 정책담론이 정책의 변화 과정에서 나타난 사례를 관련 요인들과 함께 서사적으로 기술함으로써 정책변동을 설명하는 모형이 정책담론모형(Narrative Policy Framework)이다(이재무, 2014; 이진숙, 2017).

정책담론모형은 담화와 담론을 대상으로 정책과정을 분석하는 후기실증주의적 방법론으로 정책실체에 대한 사회적 구성(social construction)을 이해하기 위해 시도되는 새로운 접근방법이다(이재무 · 박용성, 2014). 일반적으로 정책결정과정이라는 것은 특정한 정책행위자들 간에 형성되는 다양한 이해관계들을 정치적으로 또는 합리적으로 조정하는 성격이 강하게 포함되어 있는데, 이에 비해 정책담론모형은 정책결정과정을 정책적 의사결정에 있어서 주로 정책참여자들 간의 담론들을 통해 정책적 이해관계들이 정당화되는 정치적 성격이 강한 과정으로 이해하는 특징이 있다. 정책담론모형은 첫째, 정책담론은 정책과정의 중심에 자리하고 있으며, 둘째, 정책담론은 미시적 차원부터 거시적 차원에 이르기까지 다양한 층위로 구분되고, 셋째, 이익집단을 비롯한 다양한 정책행위자들에 의해 생산되며, 넷째, 정책담론은 정보의 조직화와 전달 등을 통해 정책신념의 변화를 야기하여 정책의 변동을 유발한다고 가정한다(이진숙, 2017; Shanahan, E. A., Jones, M. D. & McBeth, M. K., 2011: 540).

정책적 담론의 층위 중 특히 중시적 층위의 분석은 정책적 집단과 옹호연합을 단위로 분석함으로써 정책적 가치나 신념을 지지하는 특정한 정책옹호연합들이 정책담론을 어떻게 생산하고, 정책변동에 어떠한 영향을 미치는지를 확인하는 데에 유용한 분석방법이다(이진숙, 2017; Shanahan, E. A., Jones, M. D. & McBeth, M. K., 2011; Shanahan, E. A., McBeth, M. K. & Hathaway, P. L., 2011).

무상보육정책이 시작되면서 사회 각 집단들(맞벌이가족과 홑벌이가족, 학부모단체나 시민사회단체 그리고 보육시설관련 단체, 정치적 진보와 보수 당파 등)의 정책과정에 대한 담론적 참여는 빠르고 역동적으로 확산되었고, 이로 인해 정책결정과정도 다차원적으로 구성되고 있다(이진숙, 2017). 따라서 아동과 부모, 시민사회단체와 보육시설, 진보와 보수 등으로 대표될 수 있는 다양한 정책적 이해집단들이 아동돌봄 지원정책에 대해 다양한 정책담론을 제시하고 있는 현 상황을 구체적으로 분석하는 것은 매우 필요한 작업이 되고 있다.

이상의 문제의식을 바탕으로 하여 이 장에서는 아동돌봄 지원정책에 대해 한국사회에서 가장 적극적으로 정책결정과정의 담론집단들로 참여하고 있는 대표집단들로 중앙정부와 지방정부, 여당과 야당들, 맞벌이가족과 홀벌이가족, 보육단체들과 시민단체들 등이 생산해낸 담론들에 관심을 가지고, 이들이 서로 다양하게 지지하는 가치들 사이에 나타나는 충돌로 인해 형성되는 정책옹호연합사례가 어떠한 지를 분석하기 위해 정책적 담론을 가장 잘 분석할 수 있는 방법론적 분석틀로 정책담론모형을 이용하고자 하였다.

제1절 연구질문

이 연구는 위의 아동돌봄정책의 도입이전부터 현재에 이르기까지 아동돌봄정책에 대한 가치지지적 담론주체들을 중앙정부와 지방정부, 정당들(여당과 야당들), 부모들(맞벌이와 홀벌이)과 부모관련 단체, 보육시설관계 단체들과 시민단체들로 판단하고, 이들 잡단들을 정책옹호연합의 대표적 참여자로 상정하였다.

이 연구는 담론이 정책행위자들의 신념을 변화시킴으로써 정책과정에 영향을 미친다는 주장에 동의를 하고, 다양한 정책행위자들은 각 집단들이 추구하는 가치담론에 따라 아동돌봄 지원정책들에 대해 어떠한 옹호연합(찬성 vs. 반대)을 형성하고 어떻게 변화하는가 그리고 그런 맥락 속에서 정책과정은 어떻게 변화되는가(이진숙, 2017)를 파악하고자 하였다. 그리고 이를 파악하기 위한 연구질문을 아래와 같이 설정하였다:

“정책담론참여자들이 ① 보편주의 vs. 선별주의, 그리고 젠더평등 vs. 소득보장 간의 가치충돌로 인한 아동돌봄 지원정책의 정책옹호연합들을 어떻게 구성하고, ② 이에 따라 아동돌봄 지원정책에는 어떤 변동이 일어나게 되는가?”

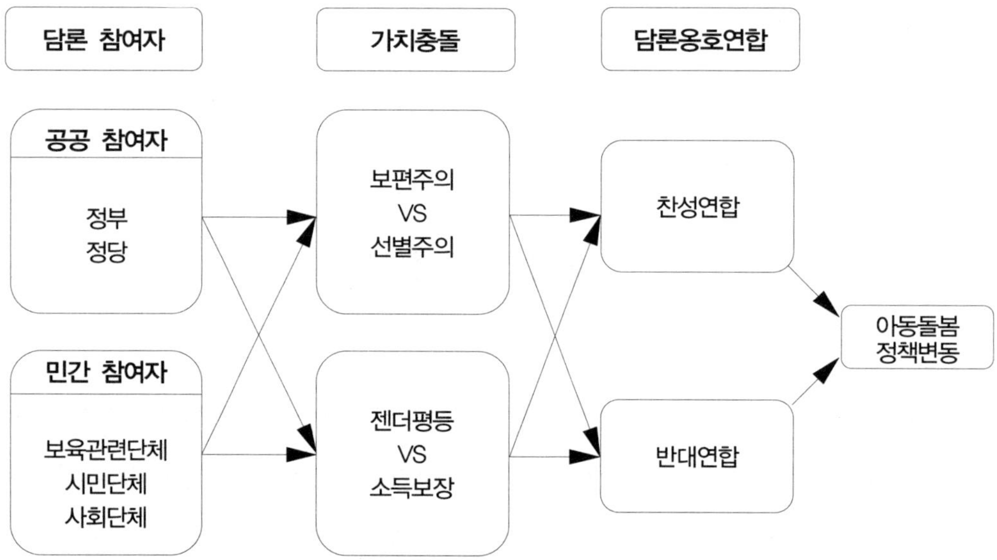

[그림 15] 연구내용과 흐름

제2절 자료수집방법과 분석자료

이 연구가 아동돌봄정책을 정책담론모형을 통해 분석하기 위해 활용할 자료는 각종 학술자료 및 정책자료이다. 그리고 이 연구가 아동돌봄 지원정책에 대한 정책행위자들의 정책담론자료를 수집하기 위해 활용한 검색엔진은 다음(http://www.daum.net/), 네이버(http://www.naver.com) 그리고 구글(https://www.google.co.kr/)이었고, 검색은 2017년 7월 1일부터 2020년 7월 10일까지 진행되었다.

정책행위집단들이 산출해 낸 아동돌봄 지원정책에 대한 담론자료들을 검색하기 위해 인터넷 사이트에서 연구자는 1차 검색에서는 시간적 범위를 제한하지 않은 채, 시설보육, 양육수당, 아동수당, 무상보육이란 검색어로 자료를 검색하였다. 그리고 검색된 자료들을 보다 더 심층적으로 선별하기 위해 2차 검색에서는 아동돌봄 지원정책에 대한 담론적 구조들이 조금씩 표면으로 드러나기 시작한 2001년 이후의 자료들만 선별하여 검색하였다.

이상의 자료수집방법을 통해 이 연구가 정책담론의 분석에 활용하게 된 분석자료들은 국회회의록 및 중앙정부와 지방정부 그리고 여당과 야당의 언론보도자료, 보육관련 민간 사회단체들의 성명서를 비롯한 각종 자료와 신문기사들이다. 단, 신문기사들은 자료의 방대함으로 인해 경향신문, 동아일보, 조선일보, 중앙일보, 한겨레, 한국일보로 제한하여 수집하였다.

제3절 분석방법

이 장에서는 중시적 층위에서 내용분석을 통해 아동돌봄정책에 대한 정책행위자들의 담론들을 대통령집권기별로 구분하여 분석하였으며, 분석에 활용한 자료는 2001년부터 2020년까지의 자료들이다. 각 자료들은 담론의 내용에 따라 정책에 대한 찬성과 반대자료로 분류되었다. 또한 정책행위자별로도 찬성과 반대집단으로 구분되었는데, 정책행위자집단들은 정당, 보육시설 관련 단체, 보육시설 관련단체를 제외한 사회단체 및 시민단체, 중앙정부와 지방정부 그리고 언론으로 구분하였고, 각기 분류된 정책행위집단들은 지지가치에 따라 찬반으로 구분한 뒤, 대통령집권기별 시간의 흐름 속에서 어떤 변화를 보이는지 분석되었다. 대통령집권기를 시간의 구분기준으로 택한 것은 대통령이란 정책결정과정에서 가장 영향력있는 정책행위자이자, 한국 사회가 채택하고 있는 정치특성이 바로 대통령중심제이기 때문에 정책변동의 특성을 파악하고자 할 때에 집권기별 정당 및 정부 그리고 여타의 정치적 행위자들간 차이를 파악하는 데에 유효한 준거가 될 수 있기 때문이다.

분석결과, 총 204건의 자료가 수집되었는데, 아동돌봄(보육)을 둘러싼 정책담론이 가장 적극적으로 생산된 시기는 박근혜 대통령 집권기인 2013년부터 2017년으로 91건이 발견되었다. 그 뒤를 이은 시기는 문재인 대통령 집권기인 2017년부터 2020년으로 70건이 발견되었다. 그 다음으로는 이명박 대통령집권기인 2008년부터 2013년의 23건이었고, 노무현 대통령 집권기였던 2003년부터 2008에는 14건이 발견되었다.

정책행위자들 중에서 가장 활발하게 정책담론을 제공한 주체는 중앙정부와 지방정부인데 아동돌봄정책에 대한 찬성의 옹호연합으로서의 담론을 73건으로 압도적으로 많이 생산해 내었다. 그 뒤를 이어 찬성 옹호연합을 구성하는 정당의 담론 참여가 발견되었다. 그리고 바로 뒤를 이어 반대옹호연합을 구성한 중앙정부와 지방정부의 담론 생산이 있었다.

정책담론을 둘러싼 옹호연합에 있어서 보육시설을 중심으로 한 관련 시설단체와 시민단체 및 사회단체의 참여는 상대적으로 부진하였고, 다만 아무래도 가장 이해관계에 극명히 관계되어 있는 보육시설을 제외한 관련단체들의 반대담론이 20건으로 다수를 차지하였다.

〈표 8〉 정책옹호연합의 담론주체별 정책담론의 추이 분석결과[1]

단위: 건(%)

		정당(찬)	정당(반)	보육시설 관련단체(찬)	보육시설 관련단체(반)	보육시설관련단체를 제외한 사회단체 및 시민단체(찬)	보육시설관련단체를 제외한 사회단체 및 시민단체(반)	중앙정부와 지방정부(찬)	중앙정부와 지방정부(반)	언론(찬)	언론(반)	시기별 합계
노무현 대통령 집권 전	2001 ~ 2003.1	5	-	-	-	-	-	3	-	-	-	8
노무현 대통령 집권기	2003.2 ~ 2008.2	4	-	-	-	3	-	7	-	-	-	14
이명박 대통령 집권기	2008.3 ~ 2013.2	5	4	-	1	-	3	7	3	-	-	23

1) 2001년부터 2020년 까지 Naver, Daum, Google을 통한 일간지 검색 자료를 분석한 결과임.

박근혜 대통령 집권기	2013.3 ~ 2017.3	10	15	-	3	-	8	30	25	-	-	91
문재인 대통령 집권기	2017.5 ~ 2020.1	14	3	-	9	2	9	29	4	-	-	70
합계		38	22	0	13	5	20	76	32	0	0	204 (100)

이렇듯이 정책옹호연합의 담론주체별 정책담론의 전체적인 추이를 분석해 본 결과, 한국사회에서의 담론주체는 주로 정부 중심으로 편중되는 것을 알 수 있었고, 일종의 정치적 엘리트와 관료가 주도하는 담론형성과 정책결정이 이루어짐을 미루어 짐작할 수 있었다. 즉, 담론형성과 정책결정과정이 일반 시민들과 사회집단들이 주도하고 그 결과로 정책아젠다가 정치의 내부로 진입하게 되는 외부주도모형이 아니라 내부주도모형적 특성이 강한 것으로 나타났다.

특이한 점은 언론의 경우에 찬성이나 반대의 옹호연합에 분류하기가 불가하였는데, 그 이유는 한국사회에서 언론은 사회적 이슈와 정치적 아젠다를 직접 생산하고 확산하는 주체적 역할을 하기 보다는 정부를 비롯한 1차적 이해당사자들이 생산하고 확산하는 이슈와 아젠다를 전달하는 단순한 기능을 중심으로 수행하는 데에서 발발되는 결과로 해석이 된다.

CHAPTER 02

아동돌봄정책관련 담론의 전개과정

앞에서 역사적 제도주의를 통해 한국사회의 아동돌봄 지원정책의 패러다임적 변화를 살펴 본 결과, 한국사회에서 아동돌봄에 대한 정책적 관심이 본격화되고, 그에 따라 아동돌봄 지원정책이 부모의 일-가족 양립의 실현에 궁극적인 방향을 맞추고 사회적 돌봄을 추구하는 패러다임을 거쳐 보편주의적 무상보육 패러다임으로 변동되었지만 담론형성과 정책결정과정은 소위 이스턴(Easton)이 제시한 내부주도모형에 의한 발전 경향이 보이는 한계가 있었음이 확인되었다.

이 장에서는 앞에서 제시했던 분석결과를 좀 더 심층적으로 해부해 보기 위해 아동돌봄의 정치적 아젠다화가 본격화된 2001년 이후부터 2020년 까지의 시기를 연구범위로 설정하고, 그 기간 동안 각 정책행위자들이 생산해낸 아동돌봄에 대한 담론들이 구체적으로 어떻게 전개되었는가를 분석해 보았다. 이를 위해 우선 분석시기를 구분하기 위한 기준으로는 각 대통령별 집권시기를 기준으로 삼았다. 즉 노무현 대통령 집권기, 이명박 대통령 집권기, 박근혜 대통령 집권기, 문재인 대통령 집권기로 시대를 구분하고, 그 시대별로 각 정책담론의 주체들이 어떤 주장들과 행위들을 하였는가와 그러한 담론형성의 과정에서 담론의 동학은 어떠하였는가를 분석하였다.

제1절 노무현 정부시대의 아동돌봄 담론

2000년대에 접어들면서 저출산-고령화 현상이 심화되면서 젠더이슈와 연관된 정치적 이슈로서 아동돌봄이슈에 대한 관심도 증가되었다. 정당 중에서 한나라당에서는 세 살 미만의 영아들을 보육하기 위한 시설의 증가와 초등학생들을 위한 방과후 보육대책을 마련하는 것이 요구되며, 특수보육서비스를 필요로 하는 장애아동들을 위해 보육시설을 확충하는 것이 필요하다는 주장이 제기되었다. 이에 대해 새천년민주당에서는 보육의 여성부 이관과 관련하여 그로부터 발생될 가능성이 있는 한계들은 어떻게 해결할 것인지에 대해 당시의 여성부 장관에게 질문하기도 하였다. 이에 대해 여성부 장관은 여성부가 지속적으로 보육정책에 대한 연구 검토를 통해 대안을 마련하겠다고 공식적으로 답변한 바 있었다.

국정에 관한 교섭단체대표의 연설에서 한나라당 대표는 '한나라당은 여성정책의 최우선 과제로 가정과 직장생활을 병행할 수 있는 국가지원 시스템을 만드는 것으로 하겠다'고 밝혔다.[1] 이와 관련하여 새천년민주당의 한 의원은 여성부장관에게 분만권과 육아권을 보장하기 위한 정부의 대책은 무엇인지 질문을 던졌다. 이에 대해 당시의 여성부장관은 종합적인 보육정책을 세워 보육정책의 바른 시행을 적극 추진하겠다고 답변하였다. 한나라당에서는 이와 관련하여 2세 전의 영아만을 대상으로 하는 영아전담 보육시설을 전국에 국공립으로 대폭적으로 설치해야 한다고 판단됨을 밝혔다.[2] 이를 볼 때 아동돌봄이슈에 대한 접근관점은 이제 정당의 경계를 초월하여

1) 제16대국회 제234회 제7차 국회본회의. 2002.10.08

명실공히 일-가족 양립이라는 공통의 해결책에 대한 고민으로 수렴되고 있었음을 확인할 수 있다.

한편 이 시기에 중앙정부(보건복지부, 교육인적자원부)에서는 보육시설 및 유치원의 보육료와 만 5세 아동을 대상으로 하는 무상교육비의 지원기준을 확정하고 예산 1332억원을 확보하였다.[3] 이 것은 정당들을 중심으로 한 아동돌봄정책에 대한 찬성 옹호연합이 형성된 결과라고 할 수 있었다. 복지에 대한 이념적 지향성이 상반된 두 대표적 정당들 간에 아동돌봄에 대해 동맹이 형성될 수 있었던 것은 시대와 사회변화 속에서 아동돌봄을 이제는 여성에게만 전담시켜서는 안된다는 인식의 전환과 저출산문제의 해결이라는 현실적 과제가 복합적으로 작용하였던 데에 기인하는 결과였다고 할 수 있다.

이 무렵에 대통령선거가 시행되었는데, 이 선거에서 당선되었던 노무현 대통령 후보를 위한 대통령직인수위원회에서는 세계 최저 수준으로 추락한 저출산에 다양한 출산대책을 검토 중임을 밝히면서 저출산의 해결책으로서 아동돌봄의 사회화를 위한 조치들을 모색하였다. 여기에서 아동돌봄의 사회화를 위한 정책들에 해당되는 것들로는 아동양육보조수당과 출산수당의 도입, 그리고 육아휴직의 확대와 보육사업의 활성화 등이 포함되었었다.[4] 이와 더불어 대통령직인수위원회에서는 저출산의 주원

2) 제16대국회 제225회 제11차 국회본회의. 2001.10.16

3) 동아일보, 2003. 1. 3. 이인철,송상근기자 (https://news.naver.com/main/read.nhn?mode=LSD&mid=sec&sid1=102&oid=020&aid=0000171630)

4) 경향신문, 2003. 1. 10. 조운찬기자 (http://news.naver.com/main/read.nhn?mode=LSD&mid=sec&sid1=102&oid=032&aid=0000005204)

인으로 지목되었던 부모의 보육비의 부담을 덜기위해 가구소득에 따른 차등보육료 제도를 확대하는 방안을 추진하기로 함으로써 본격적으로 아동돌봄지원정책을 시설보육을 주축으로 확대하고자 하는 구상들을 제시하였다.[5] 이는 새로운 정부에서 아동돌봄정책을 적극적으로 시행하고자 하는 의지를 미리 적시를 했던 것으로 예측된다.

주류정당들과 대통령직인수위원회라는 핵심적 정책행위집단들이 아동돌봄정책에 대해 전향적인 태도를 보인 것과 궤를 같이 하면서 군소장당들에서도 아동돌봄에 대한 정책적 관심은 이 시기를 기점으로 부쩍 강화되었다. 그런 한 사례로 당시 국회본회의에서 민주국민당에서도 정부의 보육사업에 대해 그동안 개선한 점과 향후 구상중인 사업에 대해 여성부장관에게 질의를 하였고, 이에 대해 당시의 여성부장관은 보건복지부와 노동부가 공동으로 보육사업의 활성화를 위한 방안을 발표했음을 주지시키고 향후 보육서비스의 다양화를 추진하겠다고 긍정적인 태도를 보였음이 확인되었다.[6]

2003년 2월에 제16대 대통령으로 노무현 후보가 당선되고 나서 개최된 국회본회의에서는 새천년민주당에서 여성부장관에게 보육업무 이관에 관련된 질문을 통해 아동돌봄정책에 대한 구체적인 관심을 표시하였다. 여성부장관은 질의에 대해 응답하면서 정부가 보육에 대한 새로운 마스터플랜을 만들었음을 제시하고, 담당업무가 이관

5) 동아일보. 2003. 1. 17. 김승련기자
(https://news.naver.com/main/read.nhn?mode=LSD&mid=sec&sid1=100&oid=020&aid=0000174291)

6) 제16대국회 제236회 제6차 국회본회의. 2003.02.12

된 이후를 대비한 구체적 실천계획을 마련하고 있음을 밝혔다.[7] 이는 보육에 대해 중앙정부가 주도적으로 아동돌봄의 공공성을 기치를 내걸고 적극적인 태도를 가시화한 거의 첫 성과였다고도 할 수 있었다. 이런 상황에서 당시 야당이었던 한나라당의 의원들을 포함하여 여야의원 34명은 "출산안정법안"을 공동으로 발의하였는데, 이는 당시에 본격화되기 시작했던 저출산문제를 해결하기 위한 제도적 대응책을 마련하기 위한 의도에서였다.[8]

한편 야당이었던 한나라당에서는 "아동복지법 개정안"을 발의하였고, 아동돌봄보다는 출산장려에 목적을 두고, 출산장려를 위해 출산가정에 50만원의 출산수당과, 만4세 이하의 아동을 대상으로 1인당 월 5만원의 보육수당을 지급하자는 주장을 제시했다.[9] 이는 한국사회의 복지제도 중 발전이 더뎠던 사회수당제도의 도입을 본격화하는 신호탄으로 볼 수 있었다. 이는 1990년대 후반부터 저출산현상이 심화되기 시작하였고, 더불어 돌봄과 가사노동으로 인해 기혼여성의 취업이 저조한 한국사회의 현실에 대해 젠더 차원에서 비판이 본격적으로 제기되기 시작하면서 그러한 중층적 문제들을 해결하기 위한 정책적 방안들에 대해 정치적 관심이 증대된 것에 대한 결과라고 할 수 있다. 그런 연속선 상에서 국회본회의가 열리자 한나라당에서는 당시의 국무총리에게 영아보육을 지원하기 위한 시설을 확충하는 것에 대한 정부의 입장에 대해 질의를 하였는데, 이에 대해 국무총리는 영아보육을 지원하기 위해 양적인 확대와 질적인 개선을 동시적으로 추진하고 있으며, 영아보육과 관련된 수요서비

7) 제16대국회 제 240회 제5차 국회본회의. 2003.06.11

8) 한나라당 안택수의원 블로그(http://blog.naver.com/tsahn43/100049105291)

9) 연합뉴스, 2003.9.21. 김병수 기자
(http://media.daum.net/society/others/newsview?newsid=20030921064615644)

스를 해결하기 위한 서비스의 공급을 확충해 나갈 계획이라고 답변하였다.[10] 이는 중앙정부가 적극적인 대응을 제시한 본격적 행보를 알리는 시작이었다고도 할 수 있다.

사실 이 당시의 시기는 아동돌봄정책과 가족정책의 구체적 틀을 구축해야 한다는 사회적 요구에 당면하여 정책적으로도 많은 시도들이 나타났던 시기였고, 그런 만큼 아동돌봄과 가족정책에 대한 아젠다화가 매우 활발했던 시기였다. 우선 가족에 대한 개념규정조차 전통적 가족주의와 여성주의에 기반한 주체들에 따라 상이한 규정을 제시하였고, 그로 인한 담론주체들 간의 갈등 또한 극명했던 시기였다.

여성주의자들과 사회복지 학문영역에서는 전통적으로 사회복지기능을 담당해 온 주체중의 하나인 가족이 근대화과정을 통한 변화 속에서 다양한 요인들의 복잡한 상호작용에 의해 구조에 변화가 일고 기능이 약화함에 따라 오늘날 가족의 변화와 위기현상이 나타나게 되었다고 보았다(한국여성개발원, 2004). 그리고 가족문제의 경우에는 사회적 중요성(social significance)이나 심각성(severity)의 면에서는 문제가 사회의 관심을 충분히 유발하고 있지만, 보편적으로 가족문제는 사적 책임으로 규정되어 온 전통이 강하기 때문에 가족이 문제의 본질을 사회적으로 정의할 수 있는 능력은 부족하다고 보았다(한국여성개발원, 2004). 또한 가족은 애정과 친밀성을 기반으로 하는 본질적 속성상 압력단체로서의 로비력과 조직력이 부재하여 정치적 행위력은 미흡한 특성이 있다고 규정하였다(이진숙, 2003). 따라서 심화되고 있던 가족

10) 제16대국회 제 243회 제13차 국회본회의. 2003.10.22

위기, 아동돌봄과 부양, 가족과 직업의 양립 등을 비롯한 가족문제를 해결하기 위해서는 국가와 사회가 다양한 문제발생요인들을 고려하여 포괄적으로 접근하고, 가족과 가족구성원들의 변화하는 복지욕구에 부응하여 공적 책임을 강화하는 방향으로 정책을 전개해야 할 필요성이 표면화되고 있다는 점에 주목하였다(한국여성개발원, 2004).

전통적으로 가족문제는 사회복지영역에서 핵심적 논의대상 중의 하나인데 가족의 적응을 돕고 치료하는 문제, 즉 가족의 관계적 기능에 연구의 초점이 놓여져 있었고, 가족정책이나 제도적인 부분에 대한 논의는 미약했었던 한계가 있었다(한국여성개발원, 2004). 그러나 1990년대 후반 이후부터 복지서비스의 탈가족주의화(Esping-Anderson, 1999) 라는 세계적인 추세와, 국내적으로는 가족변화(문제)의 심화와 가족이슈를 둘러싼 정치적 갈등과정 속에서 가족문제에 대한 새로운 모색을 시작하게 되었다. 더불어 가족의 관계적 기능 뿐만 아니라 보호기능에 대해서도 연구적 관심이 확대되면서 가족정책이라는 거시적 차원에서의 문제해결에 대한 모색에 관심(한국여성개발원, 2004)이 돌려지고 있었다. 이러한 맥락에서 가족정책의 대상으로는 전체적 단위로서의 가족과 가족구성원까지 포괄하는 것으로 보았고(김성천 · 안현미, 2003; 이진숙, 2003), 기존에는 정책연구 상의 관심대상이 문제가족 또는 요보호가족 중심으로 국한되었지만 가족의 변화 경향에 따라 정책대상을 보는 관점이 선별주의에서 보편주의로 변화되고, 복지의 영역이 확대됨에 따라 이제는 특정한 이념성을 지향하는 가족의 지원에서 탈피하여 법적, 생물학적, 사회적 관계에 토대를 두고 생활현실로 존재하는 모든 가족들이 정책적 개입의 단위로 고려되어야 함을 강조하였다.

위와 같은 맥락에서 가족복지관련 연구자들은 가족지원기본법안(발의연월일: 2003년 8월 22일)을 지지하였는데, 이 법안에서는 구체적 개입단위로서의 가족을 '혼인, 혈연, 입양에 기초한 2인 이상의 공동체' 그리고 '사실혼 가족, 미혼모·부가족, 위탁아동가족, 공동생활가족, 후견인이 있는 가족, 외국인가족, 단독가구, 그 밖에 대통령령이 정하는 가족'(한국여성개발원, 2004)으로 전통적 가족주의에서 탈피하여 포괄적으로 규정했다. 그리고 가족의 구조와 기능의 변화는 전통적으로 가족이 수행해 왔던 기능중의 많은 부분을 사회에 이양시켜, 이제 가족은 스스로 내재적, 외연적 문제들을 해결할 수 있는 능력을 상실하였고, 또한 복지에 대한 관심이 증대되면서 가족문제와 가족적 삶에 대한 국가와 사회의 개입요구가 커지고 있다(한국여성개발원, 2004)고 보았다. 그러나 한국사회에서는 가족문제를 해결하기 위한 국가의 개입과 지원은 주로 가족구성원 개인에 대한 접근으로 이루어져 왔으며 일반가족은 개입대상으로 고려되지 않았고, 개입수준에 있어서는 사전예방적 차원보다는 사후치료적 개입에 편중되어 있었기 때문에 일반적으로 가족의 집합적이고 전체적 특성을 고려한 종합적 가족복지정책 또는 가족정책은 구상되지 못하였다(한국여성개발원, 2004)고 비판하였다.

여성부의 경우에는 보육서비스부문에서 여성복지와 아동복지적 차원에서 보육문제에 접근하여 보육서비스를 확충하고자 하는 의도가 있었다(한국여성개발원, 2004). 이를 볼 때 가족생활을 통한 궁극적 목적은 가족구성원들의 행복추구이며, 어떠한 경우에도 가족은 수단화될 수 없는 유기적 실체임에도 불구하고, 정부정책에서는 가족을 인구정책적 의도에서 정책의 도구로 삼고 있으며, 정책의 내용이 가족의 행복추구와는 동떨어져 있고, 출산과 양육 그리고 부양 등의 문제는 가족복지적 관점에서 포괄적으로 접근해야할 사안임에도 불구하고 이를 아동과 여성문제로 국한하여 대상중심적 차원으로 접근(한국여성개발원, 2004)하고 있다고 비판되었다.

여성학계와 시민단체들 그리고 사회복지학계와 가정학계 및 관련 단체들을 중심으로 양분된 가족아젠다화를 통해 종전의 아동돌봄 아젠다는 주로 중앙정부와 정당들에 의해 확산되어 왔다고 한다면 이제 드디어 시민단체들이 아동돌봄의 아젠다화 과정에 담론의 주체로 본격적으로 등장하게 된다. 이는 당시 새로운 정부의 집권 이후로 정치문화나 사회의식이 이전보다 개방적이고 진보적인 색채가 강해진 것과 시민참여에 대한 우호적 사회분위기의 조성이 주 원인으로 작용하였다고 볼 수 있었다.

우선 당시에 대표적 시민단체 중의 하나였던 참여연대에서는 “신빈곤대책 3대개혁 입법청원”을 하면서 아동수당의 도입을 요구하였다.[11] 당시에 아동돌봄이슈는 주로 젠더적 측면에서 다루어졌는데, 그러한 논의과정에 참여연대는 기본소득의 관점에서 아동수당이라는 수당제도의 도입을 제시했던 것이다. 이는 상당히 획기적인 제안이기는 하였고, 이에 대한 필요성에 대해서 사회적 지지를 어느 정도 얻기도 하였지만 수당제도가 가지는 젠더분업 구조의 고착화 위험에 대한 우려가 커지면서 젠더적 차원의 논의가 우선시 되어야 한다는 대세 담론에 의해 큰 반향을 얻지는 못하였다. 정부는 “저출산 고령사회대응을 위한 국가실천전략발표”에서 아동수당은 도입시기를 2008년 이후로 고려하는 중장기검토과제로 남기겠다고 발표하였다.[12] 후에 2004

11) 참여연대 보도자료(http://www.peoplepower21.org/Welfare/653247)

12) 보건복지부 보도자료(http://www.mohw.go.kr/front_new/al/sal0301vw.jsp?PAR_MENU_ID=04&MENU

년에 정부는 “빈곤대물림차단을 위한 희망투자전략”을 발표하였는데 여기에서 6세미만의 저소득 한부모가정에 대한 양육비를 인상하는 안을 포함하였는데 이 것은 아동수당으로 확대되는 기초가 되었다.[13)]

그런 과정들 가운데 새천년민주당에서는 보육업무의 여성부 이관을 반대하는 의견을 밝혔는데,[14)] 이와 관련하여 한국유치원총연합회, 전국어린이집 · 놀이방연합회 등의 보육시설관련 사회단체들에서는 유아교육법(영유아에 대한 교육과 보육을 통합하는 법)을 제정하고, 더불어 기존의 영유아보육법을 유보통합을 고려하여 개정하도록 국회에 촉구하였다.[15)] 이러한 시민단체들과 보육시설관련 이익단체들의 담론활동은 정치권에서도 반향을 얻었고, 그런 결과, 2004년 1월에는 드디어 정당 주도로 유아교육법 및 영유아보육법 개정안이 국회 본회의를 통과하게 되었다.[16)] 이는 그간의 정책담론이 정치적 엘리트와 정부 및 정당을 중심으로 편중적으로 활성화된 것에 비하여 정책담론의 주체가 다원주의화되고 민주주의화되는 과정에 진입하였음을 드러내는 사례라고 할 수 있었다.

한국사회에서는 1995년 이후 민선 자치단체장들을 결정하는 선거가 시작된 것을

_ID=0403&page=638&CONT_SEQ=27821)

13) 한겨레신문, 2004. 7. 1. 안영진기자
(http://media.daum.net/society/others/newsview?newsid=20040701064233504)

14) 제16대국회 제 244회 제3차 국회본회의. 2003.12.23

15) 한겨레. 2004. 1. 4. 김영인기자
(https://news.naver.com/main/read.nhn?mode=LSD&mid=sec&sid1=102&oid=028&aid=0000039878)

16) 동아일보. 2004. 1. 8. 홍성철기자
(https://news.naver.com/main/read.nhn?mode=LSD&mid=sec&sid1=102&oid=020&aid=0000221758)

기점으로 지방자치제도가 시행되었다. 그러나 지방자치제도가 시행되었다 해도 지방정부가 복지정책에서 주도적 주체로 부상된 적은 거의 없었다. 그런데 2004년에 서울시에서는 5세 이하 셋째 자녀의 보육비 전액을 보호자의 소득 수준에 관계없이 지원하기로 하면서 아동돌봄정책에서 지방화의 사례를 본격적으로 보여 주기 시작하였다.[17] 기존의 정책담론주체가 중앙정부로 한정되었던 구도에서 벗어나 드디어 지방정부도 담론주체로서 정책행위자로서의 적극적인 역할을 시작한 것이다. 그후 서울시에서는 셋째 아이에 대한 보육비 전액 지원 대상을 만 세 살 이하로 낮추고 2007년까지 단계적으로 확대하는 것을 검토하였다.[18] 그리고 그 직후에 서울시에서는 보육시설에서 보육중인 셋째 이후 자녀에 대한 보육비를 전액 지원하기로 결정하였다.[19] 이는 지방정부 차원의 정책담론주도와 다원주의적 정책아젠다화 과정에서 지방정부의 주체적 역할을 각인시킨 사례가 되었다.

한편, 야당이었던 열린우리당에서는 저출산 문제의 심화에 대한 대책을 여성부장관에게 질의하였는데, 이에 당시의 여성부장관은 여성부의 핵심 목표를 보육의 공공성 강화라고 밝혔다.[20] 중앙정부가 아동돌봄정책의 목표를 공공성 강화로 밝힌 구체적 사례가 된 것이다. 그리고 기획예산처에서는 그 직후에 전체 만 5세아 가운데 정부로부터 교육비 및 보육료 지원을 받는 비율을 22.7%에서 2008년에는 50%까지 높

17) 경향신문. 2004. 1. 13. 문주영기자
(https://news.naver.com/main/read.nhn?mode=LSD&mid=sec&sid1=102&oid=032&aid=0000048955)
18) 한겨레. 2004. 2. 5. 김동훈기자
(https://news.naver.com/main/read.nhn?mode=LSD&mid=sec&sid1=102&oid=028&aid=0000044118)
19) 한겨레. 2004. 3. 1. 김동훈기자
(https://news.naver.com/main/read.nhn?mode=LSD&mid=sec&sid1=102&oid=028&aid=0000048032)
20) 제17대국회 제 248회 제5차 국회본회의. 2004.07.14

이겠다는 계획을 밝혔다.[21] 이는 공보육의 확대를 위한 구체적 목표를 시설보육인프라의 확충을 통해 제시했다는 점에서 젠더관점을 고려한 의의가 있는 행보였다고 할 수 있다.

야당이었던 한나라당에서는 당 소속의 국회의원 122명 전원이 서명을 한 저출산 기본법 제정을 위한 공청회를 열고 자녀를 키우는 가정의 경제적 부담을 덜기 위한 아동수당 및 의료비 등을 지원하겠다는 내용을 밝혔다.[22] 다른 한편으로 고령화 및 미래사회위원회의 위원장은 '저출산에 대해 지금이라도 긴 호흡을 갖고 대책을 마련할 필요가 있으며, 필요하지만 아직은 엄두가 안난다고 고백을 하기도 하였다.'[23] 이는 상대적으로 진보적 지향성을 가진 여당과 정부 뿐만 아니라 보수성이 강한 야당도 보육사업을 통해 아동돌봄을 지원할 필요가 있다는 점에는 공감했지만 정부와 여당은 시설보육인프라의 확충을 통해 젠더차별문제를 고려하는 방향으로 노력을 하겠다는 것이었으며, 야당은 아동수당의 도입을 비롯한 현금지원을 통해 저출산과 아동돌봄문제를 해결하겠다는 입장의 차이를 드러낸 것이었다고 할 수 있다. 그러나 이는 양측 담론주체들이 각기 추구한 지향성은 다르다 할지라도 아동돌봄을 지원해야 한다는 공감대는 형성된 것이었지만 현실적으로는 장기적 관점에서 대폭적인 정책지원은 불가함을 토로한 것으로 볼 수 있다. 그러한 동상이몽 속에서도 2005년에

21) 동아일보. 2004. 7. 22. 신치영기자
(https://news.naver.com/main/read.nhn?mode=LSD&mid=sec&sid1=102&oid=020&aid=0000251688)

22) 메디팜뉴스, 2004. 9. 5. 천유정 기자
(http://www.medipharmnews.com/news/articleView.html?idxno=30929

23) 한국경제신문, 2004. 11. 8. 박수진 기자
(http://www.hankyung.com/news/app/newsview.php?aid=2004110818581&intype=1)

개최된 "저출산의 영향과 대응방안" 토론회에서는 아동수당제도의 단계별 도입에 대한 공감대가 형성되었다.[24]

여성가족부에서는 2005년 보육시설 설치와 보육종사자의 배치기준을 강화한 영유아보육법 시행령 및 시행규칙을 시행하기로 하였다.[25] 야당이었던 한나라당에서는 보육서비스의 질을 향상하기 위해 보육서비스를 이원화할 필요가 있음을 제안하였다.[26] 다른 한편, 보건복지부에서는 농어촌 지역의 만 5세 어린이에 대한 무상보육을 실기하기로 하였고,[27] 국정에 관한 교섭단체대표연설에서 열린우리당에서는 5세 이하 아동을 위한 무상 보육과 교육을 확대하겠다고 밝혔다.[28] 이제 본격적으로 무상보육의 확대에 대한 요구들이 구체화된 것이다. 이 과정에서 여당의원들 중에서는 정부에서 민간 보육시설을 지원하는 것에 대한 반대의견이 등장했는데, 당시의 국무총리는 민간 보육시설의 보육 수준과 질을 향상시키는 것이 중요한 사안이라 답하였다.[29] 이는 당시의 정부가 무상보육을 확대하는 정책을 지향했지만 그렇다고 국공립 보육시설을 적극적으로 확충하고자 하는 의지를 가지고 있었던 것은 아니었음을 은연 중 드러낸 것이었다고 볼 수 있다.

---

24) 보건복지부 보도자료, 2005. 1. 20.
(http://www.mohw.go.kr/front_new/al/sal0301vw.jsp?PAR_MENU_ID=04&MENU_ID=0403&page=655&CONT_SEQ=32105)

25) 동아일보. 2005. 1. 26. 김진경기자
(https://news.naver.com/main/read.nhn?mode=LSD&mid=sec&sid1=101&oid=020&aid=0000282528)

26) 제17대국회 제 252회 제4차 국회본회의. 2005.02.15

27) 동아일보. 2005. 6. 22. 김희경기자
(https://news.naver.com/main/read.nhn?mode=LSD&mid=sec&sid1=102&oid=020&aid=0000304548)

28) 제17대국회 제 256회 제4차 국회본회의. 2005.10.13

29) 제17대국회 제256회 제11차 국회본회의. 2005.10.31

중앙정부의 무상보육 확대와 시설보육 인프라의 확대정책과 궤를 같이 하면서 지방정부들의 자체적 보육정책들도 서서히 늘어나기 시작하였다. 경기도에서는 2006년부터 도시에서 출생하는 둘째 자녀에게 2년간 보육료를 지원하기로 하였다.[30] 그리고 인천시에서는 2004년 1월 1일 이후 출생한 셋째 이후 아동이 보육시설을 다닐 경우 소득에 상관없이 보육료를 지원하기로 하였다.[31]

돌봄의 주체로서 가장 직접적인 이해당사자가 되는 가족을 지원하는 정책과 관련하여 가장 기본법이 되는 「건강가정기본법」은 2004년 2월에 제정되어 2005년 1월부터 시행되었다. 그 과정에서 2005년 12월에 "제1차 가족정책기본계획안"의 발표가 있었는데, 이 때에 보편적 아동수당의 도입을 추진하되 저소득층부터 점진적으로 확대하고 시행하는 방안을 검토하겠다는 내용이 제시되었다.[32] 2006년 여성가족부는 보육료 지원 예산을 증가시키고 '저소득층 보육료 지원 세부계획'을 발표하여 보육지원 수준을 높였다.[33]

국정에 관한 교섭단체대표연설에서 열린우리당에서는 여성들이 마음 놓고 경제활동을 할 수 있도록 가족친화적인 복지제도를 적극 마련하는데, 보육관련 공공서비스를 대폭 확대하겠다고 밝혔다.[34] 지방정부 가운데 대전시에서는 중앙정부의 지원이

30) 동아일보. 2005. 11. 11. 남경현기자
(https://news.naver.com/main/read.nhn?mode=LSD&mid=sec&sid1=102&oid=020&aid=0000323382)

31) 동아일보. 2006. 2. 11. 차준호기자(http://www.donga.com/news/article/all/20060211/8274284/1)

32) 여성가족부 공지, 2005. 12. 7.
(http://www.mogef.go.kr/korea/view/news/news01a.jsp?func=view&idx=163041)

33) 한겨레. 2006. 2. 8. 이유진기자(http://www.hani.co.kr/arti/society/rights/100860.html)

34) 제17대국회 제258회 제4차 국회본회의. 2006.02.20

미치지 못하는 틈새를 보완하는 맥락에서 시간 연장형 보육시설을 58곳에서 2006년 말까지 100곳으로 확대하기로 하였다.[35)]

여당에서는 공보육시스템을 갖추기 위한 여성가족부의 대책에 관심을 표명하면서 여성가족부에서는 기본보조금이 도입되면서 공보육 기반을 조성하고 있으며, 평가인증제를 실시해 서비스의 질을 높이는 등으로 강화하겠다고 밝혔다.[36)] 그리고 "제1차 가족정책기본계획 공청회"에서 보육시설이나 유치원 등을 이용하지 않는 저소득층에 '자녀양육지원수당'을 지급하는 방안을 검토하겠다(이진숙, 2017)고 하였다.[37)] 아동돌봄에 대해 정부가 무상보육을 확대하면서 시설보육을 늘리고 있었지만 인프라 확충의 속도가 느리고 다양한 부모의 돌봄욕구를 충족하는 데에는 한계가 있었으며, 초저출산문제는 지속되면서 중앙정부와 여당도 이제 아동돌봄에 대한 수당 확대의 차원으로도 관심을 돌리게 된 것이다. 수당제도에 대한 담론주체들의 관심은 저출산고령사회기본법이 제정되면서 더욱 가열차게 확산되었다.

저출산고령사회위원회는 0-4세 사이의 영유아를 위한 보육 · 교육비 지원이 중산층까지 확대되는 방안이 담긴 '제1차 저출산 고령사회 기본계획(세로마지 플랜 2010)'의 최종안을 6월 말 제출하기로 하였다.[38)] 정부, 재계, 노동계, 시민단체 등 다원주의적

---

35) 한겨레. 2006. 2. 24. 손규성기자(http://www.hani.co.kr/arti/society/area/104732.html)

36) 제17대국회 제258회 제10차 국회본회의. 2006.02.28

37) 여성가족부 보도자료, 2006. 4. 27. (http://www.mogef.go.kr/dev/board/board.jsp?menuID=kd0201&id=kd0201&cate=&key=&search=&order=&desc=asc&syear=&smonth=&sdate=&eyear=&emonth=&edate=&deptcode=&menuID=kd0201&pg=1&mode=view&idx=224862)

38) 경향신문. 2006. 6. 7. 황인찬기자

주체들이 다양하게 참여한 "저출산 고령화 문제해결을 위한 사회협약"에서 정부는 아동이 있는 가정의 양육비 부담경감을 위한 아동수당 제도의 도입시기, 방안, 재원 등을 검토하겠다고 하였다.[39] 그리고 "제1차 저출산고령화기본계획 당정협의"와 "저출산고령화대책 연석회의 사회협약"에 따라 아동수당 제도의 도입을 검토하겠다고 하였다.[40] 이에 대해 참여연대는 당정의 아동수당 도입방침에 대해 환영의 뜻을 표하였다.[41] 이는 목전에 불어닥친 초저출산문제와 아동돌봄문제를 해결하기 위한 필요성이 커지면서 수당제도에 대한 젠더차원의 우려에도 불구하고 보육비 지원이 더 중요하다는 사회적 분위기가 어느 정도 조성되었음을 나타내는 것이다.

그런 상황에서 정책의 재정을 담당하는 기획예산처에서는 저출산은 종합적 시스템의 문제이며, 수당을 준다고 출산율은 높아지지 않는다는 주장을 펼치며 아동수당제의 도입을 반대하였다.[42] 하지만 2006년 예산안 및 기금운용계획안에 대한 정부의 시정연설에서 국무총리는 연설을 통해 정부는 저출산 · 고령화 대책 연석회의를 통해 사회협약을 체결하고, 7월에는 저출산 · 고령사회 기본계획을 마련했다고 밝혔다.[43] 열린우리당에서는 저출산과 관련하여 비전과 대안을 국무총리에게 질문하였는데 이에 국무총리는 국공립 시설을 이용 아동의 30%까지 확충하기 위한 계획과 예산 확보

(http://news.khan.co.kr/kh_news/khan_art_view.html?artid=200606071832481&code=940702)

39) 경향신문, 2006. 6. 20. 김종목 기자
(http://media.daum.net/society/welfare/newsview?newsid=20060620192809841

40) 뉴스와이어, 2006. 7. 14. (http://www.newswire.co.kr/newsRead.php?no=168769&ected=)

41) 참여연대, 2006. 7. 16. (http://www.peoplepower21.org/Welfare/659248)

42) 한겨레신문, 2006. 7. 25. 박현기자
(http://media.daum.net/society/welfare/newsview?newsid=20060725190607606)

43) 제17대국회 제262회 제8차 국회본회의. 2006.11.06

를 했다고 답변하였다.[44] 그리고 저출산·고령사회위원회도 도시근로자가구의 월평균 소득을 받는 중산층에게 보육료를 일부 지원하고, 농업인들에게 영유아 양육비를 지원하는 대상을 만 5세 이하에서 만 6세 아동까지 확대하기로 하였다.[45] 야당에서는 핵심정책으로 보육재정의 지원 확대와 아동수당제의 도입을 제시하였다.[46] 이러한 과정을 통해 여야를 막론하고 정당들 간에는 저출산과 돌봄을 지원하기 위해 아동수당의 도입과 보육시설의 확대에 대한 공감대가 형성되었음이 확인된다. 또한 여당의 핵심정책은 기존의 육아지원정책에서 제외된 0-2세 영유아 가구를 대상으로 월 10만원의 영아수당을 우선 지급하고, 점진적으로 아동수당의 범위를 확대해간다는 것이었다.[47]

결론적으로 정당들은 여야를 막론하고 공적인 아동돌봄정책의 강화를 주장하였는데, 정책적 지원을 어떤 급여형태를 통해서 할 것인가에 대해서는 현금정책과 시설인프라정책에 대한 정당별 관점은 달랐다. 그러나 아동돌봄정책에 대한 담론들이 발전될수록 여야를 막론하고 시설인프라의 확충으로만 편중되는 것에서 벗어나 현금정책도 강화하는 방향에 동의하는 경향이 드러났다.

44) 제17대국회 제262회 제14차 국회본회의. 2006.11.14

45) 경향신문. 2007. 1. 31. 임영주기자 (http://news.khan.co.kr/kh_news/khan_art_view.html?artid=200701311821551&code=940702)

46) 경향신문. 2007. 8. 28. 대선의제(http://news.khan.co.kr/kh_news/khan_art_view.html?artid=200708281751071&code=910112#csidxcd283b3c899a24489777f565631f137)

47) 경향신문. 2007. 9. 27. 대선의제(http://news.khan.co.kr/kh_news/khan_art_view.html?artid=200709271812371&code=910112#csidx7fe7ef75b2473868d2d1a36f29ce649)

제2절 이명박 정부시대의 아동돌봄 담론

2008년 2월부터 이명박 정부가 들어서면서 아동돌봄정책의 방향이 이전과 같지는 않을 것이라는 일반적 예측은 실제로도 확연히 드러났다. 그런 상황에서 지방정부들은 각기 보충성의 원칙 안에서 중앙정부 정책의 틈새를 메워 아동돌봄을 지원하려는 모색을 하는 경향들이 나타났다.

성남시의 경우에는 2008년 3월부터 셋째 이상 자녀를 둔 가정에 36개월 동안 다달이 10만원의 양육수당을 주기로 하였다.[48] 서울시에서는 2008년부터 셋째 아이 이후 자녀 중 72개월 이하인 영유아를 둔 가정에 양육비를 지원할 계획을 세웠다.[49] 또한 대전시는 전국 최초로 보육의 사각지대를 해소하기 위해 영유아 보육지원센터를 시범적으로 운영하기 시작하였다.[50] 그 외에 광주시에서는 유치원연합회와 광주시지회의 합의를 통해 셋째 아이를 둔 가정에 대해 유치원비 감면 혜택을 주기로 하였다.[51]

2008년 9월에 보건복지부는 6600억여 원을 투입하여 2009년에 만 2세 이하 영유아

48) 한겨레. 2007. 12. 27. 김기성기자(http://www.hani.co.kr/arti/society/area/259743.html)

49) 경향신문. 2007. 12. 28. 안광호기자(http://news.khan.co.kr/kh_news/khan_art_view.html?artid=200712281140101&code=950201#csidx14aabc4b07bfecba5286ce9012f2d75)

50) 한겨레. 2008. 1. 7. 손규성기자 (http://www.hani.co.kr/arti/society/area/261707.html#csidx2388d36a7986fd79273d58cecfbbc9b)

51) 경향신문. 2008. 1. 31. 배명재기자 (http://news.khan.co.kr/kh_news/khan_art_view.html?artid=200801311538042&code=950312)

51만 명에게 양육수당을 지급하는 등 육아 및 보육 지원을 크게 늘리는 방안을 추진하기로 하였다.[52] 그리고 국회 보건복지가족위원회 회의에서 양육수당을 도입하겠다는 내용의 보육정책 개편안을 발표하였다.[53] 양육수당의 도입은 여러 면에서 논란이 되었다. 양육수당이 가지는 성격이 상당히 전통회귀적이고 젠더분업을 강화할 위험성이 있었고, 그럼에도 불구하고 아동의 생계부양에 대한 부담을 줄여 줄 수 있다는 점에서는 부모들이 선호할만한 정책이었기 때문이다.

당시에 여당이었던 한나라당에서는 양육수당제도의 도입을 포함하는 영유아보육법 일부 개정법률안을 발의하였다. 그 이후 보건복지부는 보육시설 미이용 아동에 대해서 월10만원의 양육수당을 지원하기 위한 예산 324억원을 신규로 편성하였다(이진숙, 2017).[54] 이에 대해 주요 시민단체들과 보육시설관련 단체들은 일제히 반대의 기치를 들고 나섰다. 한국여성단체연합과 참여연대의 사회복지위원회 그리고 보육관련 단체들인 공동육아와공동체교육 및 KYC 등의 단체들은 시설서비스를 이용하지 않는 아동들을 위한 양육수당은 공공보육시설이 확대되기 이전에 도입해서는 안 된다는 주장을 제기하면서 양육수당의 도입을 반대하였다.[55] 직접적 이해당사자로서 양육수당보다는 시설인프라의 관점에서 경쟁적으로 이슈를 다투고 있었던 전국어린이집연합회에서는 의견서를 내고, 양육수당은 시설중심의 사회복지서비스로 규정하는 영유아보육법의 입법취지에 맞지 않으며, 따라서 현시점에서 양육수당을 도입하

52) 동아일보. 2008. 9. 2. 고기정기자
(http://news.donga.com/3/all/20080902/8625551/1#csidx7fead6466a6334fb206086de9d6551f)

53) 국회회의록 보건복지가족위원회 18대 278회 2차, 2008. 9. 8

54) 국회회의록 보건복지가족위원회 18대 278회 14차, 2008. 11. 12

55) 한국여성단체연합회, 영유아보육법 일부개정법률안에 대한 보육시민단체 의견서

는 것은 즉각 중단하여야 함을 주장하였다.[56)]

제18대 국회 본회의에서는 영유아보육법 일부개정법률안과 관련하여 한나라당에서는 영유아보육법 개정안에 대해 찬성 발언을 하였다.[57)] 그러나 야당이었던 민주노동당에서는 영유아보육법 개정안에 대한 반대 발언을 함으로써 이슈갈등구조가 형성되었다.[58)] 때를 같이하여 성남시에서는 2009년 1월부터 셋째 이상 자녀에게 취학 전까지 매달 10만원의 양육수당을 지급하기로 함으로써 양육수당이슈가 지방정부로 확산되는 데에 일조를 하였다.[59)]

국회 보건복지상임위원회 본회의에서는 야당이었던 민주통합당도 양육수당을 만5세까지 확대하는 방안을 제시하며 양육수당의 찬성연합에 동참하였다.[60)] 그러나 당시의 보건복지부 장관은 재정적 한계를 이유로 양육수당의 확대를 반대하였다.[61)] 그럼에도 불구하고 2009년 7월에 영유아보육법 일부개정안은 시행되었다. 그런 한편, 여당이었던 한나라당 의원이 3자녀 이상 가정의 6세 이하 영유아에게 양육수당을 지급해야 한다는 안은 반영되지 못하였다.[62)]

56) 전국어린이집연합회 카페(http://cafe.daum.net/cwchild/)
57) 제18대국회 제278회 제14차 국회본회의. 2008.12.02
58) 제18대국회 제278회 제14차 국회본회의. 2008.12.02
59) 동아일보. 2008. 12. 18. 지방뉴스(http://news.donga.com/3/all/20081218/8672870/1#csidx17afe7a7a07e726b3a274b7111174f9)
60) 국회회의록 보건복지가족위원회 18대 281회 3차, 2009. 2. 25
61) 국회회의록 보건복지가족위원회 18대 281회 3차, 2009. 2. 25
62) 국회회의록 보건복지가족위원회 18대 283회 1차, 2009. 7. 27

2009년 8월에 서울시장은 '아이 낳기 좋은 세상 서울운동본부' 출범식에서 저소득층에게 선별적으로 지원하던 양육수당을 소득 수준에 관계없이 보편적으로 지원하는 방식으로 바꾸는 계획을 표명하였다(이진숙, 2017).[63] 이는 기존의 양육수당에 대한 담론이 주로 선별주의적 차원에서 접근되던 발상을 전면 전환한 방식으로 의의가 있었다. 이런 과정에서 정당들 가운데 가장 진보적인 이념의 스펙트럼을 추구하던 정당이라고 할 수 있던 진보신당에서는 양육수당보다는 시설인프라의 공공성 확대에 방점을 두고 공립보육시설과 공공보육시설을 확대하지 않을 정책이라면 민간보육시설에 대해 적어도 공립보육시설에 버금가는 수준으로 지원해야 한다는 의견을 제시하기도 하였다.[64] 이런 담론의 구조 속에서 국회 보건복지상임위원회 본회의에서 야당이었던 민주통합당에서는 보편적 양육수당의 도입을 주장하면서 서울시의 계획과 같은 맥락의 담론을 펼쳤다.[65]

2008년 말에 저출산·고령사회위원회에서는 '새로마지 플랜 2010 보완판'을 의결하고, 0-4세 사이 아동 중 무상보육 수혜자를 대폭 늘리는 방안을 확정함으로써 보편적 무상보육의 실현을 위한 토대를 단단히 구축해 나갔다.[66] 행정적 주무부서인 보건복지부에서는 보육시설을 이용하지 않는 저소득층의 영유아에게 월 10만원의 양육수당을 지원함으로써 시설보육서비스와 가정 내 돌봄에 대한 지원이라는 아동돌봄정책의 두 축의 실행을 본격화하였다.[67]

63) CBS, 2009. 8. 31, 허남영기자 (http://www.nocutnews.co.kr/news/4143615)

64) 제18대국회 제284회 제11차 국회본회의. 2009.11.11

65) 국회회의록 보건복지가족위원회 18대 284회 10차, 2009. 12. 8

66) 한겨레. 2008. 12. 9. 정세라기자(http://www.hani.co.kr/arti/society/schooling/326606.html#csidxd5ed755d5106128ac9f653a51c2c3e6)

한편 기획재정부에서는 수요자 중심의 보육료 지원을 위한 방안으로 보육료를 바우처 형태인 '아이사랑카드'로 직접 전달하기로 하였다.[68] 이는 사회서비스로서의 보육서비스에 수요자중심주의가 적용된 개선의 결과라고 볼 수 있었고, 따라서 이후부터는 시설이라는 서비스의 공급자가 아니라 수요자인 부모가 직접 서비스의 제공시설을 결정할 수 있는 선택권을 가지게 되었다는 점에서 의의가 있었다.

지방정부 차원의 아동돌봄정책에 대한 적극적이고 주도적인 대응은 기존에는 주로 서울시와 경기도를 중심으로 제한적인 경우가 대부분이었다. 그러나 이 즈음부터는 여타의 지방정부들도 적극적인 대응 경향을 나타내기 시작하였다. 저출산이 심화되고 중앙정부의 정책적 효과도 미미하게 나타났으며, 지방의 경우에는 저출산으로 인한 사회경제적 타격이 더욱 크게 인식되었기 때문이었다. 그런 경향 속에서 경상남도는 2006년부터 셋째 이상의 자녀가 만 4세가 되는 해에만 보육료를 전액 지원해 왔었으나 2009년부터는 만 5세까지로 확대하기로 하였다.[69] 무상보육의 대상을 전폭적으로 확대한 것이다. 그리고 경상북도에서는 2010년부터 모든 가구의 셋째 이상의 자녀 보육료를 지원하는 등 출산 극복을 위한 대책을 강화하기로 하였다.[70] 또한 강릉시에서는 셋째 아이부터 양육수당을 지원하는 계획을 제시하기도 하였다.[71]

67) 한겨레. 2009. 5. 4. 김소연기자(http://www.hani.co.kr/arti/society/society_general/353248.html#csidx6e891392bbacd3b84ebbde609deed21)

68) 한겨레. 2009. 8. 12. 김기태기자(http://www.hani.co.kr/arti/society/society_general/370910.html)

69) 동아일보. 2009. 9. 25. 강정훈기자(http://www.donga.com/news/article/all/20080218/8545284/1)

70) 경향신문. 2009. 10. 5. 최슬기기자(http://news.khan.co.kr/kh_news/khan_art_view.html?artid=200910051859431&code=950306)

71) 연합뉴스, 2009. 11. 23, 유형제기자 (http://www.yonhapnews.co.kr/bulletin/2009/11/23/0200000000AKR20091123035900062.HTML?did=1179m)

그런데 이상의 지방자치단체들은 무상보육을 자체적으로 확대는 하였지만 그 대상은 주로 셋째 이상의 '다자녀'가족에게만 한정함으로써 아직도 저출산문제의 핵심을 제대로 파악하지는 못했던 한계를 드러내었다.

2009년 11월 야당이었던 민주당에서는 2명 이상의 자녀가 있는 가정에 수당을 지급하는 내용의 아동수당법 제정안을 발의하였다.72) 그리고 대표적 시민단체로서 중요한 정책적 압력단체로서의 기능을 수행하고 있던 참여연대에서는 정부가 보육시설을 이용하지 않는 차상위계층 이하 소득집단의 만0-1세 아동 11만 명에게 양육수당을 지급하고 있기 때문에 2010년에 만0-2세 소득하위 60% 가정의 아동에게까지 보육료를 지급하려했던 계획을 예산안에서 제외하고 있는 것에 비판을 하면서 보육지원을 확대할 것을 압박하였다.73) 그런 과정 속에서 광주시에서는 셋째 아동을 대상으로 보육료를 지원하던 것을 만 3세까지로 확대하여 지급하기로 하였다.74) 그리고 국정에 관한 교섭단체 대표연설에서 한나라당에서는 보육료의 지원 대상을 모든 중산층으로까지 넓히며, 민간보육시설의 시설과 서비스를 국공립보육시설의 수준으로 상향하고, 보육교사들의 처우를 개선하도록 지원하겠다고 밝힘으로써 보편적 무상보육 지원의 흐름을 강화하겠다는 의지를 밝혔다.75)

여기에서 흥미로운 것은 상대적으로 진보적으로 불리던 정당들과 시민단체들은

72) 헤럴드경제, 2009. 11. 26, 서경원기자 (http://media.daum.net/politics/others/newsview?newsid=20091126171607111)

73) 참여연대(http://www.peoplepower21.org/Welfare/668186)

74) 한겨레. 2010. 1. 13. 안관옥기자(http://www.hani.co.kr/arti/society/area/398782.html)

75) 제18대국회 제287회 제2차 국회본회의. 2010.02.02.

보육인프라 확충과 수당제도의 도입을 주장하였고, 보수 정당은 시설보육의 무상 지원 확대에 초점을 두고 담론 경쟁을 하였다는 점이다. 이는 진보적 관점에서는 수당제도에 대해 옹호하기 보다는 젠더적 차원의 비판을 제기하는 것이 통상이었는데, 이 당시에는 오히려 진보측 주체들이 수당의 도입을 주장하고, 보수측 주체들은 시설보육의 보편적 무상서비스에 초점을 두었다는 점이다.

2010년 5월에 전국지역아동센터협의회 위원장은 '아동수당 도입을 위한 토론'에서 아동수당이 필요함을 주장하였다.[76] 그러나 주무부처였던 보건복지부에서는 수당과 관련하여 종전에 보육시설을 이용하지 않는 아동에게 지급하는 양육수당의 예산을 149억 5900만원 삭감함으로써 수당제도의 확대는 경계하고 시설보육 중심으로 지원을 강화하겠다는 입장을 드러내었다.[77] 그러고 나서 보건복지부는 2011년부터 보육료의 지원 대상을 중간층까지 확대하기 위해 2010년 7월에 보육 및 저출산 예산을 2조 4404억원 편성하기로 하였다.[78]

한편, 제주도에서는 영유아 무상보육을 2011년부터 연차적으로 실시하고, 2014년부터는 전면적으로 시행한다는 내용이 담긴 '제2기 지역사회복지계획'을 발표하였다.[79] 이로써 지금까지 주로 3세 이상의 아동을 위한 무상보육의 논의가 영유아 전반

76) 한겨레. 2010. 5. 4.김소연기자(http://www.hani.co.kr/arti/society/society_general/419254.html#csidx1bd164857b50419883cd97cbf8bf2b2)

77) 한겨레. 2010. 7. 22. 김소연기자 (http://www.hani.co.kr/arti/society/rights/431576.html#csidx59eb356f71be9e89610ee0f39949251)

78) 동아일보. 2010. 7. 23. 우경임기자(http://www.donga.com/news/article/all/20100724/30084946/1)

79) 경향신문. 2010. 8. 27. 강홍균기자(http://news.khan.co.kr/kh_news/khan_art_view.html?artid=201008272155195&code=940401)

을 대상으로 하는 것까지 확대되는 상황으로 변모되었다. 그리고 보건복지부는 보육료 지원 대상의 확대에 대한 내용이 담긴 '저출산 · 고령사회 5개년 기본계획안'을 마련하여 확정할 예정임도 밝혔다.[80] 또한 영유아 무상보육 지원 기준을 대폭 향상하여 지원 대상을 확대하고, 보육시설 미이용 아동에게 지급하는 양육수당의 경우 만 1세 이하의 아동에게 지급하던 기준을 만 2세 이하로 상향하고 지원액도 인상하기로 하였다.[81] 이런 상황에서 2010년 9월에 여당이었던 한나라당에서는 전체 가구의 70%에 해당하는 중산층을 대상으로 양육수당을 지급하는 방안을 추진하기로 하였다.[82] 그러나 이 계획에 대해 기획재정부는 추가 재정이 소요될 것에 대한 부담을 이유로 중산층에게 까지 양육수당을 지급하는 안에 대하여 난색을 나타내었다.[83]

그런 한편, 여당이었던 민주당에서는 지역사회 내에 국공립 보육시설이 설치되어 있지 않은 시군이 11곳이며, 그로 인해 국공립시설의 확충이 필요함을 지적하고, 국가가 이런 지역에 차별적으로 설치비를 지원해야 함을 주장하였다.[84] 충청남도에서는 소득수준과 관계없이 2011년부터 만 5세아에 대한 보육료를 전액 지원하기로 하면서 시설중심의 보편주의적 무상보육의 실현에 박차를 가했다.[85] 그러나 이를 위한 예산은 충분히 편성되지 못했고, 그로 인해 한국유치원총연합회충남지회에서는 충청

80) 한겨레. 2010. 9. 10. 김양중기자(http://www.hani.co.kr/arti/society/society_general/439209.html)

81) 한겨레. 2010. 9. 16. 안선희기자(http://www.hani.co.kr/arti/society/rights/440162.html)

82) 한겨레신문, 2010. 9. 27, 이정애, 안선희기자 (http://www.hani.co.kr/arti/politics/politics_general/441096.html)

83) 한겨레신문, 2010. 9. 27, 이정애, 안선희기자 (http://www.hani.co.kr/arti/politics/politics_general/441096.html)

84) 제18대국회 제294회 제12차 국회본회의. 2010.11.05

85) 2010. 12. 6. 정혁수기자(http://news.khan.co.kr/kh_news/khan_art_view.html?artid=201012062204375&code=950301)

남도가 도내 만5세 어린이 가운데 현재 보육시설에 다니는 어린이에 대해서만 교육지원 예산을 편성하는 것은 반쪽짜리 정책이라며 반발하였다.[86] 이는 시민단체가 정부에 대해 이슈경쟁자로서 그리고 정책견제자로서의 역할을 충실히 수행한 사례였다고 볼 수 있다.

한나라당은 양육수당의 지원을 확대하기 위해 국회 본회의에서 주도적으로 논의를 이끌었지만 예산안은 통과되지 못하였다.[87] 하지만 그로부터 멀지 않아 보건복지부는 2011년부터 양육수당을 24개월에서 36개월 미만 아동으로 확대하여 지급할 예정임을 밝혔다.[88] 이로써 양육수당의 대상도 점진적으로 확대되는 변화가 나타났다.

2011년에 들어서 서울시는 2세 미만의 유아를 키우는 맞벌이 부부를 대상으로 양육비를 지원하는 '이웃엄마 육아서비스'를 시행할 예정임을 밝혔다.[89] 경상북도에서는 보육료의 전액지원 대상을 소득하위 50%에서 70%로 확대하고 셋째 이상의 자녀에 대해 소득 상위 30% 가구에 대해서도 보육료와 양육수당의 지원금액을 확대하기로 하였다.[90] 이어서 2011년 1월에 정부는 국무회의를 열어 양육수당을 지원받을 수 있는 대상을 36개월 미만으로 확대하는 영유아보육법 시행령 개정안을 의결했다.[91]

86) 동아일보. 2010. 12. 13. 지명훈기자(http://www.donga.com/news/article/all/20101212/33242858/1)

87) 경향신문. 2010. 12. 12. 정유미,최명애기자(http://news.khan.co.kr/kh_news/khan_art_view.html?artid=201012122151245&code=910402#csidx75a761a0c4eff8bba6e4fbc7fc51bf1)

88) 아시아경제, 2010. 12. 30, 박혜정기자 (http://www.asiae.co.kr/news/view.htm?idxno=2010123011233172646)

89) 동아일보. 2011. 1. 6. 이동영기자(http://www.donga.com/news/article/all/20110106/33740811/1)

90) 경향신문. 2011. 1. 10. 최슬기기자(http://news.khan.co.kr/kh_news/khan_art_view.html?artid=201101102237045&code=950306)

91) 연합뉴스, 2011. 1. 11, 정주호기자 (http://www.yonhapnews.co.kr/

2011년 1월에 민주당에서는 무상복지 정책을 잇달아 내놓는 가운데에서 무상보육 또한 담론으로 채택하였다.[92] 이는 무상보육의 정치적 아젠다화과정에서 담론경쟁을 부추기는 촉매역할을 한 중요한 기점이 되었다. 국정에 관한 교섭단체대표연설에서 민주당은 무상보육으로 심각한 저출산 문제를 해결할 수 있으며, 민주당은 만 5세 이하 아동의 어린이집 보육과 유치원 교육에 소요되는 비용의 100%를 지원하고, 보육교사들의 처우를 개선할 것임을 밝혔다.[93] 그러나 당시의 이명박 대통령은 민주당의 '무상복지' 정책을 포퓰리즘으로 규정하며 반대하였다.[94] 이처럼 이제 무상보육에 대한 담론은 정당과 정부차원을 넘어 대통령까지 참여하는 적극적 양상으로 확산되었다.

2011년 5월에 야당이었던 민주당은 정부가 2012년부터 만5세 어린이에 대해 사실상 무상교육을 시행하기로 한 것에 대해 환영 한다고 하였다.[95] 정부는 2012년부터 만 5세 자녀를 유치원과 어린이집에 보내는 가정은 소득 수준에 관계없이 모두 보육과 교육에 대한 비용을 지원받게 되며, '만 5세 공통과정', 즉 소위 유보통합과정이 도입될 것임을 밝혔다.[96] 당 · 정 · 청 회의에서도 양육수당의 확대 및 육아휴직 급여

bulletin/2011/01/11/0200000000AKR20110111064000017.HTML?did=1179m)

92) 경향신문. 2011. 1. 13. 김진우기자(http://news.khan.co.kr/kh_news/khan_art_view.html?artid=201101132133365&code=910402#csidx16fd068cfb7a235b93bbacb240d4441)

93) 제18대국회 제297회 제3차 국회본회의. 2011.02.22

94) 경향신문. 2011. 1. 14. 박영환기자(http://news.khan.co.kr/kh_news/khan_art_view.html?artid=201101142201215&code=910203#csidxebfe4937600d3279e3382ef6fd27243)

95) 연합뉴스, 2011. 5. 2, 강영두기자 (http://www.yonhapnews.co.kr/bulletin/2011/05/02/0200000000AKR20110502164700001.HTML?did=1179m)

96) 경향신문. 2011. 5. 2. 정유진,박영환기자(http://news.khan.co.kr/kh_news/khan_art_view.html?artid=201105022204475&code=940401#csidxfa7b5654aed009da6ef7e937db3b7f4)

의 인상을 검토하겠다고 하면서 아동돌봄과 관련된 담론의 범위를 시설보육과 수당 중심에서 벗어나 부모의 직접적인 돌보지원에 대한 담론으로 확대하였다.[97)]

2011년 8월에 야당이던 민주당은 '보편적 복지 3+1(무상급식 · 무상보육 · 무상의료+반값등록금)' 정책의 구체적 재원 조달 방안을 29일 발표하기로 하면서 무상보육을 기점으로 촉발된 보편적 복지의 실현을 위한 구체적 계획을 제시하였다.[98)] 그러나 당시에 여당이었던 한나라당은 '무분별한 복지 포퓰리즘을 배격하겠다'며 민주당의 '3+1'정책에 반대하는 의견을 밝혔다.[99)] 한나라당에서는 보육교사의 낮은 임금과 장시간 근로에 대해 지적하며, 직장 보육시설 의무 미이행 기업의 명단을 공개하는 조치에 대해 정부의 관심을 촉구하였다. 정부에서는 1년 후에 보육시설 의무 미이행 기업의 명단을 공개할 것이라고 답변하였다.[100)]

2011년 10월에 인천시는 전국에서 처음으로 모든 영유아(0-5세)를 대상으로 단계적으로 2016년까지 전면적인 무상교육을 실시하기로 발표하였다.[101)] 여당이었던 한나라당은 0-2세 사이의 모든 아동에게 양육수당을 지급하는 방안을 검토하고 있다고 밝혔다.[102)] 그리고 이어서 한나라당은 만0-2세 사이의 아동이 있는 가정에 지원되는

97) 문화일보, 2011. 8. 8, 신성종기자 (http://media.daum.net/politics/others/newsview?newsid=20110808140213710)

98) 한겨례. 2011. 8. 24. 이지은,황준범기자(http://www.hani.co.kr/arti/society/area/493265.html)

99) 한겨례. 2011. 8. 24. 이지은,황준범기자(http://www.hani.co.kr/arti/society/area/493265.html)

100) 제18대국회 제303회 제8차 국회본회의. 2011.10.12

101) 경향신문. 2011. 10. 13. 박준철기자(http://news.khan.co.kr/kh_news/khan_art_view.html?artid=201110131546401&code=950201)

102) 조선일보, 2011. 11. 10, 선정민기자 (http://news.chosun.com/site/data/html_dir/2011/11/10/2011111000793.html)

보육료와 양육수당을 2014년까지 소득과 관계없이 모든 가정으로 확대하기로 하며, 2012년에는 단계적인 차원에서 만0세 아동의 무상보육부터 실행할 것이라고 하였다.[103] 이로써 보수당에서도 무상보육의 확대에 동의하는 움직임이 본격화되었다.

무상보육의 대상과 범위를 확대하고, 보육과 교육으로 분리된 아동지원영역을 하나로 통일하기 위해 교육과학기술부는 기획재정부, 행정안전부, 보건복지부 등 관계 부처들과 협의해 2012년 3월까지 만4세와 3세까지 적용되는 공통과정을 마련하고 지원 확대방안을 마련할 방침이라고 밝혔다.[104] 이는 유보통합이라는 보육과 교육의 일원화의 맥락이었고, 아동의 상장과 부모의 돌봄 및 교육에 대한 욕구를 반영한 대전환의 시작이었다고 할 수 있다.

서울시에서는 드디어 2012년 3월부터 만 5세 아동에 대한 무상보육이 실시되었다. 그리고 유치원이나 어린이집을 다닐 경우 소득 수준에 관계없이 매달 20만원을 지원하기로 하였다.[105] 한편, 보건복지부에서는 2013년부터 만0-2세 사이의 영유아를 가정에서 양육하는 경우에도 소득수준에 관계없이 양육수당을 받을 수 있도록 하는 방안을 추진 중이라고 발표하였다.[106] 또한 정부에서는 3월부터 유치원과 어린이집을 다니는 만5세 아동에게 소득수준과 관계없이 매월 20만원을 지원하는 '누리과정'

103) 동아일보. 2011. 11. 14. 동정민기자 (http://news.donga.com/3/all/20111113/41853096/1#csidx558dfdc9c2b7b21ae560c96826d7b66)

104) 한겨레. 2011. 11. 14. 이재훈,안창현기자(http://www.hani.co.kr/arti/society/schooling/510235.html#csidxfae1dd26be92c2e96de2d2ad15c0003)

105) 동아일보. 2011. 12. 28. 김재홍기자(http://www.donga.com/news/article/all/20111228/42912944/1)

106) 한겨레. 2012. 1. 15. 이유진기자(http://www.hani.co.kr/arti/society/society_general/514875.html)

을 시행하였다. 그리고 2013년에는 누리과정을 만 3-4세까지 확대하고 양육수당도 소득하위 70%로 확장하기로 하였다.[107] 이를 통해 본격적인 무상보육이 시설보육서비스와 가정양육수당의 두 축을 중심으로 안착되었다.

지방정부들 가운데에서도 무상보육정책은 확대되기 시작했는데, 지방의 경우에는 수당보다는 시설보육의 확충에 무게를 두고 정책이 확대되었다. 그런 맥락에서 2012년 1월에 성남시는 국가 시책에 따라 2012년 3월부터 소득수준과 관계없이 만 0-2세 아동에게 매달 평균 34만 7000원, 만 5세 아동에게 매달 20만원의 보육료를 지원하기로 하였다.[108] 한나라당에서도 보육시설의 총량이 부족하지 않음에도 부모들이 부족하다고 느낌을 지적하고, 부모들이 체감할 수 있는 보육시설의 확충이 필요함을 주장하였다.[109] 2012년 3월에는 전국 16개 시 · 도지사들이 0-2세와 5세를 대상으로 하는 영유아 무상보육정책에 대해 전액을 국비사업으로 전환할 것을 촉구하며, 이에 대한 공동성명서를 발표하였다.[110] 무상보육이 시설보육과 양육수당의 두 축을 중심으로 계속 확대되어 가고 있지만 그에 대한 재정은 지방정부가 중앙정부와 분담을 하게 되는 상황에서 대체로 재정자립정도가 열악한 지방정부들은 그에 대한 재정적 부담을 느끼고 재정을 전부 국비로 충당할 것을 요구하기에 이른 것이다. 이는 재정에 대한 깊은 고민이 수반되지 않은 채 선불리 정책적 이슈를 선점하고, 이를 통해 정치

107) 부산일보, 2012. 1. 18, 김종우기자 (http://www.busan.com/view/busan/view.php?code=20120118000126)

108) 경향신문. 2012. 1. 26. 최인진기자(http://news.khan.co.kr/kh_news/khan_art_view.html?artid=201201261515241&code=950201#csidx9abfbf8f65bdbe894b96cc00dd8dba9)

109) 제18대국회 제287회 제8차 국회본회의. 2010.02.10.

110) 한겨레. 2012. 3. 29. 이유진,엄지원기자(http://www.hani.co.kr/arti/society/rights/525963.html)

적 우위를 차지하고자 한 그간의 문제들이 드디어 가시화된 결과라고 할 수 있는 것이었다. 무상보육이 2012년에 상당히 급속도로 확장되면서 이러한 문제는 처음부터 예측된 것이기도 하였다.

2012년 7월에 정부는 2013년부터 3-4세 아동을 대상으로 전계층에 무상보육을 실시하고, 양육수당의 지급범위를 소득하위 15%에서 70%까지로 확대하기로 하였다.[111] 그리고 보건복지부에서는 0-2세 영아를 집에서 키우는 가정에 지급하는 양육수당을 2013년에는 전계층으로 지급대상을 확대하고 지원액을 상향하는 방안을 검토 중이라고 하였다.[112]

여당이었던 새누리당은 0-2세 사이의 영유아를 대상으로 하는 전면 무상보육이 지자체의 예산 고갈로 중단 위기에 놓인 것과 관련하여 지방채의 발행이나 정부의 예비비의 투입 등을 통해 해결할 것을 정부와 추진하기로 하였다.[113] 여당에서도 국정에 관한 교섭단체대표연설에서 민주통합당은 0-2세 아동을 위한 무상보육에 대해 재정 대책을 긴급히 마련하고 지방재정의 근본적 대책을 마련할 것을 요구하였다.[114] 참여연대와 한국여성단체연합회 등 시민단체들도 책임을 부모에게 전가하는 양육수당을 반대한다고 하였다.[115]

111) 동아일보. 2012. 7. 4. 이상훈기자
(http://news.donga.com/3/all/20120704/47509671/1#csidxdc614b5e2bf146898de67ef6f321944)

112) 한겨레. 2012. 4. 16. 이유진기자
(http://www.hani.co.kr/arti/society/rights/528540.html#csidx65d026f8fd99808acb1d613fb4918ae)

113) 한겨레. 2012. 7. 5. 황준범기자(http://www.hani.co.kr/arti/politics/assembly/541201.html)

114) 제19대국회 제309회 제4차 국회본회의. 2012.07.17

115) 한겨레신문, 2012. 7. 19, 이유진기자 (http://www.hani.co.kr/arti/society/rights/543419.html)

새누리당은 위와 같은 중앙정부와 지방정부의 재정분담방식에 의한 무상보육의 지속가능성에 대해 정부에 질의를 하고, 무상보육을 앞으로 정부에서 어떻게 할 것인지에 대해 국무총리는 중앙정부와 지방정부 간의 협의를 잘 진행해서 무상보육이 중단되는 일이 없도록 하겠다고 하였다.[116] 그러나 적극적인 대책이 제시되지 않자 2012년 7월에 경기중부권행정협의회에서는 경기 일부지자체가 모여 중앙정부의 영유아 보육예산을 위한 재원 대책이 마련되지 않을 경우 2013년도 보육예산의 편성을 거부하겠다는 공동선언문을 발표하였다.[117] 재정분담을 위한 신속하고 적극적인 대책이 중앙정부로부터 제시되지 않자 지방정부들의 불만이 드디어 강력하게 분출된 것이었다.

새누리당에서는 앞으로 보육료의 지원은 지속적으로 확대하게 되어 있는데, 확대계획과 지방재정문제를 어떻게 해결할 것인지에 대해 정부에 질의하였는데, 이에 대해 기획재정부 장관은 지방자치단체의 부담이 늘어날 것으로 추정된다고 밝혔다.[118] 그 후 정부는 지자체의 보육료 부족분을 대폭 지원해주고 주택 취득세 감면에 따른 지방재정 손실액을 전액 보전해주는 방안으로 시도지사협의회와 합의하였다.[119] 그리고 2012년 9월에 정부는 0-2세 대상의 영유아 무상보육 정책을 6개월 만에 사실상 폐기하기로 하였다.[120] 이에 새누리당에서는 정부가 발표한 보육시스템에 대한 문제

116) 제19대국회 제309회 제4차 국회본회의. 2012.07.17
117) 동아일보. 2012. 7. 24. 이상훈기자(http://www.donga.com/news/article/all/20120724/47995505/1)
118) 33. 제19대국회 제311회 제6차 국회본회의. 2012.09.10
119) 동아일보. 2012. 9. 14. 김재영, 장택동기자 (http://www.donga.com/news/article/all/20120914/49399584/1)
120) 한겨레. 2012. 9. 24. (http://www.hani.co.kr/arti/opinion/editorial/553123.html#csidx503a6c6b99b8c138106d7b913cf73db)

점을 강하게 지적하였다.[121] 그런 가운데에서 2013년도 예산안 및 기금운용계획안에 대한 정부의 시정연설에서 국무총리는 2012년 누리과정을 도입했고 2013년부터 3, 4세 아동을 대상으로 누리과정을 확대하기로 함을 밝혔다.[122]

2012년 12월에 서울시 외의 지자체들은 2013년 3-5세 아동을 위한 누리과정의 확대로 예상 증가가 필요할 것에 대해 이에 대한 정부의 지원을 요구하며, 새해 교육예산을 아예 삭감하거나 의결을 보류하고, 예산의 일부만 편성하는 등의 대응조치를 시행하면서 저항을 하였다.[123] 서울시의 경우에는 서울시의회가 서울시교육청이 부담하는 2013년도 누리과정 예산의 절반을 삭감하기도 하였다.[124]

이렇듯 숨가쁘게 진행된 핑퐁게임을 통해 2012년 12월에 드디어 여・야는 2013년부터 시작될 만 0-5세 아동을 위한 전면적 무상보육에 소요되는 예산을 확정하여 위기를 타개하였다.[125] 이는 중앙정부가 애초부터 장기적인 관점에서 올바른 보육철학을 가지고 지방정부들과 협치의 관점에서 무상보육을 기획하고 실현하지 못했을 뿐더러, 특히 재정계획을 처음부터 체계적으로 세우지 못하고 무상보육을 단순히 힘의 논리에 따라 밀어부친 데에서 예측될 수 밖에 없었던 결과였다. 정부는 0-5세 아동을

121) 제19대국회 제311회 제9차 국회본회의. 2012.09.27

122) 제19대국회 제311회 제10차 국회본회의. 2012.10.04

123) 경향신문. 2012. 12. 6. 문주영기자(http://news.khan.co.kr/kh_news/khan_art_view.html?artid=201212062226545&code=940401#csidx382104d340b400d8c2c34aa73d8773b)

124) 2012. 12. 27. 이혜리, 송현숙기자(http://news.khan.co.kr/kh_news/khan_art_view.html?artid=201212272148575&code=940702)

125) 한국일보, 2012. 12. 31, 이왕구기자 (http://media.daum.net/society/others/newsview?newsid=20121231185507880)

둔 가구에게 소득과 상관없이 보육료와 양육수당을 지급하기로 하고,[126] 국정에 관한 교섭단체대표연설에서 민주통합당은 공공 보육시설을 늘리는 방법을 강구하며 조속히 구체적인 플랜을 마련하고 반드시 실행에 옮기겠다고 밝히기도 하였다.[127]

이상의 담론전개과정과 각 정책행위자별 담론경쟁구도를 종합해 보면, 우선 이 시기는 무상보육이 시작되는 중요한 시기였고, 그 과정은 중앙정부와 정당들에 의해 주도되었는데, 시민단체들도 강력한 이익단체들로 담론과정에 참여하면서 담론 간 갈등과 경쟁도 치열했던 시기였다고 할 수 있다. 그리고 그러한 상황 속에서 무상보육은 보편적 복지로 나아가는 아동돌봄정책의 철학을 점진적으로 구현하기 위한 토대로 다져지기 시작한 시기였다고 볼 수 있다.

제3절 박근혜 정부시대의 아동돌봄 담론

연속적으로 보수당이 집권하고 새로운 대통령이 임기를 시작하고 난 이후 국정에 관한 교섭단체 대표연설에서 민주당은 국회에 안전한 보육과 저출산 사회를 극복하기 위한 특위를 구성할 것을 제안하였다.[128] 다른 한편으로 보건복지부와 고용노동

126) 경향신문. 2013. 2. 21. 송윤경, 송현숙, 이영경, 조미덥기자(http://news.khan.co.kr/kh_news/khan_art_view.html?artid=201301022122435&code=940100#csidx39d5fa2569aa607865890d2111dc0e0)
127) 제19대국회 제313회 제3차 국회본회의. 2013.02.07
128) 제19대국회 제316회 제3차 국회본회의. 2013.06.05

부는 사회적 요구를 반영하기 위해 '직장 어린이집 활성화 방안'을 마련했으며, 직장 어린이집을 설치해야할 의무대상이 되는 기업이 어린이집을 따로 두지 않고 보육수당으로 대체하는 것을 금지하기에 이르렀다.[129] 이는 보수집권당에서도 아동돌봄의 지원은 시설중심으로 방점을 두겠다는 의지를 가시적으로 드러낸 것이었다.

2013년 6월 민주당에서는 지방자치단체들과 재정분담을 둘러싸고 벌어진 보육대란을 막을 대안을 중앙정부에 질의하였고, 이에 국무총리는 정부가 부담할 부분에 대한 예산이 편성되어 있으며, 영유아 보육은 중앙과 지방의 공동책임으로 지자체도 추가편성을 통해서 부족예산을 확보해야 될 책무가 있다고 답변하였다.[130] 이는 무상보육의 확대과정에서 가장 이슈가 된 재정문제는 중앙정부가 독자적으로 부담하는 것은 바람직하지 않으나, 그럼에도 불구하고 중앙정부가 무상보육에 대해 지방정부에 정책적 헤게모니(hegemony)를 넘겨주고 싶지는 않았던 의중을 드러낸 것이었다고 할 수 있다.

지방정부의 재정분담역량이 미흡한 가운데 광역 지방정부들 중에서 재정적으로 자주도가 가장 높은 서울시에서도 무상보육을 위한 예산이 고갈될 위기에 직면하게 되면서 서울시는 10월과 11월의 양육수당을 지급하지 않는 방안을 신중히 검토하였다.[131] 이렇듯이 중앙정부와 지방정부 간의 신경전이 지속되자 2013년 9월에 시민단

129) 한겨레. 2013. 6. 10. 손준현기자(http://www.hani.co.kr/arti/society/society_general/591271.html#csidx38ab65b2a51bd3d93c9c182cea37df5)

130) 제19대국회 제316회 제6차 국회본회의. 2013.06.12

131) 연합뉴스, 2013. 7. 29, 이정현기자 (http://www.yonhapnews.co.kr/bulletin/2013/07/26/0200000000AKR20130726056251004.HTML?input=1179m)

체들은 무상보육이 중단될 위기를 초래한 정치권을 비판하며 보육비를 국비로 지원하는 방안을 확대하는 것을 뼈대로 한 영유아보육법 개정안의 통과를 촉구하였다.[132] 그리고 같은 해 11월에 참여연대는 2014년 보건복지부 예산 분석보고서를 통해 중앙정부의 보육예산은 시설보육을 위한 인프라예산보다는 가정양육수당을 비롯한 현금과 경제적 지원 예산에 편중되어 있음을 비판하였다. 그리고 중앙정부는 보육의 사회화보다는 여성의 돌봄을 강요하는 보수적이고 남성중심적 예산편성기조를 취하고 있음을 지적하였다.[133]

2014년 2월에 국정에 관한 교섭단체 대표연설에서 새누리당은 자녀를 믿고 맡길 수 있도록 보육시설의 질을 높이는 것이 시급하며, 국공립 유치원, 국공립 어린이집과 사립 유치원, 민간 어린이집을 비롯한 각종 유아교육시설 그리고 영유아보육시설 간의 격차를 줄이는 것과 교사들의 교육내용을 지원할 수 있도록 유보(유치원 교육+어린이집 보육) 통합을 조속히 매듭지어야 함을 주장하였다.[134] 그리고 정부는 근로자가 육아휴직 대신 단축근무를 선택할 때 지급받을 수 있는 단축급여를 통상임금의 40%에서 60%로 확대하며, 기간도 기존의 1년에서 2년으로 확대한 내용을 담아 '일하는 여성의 생애주기별 경력유지 지원방안'을 확정하였다.[135] 이는 이제 담론의 흐름이 무상보육과 양육수당이라는 주 중심축에서 탈피하여 다양화되는 과정으로 진입했음을 보여주는 사례였다고 할 수 있다.

---

132) 한겨레. 2013. 9. 13. 최유빈기자(http://www.hani.co.kr/arti/society/society_general/602031.html)
133) 국민일보, 2013. 11. 14, 조민규기자 (http://news.kukinews.com/news/article.html?no=169646)
134) 제19대국회 제322회 제2차 국회본회의. 2014.02.04
135) 한겨레. 2014. 2. 4. 권은중기자(http://www.hani.co.kr/arti/economy/economy_general/622595.html)

국정에 관한 교섭단체 대표연설에서 민주당은 박근혜 대통령의 생애주기별 맞춤형 복지공약들이 제대로 지켜지지 않음을 지적하며, 교육에 대한 정책지원을 강화하겠다고 밝혔다.[136] 한편 고용노동부는 육아휴직 참여시 두 번째 육아휴직자의 1개월 급여를 상향하며, 육아기 근로시간 단축급여의 확대 및 각종 지원 내용을 담아 개정된 '고용보험법 시행령'을 시행한다고 하였다.[137]

그런 과정들 속에서 2014년 10월에 전국의 시도와 교육감들은 2015년의 누리과정 예산에 어린이집 보육료예산은 편성하지 않겠다고 밝혔다.[138] 교육부장관은 어린이집 보육비의 국고지원을 요구하는 시 · 도교육감들에게 무상급식 예산을 대폭 축소해 누리과정 예산으로 돌려 집행해달라는 뜻을 전하였다.[139] 그 뒤를 이어 경기도 교육감도 차년도 재정계획을 발표하면서 누리과정 예산 가운데 일부를 편성하지 않겠다고 밝힘으로써 재정을 둘러싼 정부들 간의 갈등은 더욱 첨예화되었다.[140] 이런 갈등 상황은 대전시에서도 마찬가지로 재현되고 있어서 교육청은 2015년의 누리과정 예산 가운데 절반만 편성하여 시의회에 제출할 계획이라고 밝히기도 하였다.[141] 그 밖에 강원지역에서는 강원시민사회단체연대회의, 참보육을 위한 부모연대, 강원여성연대 등 17개 단체들이 '보육재정 정상화'를 촉구하는 기자회견을 가지기도 하였다.[142]

---

136) 제19대국회 제322회 제3차 국회본회의. 2014.02.05

137) 동아일보. 2014. 10. 5. 디지털뉴스팀(http://www.donga.com/news/article/all/20141005/66955544/1)

138) 한겨레. 2014. 10. 7. 이범준,이재덕기자(http://news.khan.co.kr/kh_news/khan_art_view.html?artid=201410072231175&code=940401#csidx2dd85238c93f1f9b50c558719cff35d)

139) 경향신문. 2014. 10. 24. 송현숙,이범준기자(http://news.khan.co.kr/kh_news/khan_art_view.html?artid=201410272233365&code=940401#csidx2a98be84f2eb8b6a42783a7ee0b7714)

140) 동아일보. 2014. 11. 6. 남경현,이상훈기자 (http://www.donga.com/news/article/all/20141106/67692262/1)

141) 한국일보. 2014. 11. 9. 허택회기자(https://www.hankookilbo.com/News/Read/201411091559316884)

2014년 11월에 야당이었던 새정치민주연합은 누리과정 예산을 편성하는 과정에서 촉발된 중앙정부와 지방정부 간의 복지비 부담 주체논쟁과 관련해 기본권적인 복지비용은 중앙정부가 지원토록 하는 개정안을 발의하였다.[143] 그리고 여야는 무상복지 논란을 촉발시킨 누리과정 예산을 지방재정교부금과 지방채로 충당하는 우회지원 방법에 대해 합의하기에 이르렀다.[144]

젠더이슈에 대해 가장 주도적으로 이슈활동을 했던 한국여성단체연합회는 2015년 1월에 성명서를 내고 가정양육수당을 확대하는 것은 여성의 경제활동 참여를 증대하기 위한 정책들을 확대해온 기존의 정책방향과 배치되는 것이라고 주장하였다.[145]

2015년 2월에 새누리당은 아동학대나 보육교사 자질 개선, 처우개선, 보육료 인상 등에 대한 재원을 어떻게 마련할 것인지에 대한 의견을 정부에 전달하였고, 이에 부총리 겸 기획재정부 장관은 근본적인 대책에 대해 합의가 이루어지면 정부로서 예비비를 지원하는 등 조치를 통해 지원할 생각이 있으며 보육실태조사를 실시하고, 종합적인 맞춤형 보육지원체제 개편안을 마련하도록 하겠다고 밝혔다.[146] 또한 국정에 관한 교섭단체 대표연설에서 새누리당은 복지지출 중에서 보육 분야의 지출은 현실

142) 경향신문. 2014. 11. 11. 최승현기자(http://news.khan.co.kr/kh_news/khan_art_view.html?artid=201411111555331&code=620110)

143) 연합뉴스, 2014. 11. 12, 송지원기자 (http://www.yonhapnews.co.kr/bulletin/2014/11/12/0200000000AKR20141112122800001.HTML?input=1179m)

144) 한국일보. 2014. 11. 25. 변태섭기자(https://www.hankookilbo.com/News/Read/201411251929818179)

145) 경남여성회(http://gnwomen.com/bbs/view.php?id=active&page=1&sn1=&divpa ge=1&sn=off&ss=on&sc=on&select_arrange=name&desc=asc&no=138)

146) 제19대국회 제331회 제6차 국회본회의. 2015.02.26

적 어려움이 크며, 정부도 앞으로 보육예산과 보육정책을 어떻게 할 것인지 현실성 있는 방안을 제시해주기를 바란다고 밝혔다.[147)]

2015년 4월에 강원과 전북의 도교육청에서는 어린이집에 누리과정 예산을 지원하는 것을 중단하였고, 이를 통해 아동돌봄과 관련된 재정책임을 둘러싼 공공영역에서의 갈등은 더욱 첨예화되었다.[148)] 그리고 그 직후에 강원도 어린이집 연합회는 강원도교육청 앞에서 누리과정 예산을 편성할 것을 촉구하는 집회를 열어 아동돌봄담론과 관련된 아젠다화는 더욱 격화되었다.[149)] 한편, 경기도 성남시에서는 민간 어린이집과 가정 어린이집에 3-5세 아이를 보내는 부모도 국·공립어린이집에 보내는 가정과 마찬가지로 무상 보육의 혜택을 받을 수 있게 대상을 확대하였다.[150)] 이처럼 주로 공공영역에서는 재정분담을 둘러싼 갈등이 지속되고 있었는데, 다른 한편으로는 그럼에도 불구하고 무상보육의 스펙트럼을 넓혀가는 행위들이 병행적으로 나타나고, 이를 지지하는 시민사회단체들의 적극적 참여가 강화되면서 보편주의적 무상보육의 토대는 굳건해지고 있었다.

아동돌봄의 재정적 책임주체에 대한 담론 갈등은 아동돌봄정책의 강화에 중요한 의미를 가진다. 이를 통해 아동돌봄정책의 추진체계와 정책프로그램들이 보다 견고

147) 제19대국회 제332회 제2차 국회본회의. 2015.04.08

148) 한겨레. 2015. 4. 27. 박임근기자(http://www.hani.co.kr/arti/society/rights/688675.html)

149) 경향신문. 2015. 4. 28. 최승현기자(http://news.khan.co.kr/kh_news/khan_art_view.html?artid=201504281620471&code=620110)

150) 경향신문. 2015. 8. 5. 최인진기자(http://news.khan.co.kr/kh_news/khan_art_view.html?artid=201508061451331&code=620109)

해지는 계기가 되었기 때문이다. 중앙정부는 2016년도 예산안을 구성하면서 누리과정 예산을 시 · 도교육청 의무지출경비로 지정하는 내용을 담은 지방교육재정교부금법 시행령을 개정하는 것을 10월에 추진할 예정이라고 밝혔다.[151] 그리고 2015년 9월에 중앙정부는 0-2세 영아에 대한 가정 양육수당을 종전보다 10-20만원으로 인상하는 방안을 추진하였다.[152]

아동돌봄과 관련된 가장 강력한 이익단체라고 할 수 있었던 한국어린이집총연합회는 2015년 10월에 정부와 교육청에 3-5세를 대상으로 하는 누리과정 보육예산을 편성하고 재정적으로 안정화할 것을 요구하였다.[153] 그러나 중앙정부가 공식적으로 계획을 밝혔음에도 불구하고 국회 보건복지위원회에서는 중앙정부가 2015년보다 10-20만원을 인상하겠다고 약속했던 2016년 가정양육수당을 동결시켜서 이 안은 무산되기에 이르렀다.[154] 이러한 갈등의 후속여파로 대구, 경북, 울산을 제외한 14개 시 · 도 교육청에서는 누리과정 예산을 편성하지 않았다.[155] 결국 이 과정에서 근본적인 해결책을 찾지 못한 중앙정부와 지방정부의 갈등은 지속될 수 밖에 없었다. 그러나 반면에 서울시 등 14개 지자체는 중앙정부와 시도교육청을 대신하여 만3-5세 아동을 대상으로 하는 누리과정 예산을 편성함으로써 지방정부들 간에 무상보육에

151) 경향신문. 2015. 9. 8. 정원식기자(http://news.khan.co.kr/kh_news/khan_art_view.html?artid=201509082257285&code=910100)

152) 중앙일보, 2015. 9. 14, 이에스더기자 (http://news.joins.com/article/18656318)

153) 경향신문. 2015. 11. 12. 박용근기자(http://news.khan.co.kr/kh_news/khan_art_view.html?artid=201511121059121&code=940100)

154) 한국일보, 2015. 11. 13, 남보라기자 (http://www.hankookilbo.com/v/fb20fbdd55f1413cbcfd14704dc7e7a1)

155) 동아일보. 2015. 11. 14. 김희균기자(http://news.donga.com/3/all/20151114/74774760/1)

대한 차별적 인식과 태도가 존재함을 드러내었다.[156)]

시 · 도교육감 5명은 당시의 국회의장을 만나 심각한 위기에 직면한 지방교육재정의 문제를 해결하기 위해 국회가 노력해줄 것을 공식적으로 요청하였다.[157)] 그리고 전국시도교육감협의회는 여야가 국회에서 누리과정 예산을 편성하지 않고 학교시설 환경개선 사업비 등으로 우회적으로 지원하기로 한 것은 수용할 수 없다고 보도자료를 내었다.[158)] 한편, 대전시의회 교육위원회, 강원도 교육청 그리고 충북도의회 교육위원회 등은 누리과정의 예산을 삭감하여 아동돌봄정책의 책임주체에 대한 지방 차원의 갈등들이 존재함이 그대로 드러나기도 했다.[159)] 서울시의회도 당초 서울지역 내 유치원을 위한 누리과정 예산이 전액 삭감되었던 예산안을 본회의에서 통과시키기도 하였다.[160)]

2015년 12월에 중앙정부는 지방 교육청이 누리과정 예산을 편성하지 않으면 시 · 도의회에 예산에 대한 재심의를 요구할 것이고, 이를 받아들이지 않을 시에는 대법원에 교육청을 제소하고 이미 예정된 교부금도 차감할 것이라고 압박하였다.[161)] 이에 대해 시 · 도교육청들은 누리과정의 예산문제를 교육청의 책임으로 떠넘기는 것이라

156) 동아일보. 2015. 11. 17. 임현석기자(http://news.donga.com/3/all/20151117/74822092/1)

157) 경향일보. 2015. 11. 17. 박용근기자(http://news.khan.co.kr/kh_news/khan_art_view.html?artid=201511170917131&code=940401)

158) 한겨레. 2015. 12. 3. 안관옥기자(http://www.hani.co.kr/arti/society/area/720220.html)

159) 경향신문. 2015. 12. 6. 이종섭,최승현기자(http://news.khan.co.kr/kh_news/khan_art_view.html?artid=201512062059265&code=620100)

160) 동아일보. 2015. 12. 23. 이은택기자(http://www.donga.com/news/article/all/20151223/75530123/1)

161) 한겨레. 2015. 12. 24. 전정윤기자 (http://www.hani.co.kr/arti/society/society_general/723477.html)

고 비난하고, 중앙정부가 교육청을 대법원에 제소하면 법률에 따라 대응할 것이라고 하였고, 이로 인해 갈등의 수위는 더욱 높아졌다.[162)]

중앙정부와 지방정부 그리고 교육청 간의 핑퐁게임을 보면서 시민단체들은 중앙정부가 책임져야 할 보육예산을 지방자치단체 및 지방 교육청에 떠넘겨 보육대란을 초래했다고 비판하였고,[163)] 이러한 아젠다 활동은 참여연대, 한국여성단체연합, 참부모를위한부모연대 등이 주도를 하여 명실공히 대표적인 시민단체와 여성단체 그리고 보육관련 단체들이 공조를 하였다.

인천시교육청은 교육감의 동의가 없이 의결되었던 2016년의 인천시교육청 예산에 대해 인천시의회에 재의를 요구하였다.[164)] 그 이후 2016년 1월에 들어 분위기는 반전되어 당시의 경기도지사와 새누리당은 도교육청의 예산으로 어린이집과 유치원의 누리과정을 위한 예산 중 6개월분을 우선 배정하자는 결정을 하였다.[165)] 그러나 경기도의회에서 다수당의 지위에 있었던 더불어민주당은 정부가 누리과정 예산 중 어린이집 분의 전액을 지원해야 누리과정 예산을 세울 수 있다는 입장을 제시하며, 호응하지 않았다.[166)] 이런 상황에서 교육부는 보도자료를 내고 누리과정의 예산을 편성

162) 한겨레. 2015. 12. 24. 전정윤기자
(http://www.hani.co.kr/arti/society/society_general/723477.html)

163) 경향신문. 2015.12.29. 임아영기자
(http://news.khan.co.kr/kh_news/khan_art_view.html?artid=201512291507431&code=940100)

164) 경향신문. 2015. 12. 30. 박준철기자
(http://news.khan.co.kr/kh_news/khan_art_view.html?artid=201512301431191&code=620104)

165) 한겨레. 2016 1. 3. 전정윤, 박경만기자(http://www.hani.co.kr/arti/society/schooling/724505.html)

166) 한겨레. 2016 1. 3. 전정윤, 박경만기자(http://www.hani.co.kr/arti/society/schooling/724505.html)

하지 않은 시 · 도교육청에게 법적, 행정적, 재정적 조처를 할 것이라고 압박하였다.[167]

중앙정부가 누리과정 예산의 지방정부 및 교육청과의 분담문제를 해결하는 데에 소극적이고 부정적인 태도를 보이자 각 지방의화들과 지방교육청들의 태도도 강경해지기 시작하였다. 대표적으로 경기도의회 내에서 다수당을 차지하고 있던 더불어민주당은 중앙정부가 재원을 재구조화하기 위한 대책을 마련하지 않으면 누리과정 예산의 전액을 삭감한 상태로 예산안을 처리하겠다고 입장을 내놨다.[168] 당시의 경제부총리 겸 기획재정부 장관은 예산을 편성하지 않은 교육청에 대해서는 감사를 청구하고, 검찰에 고발하는 등의 조치를 검토하겠다고 압박하였다.[169] 이에 대해 전국 시 · 도교육감협의회장은 중앙정부가 교육청에 책임을 떠넘기는 것이며, 정부가 법적 조처를 취한다면 교육청 역시 법적으로 대응하겠다고 강경한 태도를 보였다.[170] 누리과정 예산문제를 계기로 촉발된 지방자치예산의 불균형한 구조는 이를 통해 더욱 사회적으로 광범위하게 알려지게 되었다.

2016년 1월에 당시 야당이던 더불어민주당에서는 보육대란이 눈 앞에 왔으며, 누리과정과 관련되어 일방적으로 시 · 도교육청에 예산 부담을 떠넘기는 것은 문제임을 지적하며, 국가가 지방자치단체에 책임부담을 넘길 때에는 첫째로 법률로 근거를 갖

167) 한겨레. 2016 1. 3. 전정윤, 박경만기자(http://www.hani.co.kr/arti/society/schooling/724505.html)
168) 경향신문.2016. 1. 5. 경태영기자 (http://news.khan.co.kr/kh_news/khan_art_view.html?artid=201601051658371&code=620109)
169) 한겨레. 2016. 1. 5. 전정윤기자(http://www.hani.co.kr/arti/society/schooling/724820.html)
170) 한겨레. 2016. 1. 5. 전정윤기자(http://www.hani.co.kr/arti/society/schooling/724820.html)

추고, 둘째로 반드시 예산을 함께 배정해 주어야 함을 주장하였다.[171] 이러한 기조를 같이 하면서 어린이집을 위한 예산을 편성하지 않았던 서울시 교육감과 충북교육감을 한국어린이집총연합회는 직무유기로 보고 검찰에 고발하기도 하였다.[172] 결국 중앙정부와 지방정부 그리고 교육청 간의 3자 구도로 진행되어 온 누리과정 예산 전쟁에 시설관련 단체들도 본격적으로 뛰어들게 된 것이다. 그리고 기존에 보육이나 누리과정에 대해 직접적으로 의견을 표명하지 않았던 전국교직원노동조합 경기지부는 보육대란의 근본적 해결책은 내국세의 지방교육재정교부금 비율을 당시 20%에서 25%로 상향 조정하는 것을 해결책으로 제시하기도 하였다.[173] 종전에는 담론 중심의 갈등구조가 형성되었었다면 아젠다화과정이 심화되면서 이제는 정책적 대안을 중심으로 아젠다화가 진행되는 변화가 나타나게 된 것이다.

참사랑보육학부모회 등 교육관련 시민단체는 보육대란의 논란을 매듭짓고 대책을 마련할 것을 호소하며, 사회적 협의기구를 구성하고, 정부는 누리과정의 예산을 확보해야 하며, 추경예산을 편성하여 누리과정의 예산을 정상화 하는 등의 조치를 대안으로 제시하였다.[174] 한국민간어린이집연합회 등 보육관련 단체들도 보육대란을 해결하기 위한 사회적 협의기구의 구성에 정부와 여당이 조속히 동참하도록 결정할 것을 요구하며, 보육대란을 피하기 위해 여야가 우회 지원금으로 3000억 원을 집행할 것을

171) 제19대국회 제338회 제3차 국회본회의. 2016.01.08
172) 한겨레. 2016. 1. 6. 전정윤, 진명선기자(http://www.hani.co.kr/arti/society/schooling/725041.html)
173) 경향신문. 2016. 1. 6. 경태영기자(http://news.khan.co.kr/kh_news/khan_art_view.html?artid=201601061413221&code=940401)
174) 경향신문. 2016. 1. 6. 손봉석기자 (http://news.khan.co.kr/kh_news/khan_art_view.html?artid=201601061926581&code=940100)

대안으로 제시하였다.[175] 전국시 · 도교육감협의회는 국회와 정부에 누리과정(만3-5세) 예산의 편성을 위한 여야, 정부, 교육감 등이 참여하는 긴급회의를 제안하며, 정부의 법정대응시 맞대응을 할 것임을 에고하였다.[176] 지방 차원에서는 전북운동본부도 정부에게 보육대란을 해결하기 위한 사회적 협의기구를 구성할 것을 요구하였다.[177]

다양한 시민사회단체들이 누리과정의 예산을 확보하기 위한 대안들을 구체적으로 제시했음에도 불구하고 교육부는 전국 시 · 도교육청에 누리과정의 추경예산에 대한 편성계획을 제출하라고 공문을 보내며, 누리과정 예산을 편성하지 않은 교육청에 대해서는 2017년도 교부금을 줄이겠다고 압박하였고, 예산분담에 대해 기존의 입장을 고수하였다.[178]

야당이었던 더불어민주당은 누리과정의 예산편성문제와 관련하여 당내에 '누리과정대책 특별위원회'를 구성하기로 결정하였다.[179] 경기도에서는 어린이집을 위한 누리과정 예산 중 2개월분을 포함한 수정예산안을 도의회에 제출하였고, 수원, 평택, 강원 영월, 강릉 등 기초지방자치단체들도 자체 예산으로 누리과정의 예산을 지원하

175) 한겨레. 2016. 1. 6. 전정윤, 진명선기자(http://www.hani.co.kr/arti/society/schooling/725041.html) ㅍ

176) 한겨레. 2016. 1. 6. 전정윤, 진명선기자(http://www.hani.co.kr/arti/society/schooling/725041.html)

177) 경향신문. 2016. 1. 7, 박용근기자
(http://news.khan.co.kr/kh_news/khan_art_view.html?artid=201601071345041&code=940100)

178) 경향신문. 2016. 1. 8. 박용필기자
(http://news.khan.co.kr/kh_news/khan_art_view.html?artid=201601082145115&code=940100)

179) 경향신문. 2016. 1. 11. 박홍두기자
(http://news.khan.co.kr/kh_news/khan_art_view.html?artid=201601111901591&code=910402)

겠다는 뜻을 밝혔다.[180] 경기도의회에서는 여야 대표가 준예산 사태와 보육대란을 해결하기 위한 협상을 재개하기로 하여 해결의 실마리를 찾기 위한 적극적 행보를 보였다.[181] 세종, 울산, 대구, 경북, 대전 그리고 충남의 교육청들은 종전에는 어린이집의 누리과정을 위한 일부 또는 전액 예산을 편성하는 것을 거부했었지만 이제 태도를 바꾸어 예산을 편성하겠다며 예산계획을 교육부에 제출하였다.[182]

중앙정부는 사회부총리 겸 교육부장관이 교육감들과의 간담회에서 누리과정에 대해 전국 시도교육감들이 합리적 방안을 제시할 것을 기대한다고 말하며 여전히 누리과정 예산의 책임이 지방교육청에도 있음을 표명하였다.[183] 이에 대해 교육감들은 어린이집의 누리과정 예산은 법적으로 교육감이 책임져야 할 사안이 아니며, 이에 대해서는 중앙정부가 국고를 통해 지원하는 것이 필요하다고 강조하며 대척점에 서게 되었다.[184]

경기도에서는 도지사가 중심이 되어 보육대란을 막기 위해 준예산에 어린이집의 누리과정을 위한 예산을 추가로 편성해 집행하기로 했지만 경기도 교육청과 의회는 이에 대해 비판적으로 대응하였다.[185] 경기도의회 내 더불어민주당 소속 의원들은

180) 동아일보. 2016. 1. 13. 박예슬기자(http://news.donga.com/3/all/20160113/75871545/2)

181) 경향신문. 2016. 1. 15. 경태영기
(http://news.khan.co.kr/kh_news/khan_art_view.html?artid=201601152208581&code=620109)

182) 동아일보. 2016. 1. 15. 이은택기자(http://www.donga.com/news/article/all/20160115/75912278/1)

183) 한국일보. 2016. 1. 18. 이훈성기자(http://www.hankookilbo.com/News/Read/201601181853361486)

184) 한국일보. 2016. 1. 18. 이훈성기자(http://www.hankookilbo.com/News/Read/201601181853361486)

185) 한국일보. 2016. 1. 19. 이범구, 이태무기자
(http://www.hankookilbo.com/News/Read/201601192052459551)

도지사의 누리과정 준예산 집행방안에 대해 법적 대응을 검토 중이라고 밝히면서 이 안을 수용할 수 없음을 드러내어 갈등은 고조되었다.[186] 경기도 교육감은 교육청이 부담해야 하는 유치원 예산을 어린이집과 6개월씩 나눠 쓰는 대신 나머지 6개월치를 정부가 부담하는 방안을 대통령이 약속하라고 요구하였다.[187] 이와 관련하여 야당이었던 더불어민주당은 여야, 정부, 시도 교육감이 참여하는 간급 협의를 제안하였다.[188] 그러나 여당이었던 새누리당은 더불어민주당의 긴급 협의 제안에 대해 반대를 하였다.[189] 이로써 여야 거대정당들 간의 아동돌봄아젠다에 대한 인식의 간극은 명확히 드러났다. 사회부총리 겸 교육부장관도 시・도교육감과의 누리과정 대란의 해결책을 찾기 위한 만남의 자리에서 누리과정은 교육청의 책임이라는 정부 원칙을 거듭 강조하며 여당과 같은 태도를 고수하였다.[190]

2016년 1월에 야당이었던 더불어민주당은 누리과정을 중앙정부가 책임지지 않는 것을 비판하며 누리과정에 대한 정부의 책임을 촉구하였다.[191] 이에 비해 여당이었던 새누리당은 보육대란 우려와 관련하여 일부 교육감과 지방의회 의원들에 대해 정치놀음만 일삼는다고 비판하며 대립각을 세웠다.[192] 광주시의회에서는 보육대란

186) 경향신문. 2016. 1. 20. 경태영기자
(http://news.khan.co.kr/kh_news/khan_art_view.html?artid=201601201734251&code=620109)

187) 한겨레. 2016. 1. 20. 홍용덕기자(http://www.hani.co.kr/arti/society/area/727084.html)

188) 한국일보. 2016. 1. 21. 김영화기자(http://www.hankookilbo.com/News/Read/201601212068011624)

189) 한국일보. 2016. 1. 21. 김영화기자(http://www.hankookilbo.com/News/Read/201601212068011624)

190) 경향신문. 2016. 1. 21. 권기정, 임아영기자(http://news.khan.co.kr/kh_news/khan_art_view.html?artid=201601212215165&code=940100)

191) 동아일보. 2016. 1. 22. 최현정기자(http://news.donga.com/3/all/20160122/76065331/1)

192) 경향신문. 2016. 1. 22. 정환보기자(http://news.khan.co.kr/kh_news/khan_art_view.html?artid=201601221048241&code=910402)

이 시작된 가운데, 전액 삭감되었던 유치원을 위한 누리과정의 지원비 중 일부를 교육청이 다시 추경예산으로 편성하라고 요구하기도 하였다.[193]

이상과 같이 갈등의 골만 깊어지던 상황에서 여타의 지방들에 비해 서울시 교육청은 누리과정의 예산이 편성되지 않은 사태로 인해 위기에 몰린 시내 사립유치원에 대해 예산을 조기에 투입하여 좀 더 적극적인 태도로 지원하기로 하였다.[194] 광주시 교육청도 두 달 치의 유치원의 누리과정 추경예산을 편성할 것으로 전망되었다.[195] 이러한 적극적인 지방의 행보들이 타나나면서 나머지 지방들에서도 조금씩 자체적으로 예산문제를 해결하려는 태도들이 확산되었다. 일례로 경기도의회의 다수당인 더불어민주당은 유치원을 위한 누리과정의 예산 일부를 반영한 수정 예산안을 임시회에 제출하기로 하였다.[196]

중앙정부에서는 대통령이 직접 누리과정의 지원금이 확보되지 못한 것으로 인해 보육대란이 현실화되는 것을 두고 무조건 중앙정부의 탓을 하는 시 · 도교육감들의 행동은 무책임하다고 비판하며, 누리과정은 지방교육청의 법적 의무사항이라는 태도를 한 번 더 강조하였다.[197] 광주시 교육청은 누리과정의 예산 중 유치원 지원비는

193) 한겨레. 2016. 1. 22. 안관옥기자(http://www.hani.co.kr/arti/society/area/727445.html)
194) 한국일보. 2016. 1. 24. 이훈성, 이태무기자 (http://www.hankookilbo.com/News/Read/201601241530058467)
195) 한겨레. 2016. 1. 24. 전정윤, 정대하, 홍용덕기자 (http://www.hani.co.kr/arti/society/schooling/727613.html)
196) 한겨레. 2016. 1. 25. 홍용덕기자(http://www.hani.co.kr/arti/society/schooling/727780.html)
197) 경향신문. 2016. 1. 25. 이용욱기자 (http://news.khan.co.kr/kh_news/khan_art_view.html?artid=201601251118541&code=910203)

교육청이 지원해야하는 만큼 1년 치의 유치원 지원비를 반영한 추경예산안을 제출하겠다고 밝혔다.[198] 이런 상황에 불만을 가진 교육재정확대국민운동본부 등 시민단체들은 정부가 보육대란을 해결하기를 촉구하는 기자회견을 가졌다.[199] 그리고 그 직후인 2016년 1월 28일에 경기도의회는 누리과정 예산의 4개월 치를 포함한 예산안을 의결하였다.[200]

야당의 일각에서는 누리과정의 예산문제를 해결하기 위해 국회와 청와대, 지방정부 그리고 교육청 등이 함께 참여하는 특별회를 구성할 것을 제안하기도 하였다.[201] 2016년 2월에 중앙정부는 누리과정의 예산을 편성한 교육청에만 목적예비비(총 300억 원)를 우선 지원하고, 서울과 경기도 등 예산을 편성하지 않은 5곳의 교육청들은 지원 대상에서 제외하겠다고 밝혔다.[202] 그리고 감사원은 누리과정 예산을 편성하지 않은 지방교육청들을 감사하기로 하면서 양면에서 압박하는 행태를 보였다.[203] 이에 대해 전국의 14개 시 · 도교육청 교육감들은 긴급 기자회견을 열어 박근혜 대통령에게 '누리과정 긴급국고 지원'을 촉구하며, 보육대란의 해결을 위한 사회적 논의기구를 구성할 것을 제안하였다.[204]

---

198) 한겨레. 2016. 1. 25. 안관옥기자(http://www.hani.co.kr/arti/society/area/727788.html)

199) 경향신문. 2016. 1. 26. 서성일기자
(http://news.khan.co.kr/kh_news/khan_art_view.html?artid=201601261337571&code=940100)

200) 한겨레. 2016. 1. 28. 홍용덕기자(http://www.hani.co.kr/arti/society/area/728444.html)

201) 한국일보. 2016. 1. 31. 박상준기자(http://www.hankookilbo.com/News/Read/201601311849116387)

202) 한겨레. 2016. 2. 2. 전정윤,김소연,안관옥기자
(http://www.hani.co.kr/arti/society/schooling/729008.html)

203) 한국일보. 2016. 2. 3. 강윤주, 김민정기자
(http://www.hankookilbo.com/News/Read/201602031844713191)

204)한겨레. 2016. 2. 3. 전정윤기자(http://www.hani.co.kr/arti/society/schooling/729137.html)

그런 과정 속에서 2016년 2월에 전남도의회는 임시회를 열어 누리과정을 위한 5개월분의 예산안을 통과시켰다.[205] 서울시의회는 더불어민주당과 함께 유치원과 어린이집의 누리과정 예산을 각각 4개월씩 우선 편성하기로 하였다.[206] 그러나 대전, 대구, 경북, 울산을 제외한 13개 시도교육감들은 청와대 앞에서 누리과정의 국비 지원을 촉구하는 1인 시위를 벌이기로 했으며, 실제로 그 후 세종시교육감이 1인 시위를 벌이기도 하였다.[207] 이처럼 아동돌봄 재정을 둘러싼 갈등은 지방자치단체들도 이분화를 시키는 결과를 낳았다.

새누리당에서는 정부에 한국어린이집총연합회에서 보육료 인상을 요구함을 전달하며, 7월에 예정된 맞춤형 보육사업의 시행에 앞서 얼마 정도나 보육료를 인상할 수 있는지 질의하였다. 이에 당시의 보건복지부 장관은 맞춤형 보육을 시행하는 것을 전제로 보육료를 7월부터 6%를 인상할 예정이지만 현실적 어려움을 반영하여 3월부터 6월까지 올릴 수 있도록 하기 위해 기획재정부와 협의를 하고 있음을 밝혔다.[208]

한편, 지방에서는 충북도교육청의 경우에 도교육청이 임의로 6개월 치의 어린이집을 위한 누리과정 예산을 집행하기로 하였다.[209] 제주도에서는 어린이집을 위한 누

205) 경향신문. 2016. 2. 3. 배명재기자
(http://news.khan.co.kr/kh_news/khan_art_view.html?artid=201602031318221&code=620114)

206) 한국일보. 2016. 2. 4. 손효숙, 김민정기자
(http://www.hankookilbo.com/News/Read/201602042021199630)

207) 경향신문. 2016. 2. 11. 권순재기자
(http://news.khan.co.kr/kh_news/khan_art_view.html?artid=201602111119401&code=620100)

208) 제19대국회 제340회 제5차 국회본회의. 2016.02.18

리과정 예산을 우선 집행하기로 하였다.[210] 그리고 강원도에서도 누리교사의 인건비를 포함한 운영비를 도비로 우선적으로 집행하기로 하였다. 그리고 누리과정의 예산은 지방교육재정교부금으로 도교육청에서 예산을 편성해 강원도로 전출한 자금을 다시 시 · 군을 통해 어린이집에 집행하였다.[211]

전국의 시 · 도교육감들은 교육부에 누리과정의 예산 문제와 관련하여 시 · 도교육청에 대한 압박을 중단할 것을 요구하였다.[212] 2016년 3월에 중앙정부는 새누리당과 당정협의를 개최하여 시 · 도교육감이 의무적으로 누리과정의 예산을 편성하게 하는 특별법을 만들기로 하였다.[213] 그러나 경기도의회와 경기도교육청은 정부가 누리과정특별회계법을 제정하는 것에 대해 강도높게 비판을 하였다.[214] 2016년 4월에 경기도는 어린이집의 누리과정 예산을 담은 추가경정예산안을 편성하기로 하였다.[215] 그러나 그로부터 며칠 후에 경기도의회는 어린이집의 누리과정 예산을 통과시키되, 집행은 보류하기로 결정을 하였다.[216]

중앙정부는 지방교육재정교부금에서 누리과정의 예산을 의무적으로 별도로 편성

---

209) 한국일보. 2016. 2. 25. 한덕동기자(http://www.hankookilbo.com/News/Read/201602251846401423)

210) 한국일보. 2016. 3. 9. 김영현기자(http://www.hankookilbo.com/News/Read/201603091162944923)

211) 한국일보. 2016. 3. 15. 박은성기자(http://www.hankookilbo.com/News/Read/201603152090594414)

212) 경향신문. 2016. 3. 21. 임아영기자 (http://news.khan.co.kr/kh_news/khan_art_view.html?artid=201603211444561&code=940100)

213) 동아일보. 2016. 3. 29. 전정윤기자(http://news.donga.com/3/all/20160328/77256008/1)

214) 한국일보. 2016. 3. 29. 이범구기자.(http://www.hankookilbo.com/News/Read/201603291885673173)

215) 한국일보. 2016. 4. 3. 유명식기자(http://www.hankookilbo.com/News/Read/201604031468701263)

216) 경향신문. 2016. 4. 19. 경태영기자 (http://news.khan.co.kr/kh_news/khan_art_view.html?artid=201604192346005&code=620109)

하도록 하는 '지방교육정책지원특별회계' 제정안의 입법을 강행키로 하여 여전히 지방정부들과 평행선을 그리는 대응을 해 나갔다.[217] 정부는 2016년 7월부터 맞춤형 보육정책을 시행하였고, 이에 따라 전업주부의 경우 어린이집에서 보육서비스를 무상으로 이용할 수 있는 시간이 7시간으로 축소되었다.[218] 그리고 보건복지부는 맞춤형 보육서비스의 일환으로 0-2세 사이의 영아를 대상으로 오전 9시부터 오후 3시까지 운영되는 맞춤반을 신설하며, 어린이집을 오랜 시간 이용해야 할 사유가 생길 것을 대비해 월 15시간의 긴급 보육바우처를 제공하기로 하였다.[219]

2016년 5월에 부총리 겸 교육부 장관은 시 · 도교육감협의회의 회장과 부회장과 만나는 자리에서 유보통합의 틀에서 어린이집과 유치원의 예산이 조기에 편성될 수 있도록 노력해 주기를 당부하며, 교육부는 추가로 국고를 지원할 계획은 없음을 밝혔다.[220] 이에 대해 시 · 도교육감협의회의 회장은 정부가 영유아 자녀를 둔 부모들의 바램에 답해야 할 것이라며 기존의 입장을 고수하여 의견을 전달하였다.[221] 그 직후에 강원도의회 교육위원회는 어린이집을 위한 누리과정의 예산 중 4개월분을 강제로 편성하였다.[222] 제주도교육청은 지방채를 발행하여 어린이집을 위한 누리과정의 9개

217) 경향신문. 2016. 4. 22. 박병률기자
(http://news.khan.co.kr/kh_news/khan_art_view.html?artid=201604222237005&code=910100)

218) 조선일보, 2016. 4. 25, 최은경기자
(http://news.chosun.com/site/data/html_dir/2016/04/25/2016042502437.html)

219) 조선일보. 2016. 4. 26. 최은경기자
(http://news.chosun.com/site/data/html_dir/2016/04/25/2016042502437.html)

220) 경향신문, 2016. 5. 10. 장은교기자
(http://news.khan.co.kr/kh_news/khan_art_view.html?artid=201605102244005&code=940401)

221) 경향신문, 2016. 5. 10. 장은교기자
(http://news.khan.co.kr/kh_news/khan_art_view.html?artid=201605102244005&code=940401)

월 치 예산을 편성하였다.[223] 이처럼 중앙정부의 변함없는 태도로 인해 지방에서는 자체적인 예산 편성을 하는 경향들이 증가될 수 밖에 없었다.

2016년 5월에 감사원은 '누리과정 예산편성 실태 감서결과'를 발표하고, 어린이집을 위한 누리과정 예산을 일부 또는 전부 미편성한 11개의 교육청 교육감에게 예산을 우선 편성할 방안을 마련하도록 통보하였다.[224] 시도교육감협의회는 감사원이 발표한 누리과정 감사결과의 발표내용에 대해 근거 없는 추정치로 예산 편성이 가능하다고 한 것이라고 비판을 하며, 여전히 대척선상에서 갈등구도를 유지하였다.[225]

중앙정부에서는 이와 별도로 2016년 6월에 2017년부터 만0-2세 사이의 영아에 한해 셋째 아이의 가정양육수당을 10만원 올려 지급하는 방안을 추진하고, 양육수당은 자녀를 가정에서 양육하는 부모에게 매달 현금으로 지급한다고 발표하였다.[226] 이에 대해 보육관련 사회단체들은 한국어린이집총연합회를 필두로 하여 이러한 정책은 전업주부들의 가정어린이집의 이용을 제한하게 될 것이고, 이는 '맞춤형 보육'이라는 명칭으로 포장이 되지만 실질적으로 학부모들의 보육욕구를 반영하는 것과는 완전히 배치되기 때문에 시행을 반대한다는 주장을 제기하였다.[227] 이와 더불어 참교육을

222) 경향신문. 2016. 5. 13. 최승현기자 (http://news.khan.co.kr/kh_news/khan_art_view.html?artid=201605131139001&code=940401)

223) 한겨레. 2016. 5. 16. 허호준기자(http://www.hani.co.kr/arti/society/area/744157.html)

224) 경향신문. 2016. 5. 24. 이지선기자 (http://news.khan.co.kr/kh_news/khan_art_view.html?artid=201605241407001&code=910100)

225) 경향신문. 2016. 5. 26. 장은교기자 (http://news.khan.co.kr/kh_news/khan_art_view.html?artid=201605262013001&code=940401)

226) 중앙일보. 2016. 6. 3. 황수연기자(http://news.joins.com/article/20119633)

227) 동아일보. 2016. 6. 14. 신원건기자(http://www.donga.com/news/article/all/20160614/78645160/1)

위한 학부모회 등 시민단체가 연대한 교육재정확대국민운동본부에서도 정부와 국회는 교육청에 떠넘긴 어린이집을 위한 누리과정의 예산을 정부 예비비로 추경하여 편성하고, 보육대란을 막아야 한다고 밝힘으로써 보육정책을 둘러싼 중앙정부와 시민단체 및 사회단체들 간의 갈등도 극화되는 일로로 접어 들었다.[228] 당시에 야당이었던 더불어민주당, 국민의당 그리고 정의당 등 야 3당의 의원들 50명은 맞춤형 보육정책의 시행을 연기할 것을 촉구하는 결의안을 제출하였다[229] 그리고 시설관련 사회단체였던 한국가정어린이집연합회에서도 맞춤형 보육정책의 철회를 강력하게 요구하였다.[230]

그런 가운데 서울시교육청에서는 유치원을 위한 누리과정 예산의 추경 편성안을 시의회에 제출하였다.[231] 이러한 상황은 보육관련 사회단체들과 시민단체들을 강력하게 자극하였다. 한국민간어린이집연합은 중앙정부의 맞춤형 보육의 시행에 반발해 이틀동안 어린이집들을 집단적으로 휴원하기로 결정하며, 반기를 들었다.[232] 그리고 전국 사립유치원들도 교육부에 여러 차례 공립유치원과 사립유치원의 차별에 대해 시정할 것을 요청했으나 이루어 지지 않자 하루동안의 집단 휴원을 예고하였다.[233] 이처럼 중앙정부의 맞춤형 보육정책은 기존의 보육예산 편성의 책임주체를

228) 경향신문. 2016. 6. 16. 배문규기자
(http://news.khan.co.kr/kh_news/khan_art_view.html?artid=201606161734001&code=940100)

229) 경향신문. 2016. 6. 17. 조미덥기자
(http://news.khan.co.kr/kh_news/khan_art_view.html?artid=201606170000015&code=910402)

230) 경향신문. 2016. 6. 17. 김정근기자
(http://news.khan.co.kr/kh_news/khan_art_view.html?artid=201606171549001&code=940100)

231) 경향신문. 2016. 6. 21. 배문규기자
(http://news.khan.co.kr/kh_news/khan_art_view.html?artid=201606211439001&code=940100)

232) 동아일보. 2016. 6. 22. 조건희기자(http://www.donga.com/news/article/all/20160622/78799083/1)

둘러싼 중앙정부와 지방정부들 간의 갈등에 더하여 시민단체들과 사회단체들의 갈등만 부추기는 촉매가 되고, 지방정부들과 시민사회단체들을 주축으로 한 담론의 반대옹호연합의 형성만 공고화하는 계기가 되었다.

한편, 충북지역에서는 2016년 하반기를 위한 보육정책 사업비의 부족분을 추경 예산안에 반영하기로 하여 충북지역에서는 누리과정사업이 정상적으로 운영 될 것으로 예고되었다.[234] 그리고 세종시에서는 같은 해 7월부터 만3-5세 사이 원아의 민간어린이집 차액 보육료를 시에서 50% 정도를 지원하기로 하였다.[235] 또한 경기도에서는 교육협력사업의 예산을 어린이집에서의 누리과정에 사용하기로 하는 등 보육재정 분담문제의 해결책을 찾기 위한 지방정부들의 노력들도 진행되었다.[236] 그러나 다른 한편으로는 전국시도교육감협의회의 경우에는 정부에 대해 추경예산에 어린이집을 위한 누리과정의 예산을 편성하라고 요구하는 작업을 지속적으로 병행하였다.[237]

2016년 8월에 당시 야당이었던 국민의당은 '보편적 아동수당'의 도입 등을 포함한 복지정책들을 검토하고 있다고 밝히면서 노무현 정부 이후 완전히 수면 밑으로 가라앉은 아동수당의 도입이라는 이슈를 다시 수면 위로 끄집어 올렸다.[238] 이때 보건복

233) 한겨레. 2016. 6. 26. 진명선,황보연기자(http://www.hani.co.kr/arti/society/schooling/749700.html)

234) 경향신문. 2016. 6. 28. 이삭기자
(http://news.khan.co.kr/kh_news/khan_art_view.html?artid=201606281440001&code=620111)

235) 경향신문. 2016. 6. 29. 이종섭기자
(http://news.khan.co.kr/kh_news/khan_art_view.html?artid=201606291014001&code=620108)

236) 경향신문. 2016. 7. 4. 경태영기자
(http://news.khan.co.kr/kh_news/khan_art_view.html?artid=201607041634001&code=620109)

237) 경향신문. 2016. 7. 21. 최승현,백승목기자
(http://news.khan.co.kr/kh_news/khan_art_view.html?artid=201607211934001&code=940401)

지부는 2016년 다자녀인 0-2세 사이의 아동을 위한 가정양육수당을 인상하겠다고 했던 사안을 백지화하였고,[239] 서울시교육청은 누리과정을 위한 예산의 부족액을 전액 예산에 편성하기로 하는 등 변화가 일어나고 있었다.[240]

보편적 아동수당의 담론화는 상당히 빠른 속도로 전개되기 시작하였다. 그 배경에는 초저출산문제가 심화되면서 사회 전체에 확산된 인구문제의 위기의식이 도사리고 있었다. 이러한 흐름 속에서 2016년 9월에 여당인 새누리당은 저출산문제를 해결하기 위한 대책으로 '출산2.0 프로젝트'를 추진하였다. 이 대책의 주요내용 중에는 현금성 지원방안의 하나로 '아동수당'의 지급을 검토하기로 한 내용이 포함되어 있었다.[241]

이러한 담론의 주도와 더불어 새누리당에서는 누리과정의 예산을 확보하는 것에 관한 정부의 입장을 질의하였는데, 이에 대해 당시의 국무총리는 누리과정의 예산은 지방교육청의 법적인 의무로 규정되어 있어 법이 바뀌지 않는 이상 중앙정부가 지방교육재정교부금을 통해서 지방에 내려 보내면 지방교육청이 그것을 집행해서 이행하도록 되어 있다고 소극적이고 원론적인 차원에서의 답변을 내놓았다.[242] 이러한 중앙정부의 소극적이고, 물러서지 않는 태도는 오히려 보육예산의 분담구조에 대한 강한 사회적 반감만 강화할 뿐이었다. 그 한 예로 전북지역의 어린이집 교사들은 누리

238) 중앙일보. 2016. 8. 31. 안효성기자(http://news.joins.com/article/20529466)
239) 헤럴드경제, 2016. 9. 4, 배문숙기자 (http://news.heraldcorp.com/view.php?ud=20160904000000
240) 한겨레. 2016. 9. 4. 진명선기자(http://www.hani.co.kr/arti/society/schooling/759783.html)
241) 중앙일보, 2016. 9. 9, 이충형기자 (http://news.joins.com/article/20573530)
242) 제20대국회 제346회 제8차 국회본회의. 2016.09.23

과정의 예산문제를 해결하지 않으면 집단적으로 결근투쟁을 하겠다고 강경하게 선언하였다.[243] 그리고 전북어린이집연합회에서는 보육대란의 문제를 해결하기 위해 전북도교육감과 전북지사 그리고 도의회의 의장이 만나 3차 회담을 가져야 한다고 주장하였다.[244]

아동수당의 아젠다화과정에서는 새누리당에 이어 야당이었던 더불어민주당에서도 12세 이하의 아동에게 매달 최대 30만원의 바우처(voucher)를 지급하는 내용을 담은 아동수당법의 제정안을 발의하였다.[245] 역시 야당이었던 국민의당은 15세 이하 자녀를 둔 가구까지 대상을 넓혀 매달 현금으로 30만원을 지급하는 안을 내놓아 담론의 경쟁을 부추겼다.[246] 여기에 또 다른 야당이었던 바른미래당에서는 육아휴직제도를 확대하고 육아휴직수당을 인상하며, 공공보육시설의 이용아동을 확대 등의 내용을 담은 보육정책의 강화방안을 제시하였다.[247]

이러한 흐름은 보수적인 정당들이 종전에는 선호하지 않았던 보편주의적 복지정책으로 나아가는 방향성들을 내재하고 있었다는 점에서 상당히 커다란 변화라고 할 수 있으며 이념적 지향성을 벗어난 유사한 방향성을 함께 가리키면서 담론전쟁에

243) 한겨레.2016. 9. 27. 박임금기자(http://www.hani.co.kr/arti/society/area/762958.html)

244) 한겨레.2016. 9. 27. 박임금기자(http://www.hani.co.kr/arti/society/area/762958.html)

245) 경향신문. 2017. 4. 28. 김지환기자 (http://news.khan.co.kr/kh_news/khan_art_view.html?artid=201704280600055&code=910110)

246) 경향신문. 2017. 4. 28. 김지환기자 (http://news.khan.co.kr/kh_news/khan_art_view.html?artid=201704280600055&code=910110)

247) 경향신문. 2017. 4. 28. 김지환기자 (http://news.khan.co.kr/kh_news/khan_art_view.html?artid=201704280600055&code=910110)

뛰어 들었다는 점에서 새로운 풍경이었다고 할 수 있다. 이러한 보편주의로의 정책적 강화에 대한 아젠다화과정에는 역시 야당이었던 정의당도 뛰어 들었고, 차기 대통령선거를 앞두고 정의당에서는 보육, 저출산 그리고 양성평등 등과 관련된 공약들을 구체적으로 제시하면서 보편주의적 보육과 관련된 이슈에 대한 담론의 스펙트럼을 넓히는 역할을 하였다.[248)]

지방정부들 가운데에서도 전북도에서는 4월부터 지원이 끊긴 어린이집의 누리과정 운영비를 자체적 예산으로 긴급히 편성하여 집행하기로 하였다.[249)] 광주시에서도 어린이집의 누리과정을 위한 예산을 지원하기로 했다.[250)] 인천시교육청에서는 2017년도 유치원과 어린이집을 위한 누리과정의 예산을 7개월분만 편성하여 예산안을 시의회에 제출하였다.[251)] 그러다가 드디어 2016년 12월에 여야 정당들은 중앙정부의 누리예산 부담금을 8000억 원으로 조정한 최종 합의안을 도출하여 보육분담문제에 대한 해결의 실마리를 발견했였다.[252)] 이런 후속 흐름으로 경기도에서는 도의회 예산결산특별위원회가 도의회와 도교육청 그리고 경기도가 4차 추경예산을 통해 어린이집을 위한 누리예산을 편성하는 것에 합의했다고 밝혔다.[253)] 그리고 충남도교육청에서도 2017년 예산안에 어린이집을 위한 누리과정 예산을 전액 편성하기로 하였

248) 경향신문. 2017. 4. 28. 김지환기자
(http://news.khan.co.kr/kh_news/khan_art_view.html?artid=201704280600055&code=910110)

249) 동아일보. 2016. 10. 12. 김광오기자(http://news.donga.com/3/all/20161011/80743788/1)

250) 한국일보.2016. 10. 16. 안경호기자(http://www.hankookilbo.com/News/Read/201610162047005552)

251) 한겨레. 2016. 11. 8. 김영환기자(http://www.hani.co.kr/arti/society/area/769335.html)

252) 한겨레. 2016. 12. 2. 윤형중기자(http://www.hani.co.kr/arti/politics/assembly/773076.html)

253) 경향신문. 2016. 12. 5. 최인진기자
(http://news.khan.co.kr/kh_news/khan_art_view.html?artid=201612051755001&code=620109)

다.[254)]

몇몇 지방정부들은 자체적으로 보육예산문제를 해결하였으나 나머지 대다수 지방정부들은 아직 해결의 실마리를 찾지 못한 곳들이 많았다. 교육재정 확대를 위한 전북운동본부는 어린이집을 위한 누리과정의 예산에 대한 근본적인 해결대책을 마련할 것을 촉구하였다.[255)] 전북어린이집연합회에서도 궤를 같이하여 전북교육감에게 당해년도와 차년도를 위한 어린이집의 누리과정 예산 전액을 즉각 편성하라고 강하게 요구하였다.[256)]

보육예산을 둘러싼 대란이 지속되는 가운데, 다가오던 대통령선거는 아동돌봄아젠다가 확장되는 데에 강력한 촉매가 되었다. 2017년 2월에 여야 대선주자들은 서로 경쟁하듯이 육아 및 보육관련 정책들을 쏟아내기 시작하였다.[257)] 이런 과정 속에서 보건복지부는 아동수당제의 도입에 대해 긍정적으로 검토하겠다고 발표하였다.[258)] 아동수당이 노무현 대통령 당시부터 정치권 내에서 강력하게 논의되었었지만 담론이 중단된 채 흐름이 끊겨 있다가 다시 '정책의 창문'이 열리게 되는 변화를 맞이하게 된 것이다. 그러나 기획재정부에서는 과거 당시와 다를 바 없이 사업 중복 등의 이유

254) 경향신문. 2016. 12. 7. 권순재기자
(http://news.khan.co.kr/kh_news/khan_art_view.html?artid=201612071654001&code=620112)

255) 경향신문. 2016. 12. 8. 박용근기자
(http://news.khan.co.kr/kh_news/khan_art_view.html?artid=201612081312001&code=940100)

256) 한국일보. 2016. 12. 8. 최수학기자(http://www.hankookilbo.com/News/Read/201612081870924258)

257) 한국일보. 2017. 2. 6. 서상현, 권경성, 전혼잎기자
(http://www.hankookilbo.com/News/Read/201702060495055719)

258) 경향신문. 2017. 2. 17. 박용하기자
(http://biz.khan.co.kr/khan_art_view.html?artid=201702170600005&code=920100)

로 아동수당의 도입에 대해 반대 입장을 고수하였다.[259] 이로 인해 결국 복지정책이 확대되는 과정에서 늘 반복되었던 고질적인 대치구도가 재현되었다. 정책의 실행부서와 재정에 대한 권한을 가진 부서 간의 예견되었던 핑퐁게임이 다시 반복된 것이다. 하지만 이러한 태도는 보편주의적 복지의 확장이라는 대세적 담론 앞에서 뒤집히게 되었다. 그리하여 2017년 3월에 기획재정부는 제3기 중장기전략위원회 2차회의에서 '인구구조 변화에 대한 역량강화'라는 중장기 정책과정 달성을 위한 추진과제로서 아동수당을 도입하는 것을 검토하기로 하였다.[260] 중장기전략위원회는 기존의 예산과 체제에 대한 지원을 통폐합하는 것을 전제로 하고 아동수당의 도입을 검토해야 한다고 약간의 유보적 조건을 제시했지만 이는 상당한 진전이었다고 볼 수 있었다.[261]

이런 상황에서 아동돌봄 전반에 대한 우호적인 정치적, 사회적 분위기는 강화되었다. 지방정부 중 서울시는 가정양육을 돕기 위한 공동육아 공간인 '열린육아방'을 2020년까지 200곳으로 늘리고, 품앗이 공동육아를 지원하기 위해 '공동육아 마을공동체 사업'을 실시하고, 시간제 보육을 지원하기로 하였다.[262]

대통령 선거를 준비하던 후보자들의 아동돌봄정책에 대한 공약들과 정당들의 입장은 아동돌봄담론의 확장을 더욱 부추기는 긍정적인 수단으로 작용하였다. 2017년

259) 경향신문. 2017. 2. 17. 박용하기자
(http://biz.khan.co.kr/khan_art_view.html?artid=201702170600005&code=920100)
260) 기획재정부, 제3기 중장기전략위원회 2차 회의 인구구조 변화에 대응한 중장기 정책과제, 2017.3.31.
261) 경향신문. 2017. 4. 2. 박병률기자
(http://biz.khan.co.kr/khan_art_view.html?artid=201704021839001&code=920100)
262) 동아신문, 2017. 04. 14, (http://news.donga.com/3/all/20170413/83853345/1)

4월에 여당이었던 새누리당에서는 아동수당과 기초연금의 지급대상을 각각 소득 하위 50%과 70%로 규정하는 등 선별적 복지의 경향을 유지하였다. 그러나 아동수당의 도입이라는 진전은 기존 관점의 변화를 드러내는 포인트였다고 할 수 있다.[263] 야당이었던 더불어민주당의 문재인 후보는 0-5세 사이의 아동에게 월 10만원씩의 수당을 지급하겠다는 공약을 내세웠다.[264] 역시 야당이었던 국민의당 안철수 후보는 아동수당을 소득에 따라 선별 지급하는 방식으로 설계한 내용을 발표하였다.[265] 그러나 이들은 아동수당의 도입에는 선별주의와 보편주의라는 이념적 지향성은 다르다 할지라도 찬성의 입장에 있어서는 공통적이었지만 아동수당의 도입을 위한 구체적인 재정대책을 제시하지는 못한 점도 유사한 상황이었다. 그리고 심상정 후보는 보육, 저출산, 노후 빈곤 등과 관련된 공약을 구체적으로 제시했고, 이에 대한 재정적 충당 계획도 체계적으로 제시했다는 점에 있어서는 이들과 분명히 차이가 있었다.[266]

박근혜 정부 집권기에 진행된 아동돌봄담론의 전개과정은 이전보다 훨씬 적극적으로 다원주의적 담론주체들에 의해 다각적으로 진행되었다. 그리고 복지에 대한 정책적 관심이 커지면서 대통령선거를 기점으로 아동돌봄이슈에 대한 사회 전반의 관심과 실제적인 제도의 발전도 상당히 높은 강도로 진행된 시기였다.

263) 경향신문. 2017. 4. 28. 김지환기자
(http://news.khan.co.kr/kh_news/khan_art_view.html?artid=201704280600055&code=910110)

264) 경향신문. 2017. 4. 28. 김지환기자
(http://news.khan.co.kr/kh_news/khan_art_view.html?artid=201704280600055&code=910110)

265) 경향신문. 2017. 4. 28. 김지환기자
(http://news.khan.co.kr/kh_news/khan_art_view.html?artid=201704280600055&code=910110)

266) 경향신문. 2017. 4. 28. 김지환기자
(http://news.khan.co.kr/kh_news/khan_art_view.html?artid=201704280600055&code=910110)

제4절 문재인 정부시대의 아동돌봄 담론

대통령 선거를 계기로 보편주의적 복지이슈들이 봇물 터지듯이 터져 나왔고, 그런 과정에서 보편주의적 무상보육과 아동수당에 대한 논의는 사회적 쟁점으로 부상되었고, 보육아젠다에 대한 대체적 동의 속에 세부적인 제도의 설계에 대한 상반적 의견들을 중심으로 논쟁은 격화되었다. 그런 결과, 아젠다의 정책화과정은 어느 누구의 예측보다도 신속히 진행되었다.

2017년 5월 25일에 중앙정부는 2018년부터 연간 2조원에 이르는 어린이집을 위한 누리과정 예산의 전액을 중앙정부에서 부담하겠다고 발표하였다.[267] 이는 기존의 보육재정의 분담을 둘러싼 중앙정부와 지방정부 그리고 교육청들 간의 반복적인 핑퐁게임을 종식하고 중앙정부 중심으로 보육의 공공성을 확보하기 위한 대책으로 사회의 환영을 받았다.

지방정부들도 보편주의적 무상보육을 확장하기 위한 과정에 정책적 담론의 주체로서 적극적으로 참여하였다. 인천시의 경우에는 소득수준과 관계없이 셋째이상의 영유아를 관내 어린이집에 보낼 때 부모가 부담해야 할 보육료를 매달 지원하기로 하여 실질적으로 무상보육을 시행할 것을 예고하였다.[268] 보건복지부에서는 맞벌이 부모와 홀벌이부모의 선택권을 강화하기 위한 방향으로 '맞춤형 복지'를 대대적으로

267) 한겨레. 2017. 5. 25.박기용, 김미향, 양선아기자 (http://www.hani.co.kr/arti/society/schooling/796322.html)

268) 한국일보. 2017. 7. 17. 송원영기자(https://www.hankookilbo.com/News/Read/201707171589251836)

개편할 것이라 밝혔다.[269] 이는 기존의 맞춤형 복지가 맞벌이와 홑벌이 부모의 보육시설 이용시간을 차등화함으로써 불거진 차별문제들을 전면적으로 개선하겠다는 취지였다.

2017년 8월에 보건복지부는 0-5세 아동에게 월 10만원씩 아동수당을 지급하기 위한 법적근거를 마련하기 위해 아동수당법을 제정하는 것을 추진한다고 밝혔다.[270] 그리고 교육부에서는 2018년의 누리과정 예산을 전액 국고에서 지원하기로 하였다.[271] 보건복지부에서는 2018년의 예산안에 양육수당의 지원단가를 전년도 수준인 월 10만-20만원으로 동결하였다.[272]

2017년 11월에 국민의 당은 보육료의 현실화를 위한 예산을 반영할 것을 요구하였다.[273] 지방정부들 가운데에는 보육 지원을 강화하기 위한 자체적인 행보를 시작한 자치단체들도 나타났는데 부산시의 경우에는 출산율을 높이기 위해 임신부터 출산 그리고 보육까지 상시적인 지원체계를 갖춘 '아이 · 맘 부산'계획을 발표하였다. 또한 둘째부터 초등학교에 입학하는 자녀에게 20만원을 주는 입학축하금을 전국 처음으로 도입하였다.[274]

---

269) 동아신문, 2017. 07. 20, (http://news.donga.com/List/Series_7011/3/7011/20170720/85438908/1)

270) 경향신문, 2017. 08. 16, (http://news.khan.co.kr/kh_news/khan_art_view.html?artid=201708161051001&code=940601)

271) 경향신문. 2017. 8. 29. 남지원기자 (http://news.khan.co.kr/kh_news/khan_art_view.html?artid=201708291059001&code=940401)

272) 한국일보, 2017. 09. 13, (http://www.hankookilbo.com/News/Read/201709130940793779)

273) 제20대국회 제354회 제13차 국회본회의. 2017.11.24

274) 동아일보, 2017. 11. 28, (http://news.donga.com/3/all/20171127/87476976/1)

2017년 12월에 국회에서는 누리과정(만3-5세 무상보육)을 위한 예산이 국회를 통과하였다. 그리고 아동수당은 2018년 9월부터 상위 10% 고소득층의 자녀를 제외한 나머지 모든 가정에 매달 10만원씩 지원하는 것으로 예산이 합의되었다.[275] 정부의 '2018년 경제정책방향'에는 2018년 9월부터 5세 이하 아동에게 월 10만원씩 아동수당이 지급되며, 육아휴직급여의 인상 및 어린이집 확대방안과 공영형 사립유치원의 도입 방안 등이 포함되었다.[276] 이를 통해 아동수당이라는 새로운 사회수당이 도입되었고, 아동돌봄을 위한 시설서비스와 부모의 휴직 등에 대한 지원이 강화되었다. 그리고 여기에서 더 일보진전하여 2018년 1월에 보건복지부 장관은 '아동수당을 0-5세 아동을 가진 모든 가구에게 줄 수 있도록 하겠다'고 밝혔다.[277] 교육부에서는 '국공립유치원 비율의 40% 확대'를 위해 5년 동안 국공립유치원에 2600개 학급을 만들겠다고 밝혔다. 그리고 더불어 국공립유치원의 취원율이 20% 미만인 취약지역의 지원방안도 확대할 방침이라고 발표하였다.[278]

드디어 2018년 2월에 국회 보건복지위원회의 전체회의에서는 아동수당법 개정안이 통과되었다.[279] 이를 통해 아동수당의 대상이 확대되었다. 지방정부 중 부산시에서는 3월부터 민간어린이집과 가정어린이집 등 정부 미지원 어린이집을 이용하는 3-5세 둘째 자녀의 차액보육료를 지원한다고 밝혔다.[280] 중앙정부는 2018년 4월에

275) 경향신문, 2017. 12. 07,
(http://news.khan.co.kr/kh_news/khan_art_view.html?artid=201712060001005&code=910402)
276) 동아일보. 2017. 12. 27. 최혜령기자(http://www.donga.com/news/article/all/20171227/87929659/1)
277) 경향신문, 2018. 01. 11,
(http://news.khan.co.kr/kh_news/khan_art_view.html?artid=201801111037001&code=940601)
278) 한겨레, 2018. 02. 12, (http://www.hani.co.kr/arti/society/schooling/831880.html)
279) 중앙일보, 2018. 02. 22, (https://news.joins.com/article/22389382)

2022년까지 초등학생들의 돌봄 공백을 해소하기 위해 학교가 운영하는 학교돌봄을 담당할 인력을 10만 명, 지방자치단체 등이 운영하는 마을돌봄을 담당할 인력 10만 명을 각각 확대하는 방침을 내놓았다.[281] 또한 보건복지부는 상위 10%에 근접한 고소득 가정의 아동은 매월 아동수당을 5만원만 받게 되는 내용이 포함된 양육아동수당법의 시행규칙 및 아동수당 지급 대상의 선정기준액 등에 관한 고시를 입법 · 행정한다고 밝혔다.[282]

정권의 교체 이후에 보편주의적 복지의 확장이 급속도로 진행되면서 시민단체들과 사회단체들의 담론참여는 전보다 줄어들게 되었는데, 성남시의 경우에는 소득이나 재산과 무관하게 6세 미만 어린이 둔 모든 가구에 월 11만원의 아동수당을 지역화폐로 지급할 계획을 발표하였는데,[283] 아동수당을 지역화폐로 지급하는 것과 관련하여 성남마더센터 추진모임 등이 적극적인 담론주체로 반대활동을 하였다.[284] 성남시에서는 전업주부의 0-2세 자녀도 최대 8시간 비용 부담 없이 어린이집에서 보낼 수 있도록 하기도 하였다.

보건복지부는 박근혜 정부의 맞춤형 보육제도를 폐지하기로 하였다. 새 정부의 개편안에 따르면 보육서비스는 기본보육시간과 추가보육시간으로 나뉘는 것으로 변화

280) 경향신문. 2018. 2. 28. 권기정기자
(http://news.khan.co.kr/kh_news/khan_art_view.html?artid=201802281018011&code=620102)

281) 동아일보. 2018. 4. 5. 우경임, 한상준기자
(http://www.donga.com/news/article/all/20180405/89467011/1)

282) 한국일보. 2018. 04. 17, (http://www.hankookilbo.com/News/Read/201804171213912338)

283) 중앙일보. 2018. 07. 01, (https://news.joins.com/article/22762728)

284) 중앙일보. 2018. 07. 01, (https://news.joins.com/article/22762728)

되었다.[285] 이는 맞벌이 부모와 홑벌이 부모의 이용시간을 차별화함으로써 발생되는 차별문제를 해소하고 서비스시간의 이용을 효율화하기 위한 것이었다.

아동수당의 보편주의적 확대에 대한 이슈는 중앙정부 내에서만 확산된 것이 아니라 지방정부 차원으로도 확장되어 나갔다. 일례로 성남시에서는 6세 미만 아동의 가정에 소득과 무관하게 월 11만원의 아동수당을 체크카드로 지급하기로 하였다.[286]

2018년 9월에 여당인 더불어민주당은 경제적 수준과 상관없이 모든 6세 미만의 아동이 있는 가구에게 아동수당을 지급하는 '아동수당 개정안'을 발의하였다.[287] 그리고 소득상위의 10%를 제외하고 지급하는 아동수당을 법개정을 통해 개선해야 된다고 주장하여 정기국회에서 아동수당법을 개정해야 된다는 의견을 제시하였다.[288] 광명시의 경우에는 아동수당을 100% 지급하는 계획을 수립하고, 이에 대해 보건복지부와 협의를 완료했지만 아동수당에 대한 국회의 상위법 개정을 대비하여 아동수당의 지급은 유보되기도 하였다.[289] 중앙정부보다 지방정부의 보편주의적 아동수당의 실현이 빨라짐에 따른 중앙정부의 지체현상이 나타나게 된 것이다.

이 당시에 새로운 아동돌봄이슈로 떠오른 것은 사립유치원의 재정비리문제였다.

285) 중앙일보. 2018. 8. 8. 이에스더,이승호 기자(https://news.joins.com/article/22867733)

286) 한국일보. 2018. 08. 30, (http://www.hankookilbo.com/News/Read/201808301689787737)

287) 국회뉴스ON, 2018. 09. 14, (http://www.naon.go.kr/content/html/2018/09/06/f9c483de-9994-4f8f-9065-4fdc366de6a8.html)

288) 경향신문. 2018. 09. 17, (http://news.khan.co.kr/kh_news/khan_art_view.html?artid=201809171016001&code=910100)

289) 한국일보. 2018. 09. 14, (http://www.hankookilbo.com/News/Read/201809131763332618)

여당인 더불어민주당은 입법의 미비 때문에 유치원 비리가 처벌되지 않은 것으로 규정하고, 국정감사 이후에 토론회를 개최할 계획을 밝혔다.[290] 그러나 유치원의 비리를 근절하기 위한 정책토론회는 사립유치원장들의 반발로 중단되었다.[291] 2018년 10월에 여당인 더불어민주당은 유치원을 위한 누리과정 예산으로 지원이 되고 있으므로[292] 비리 유치원의 실명 명단을 공개해야 한다고 주장하고,[293] 비리 유치원을 적발한 결과, 95% 이상이 사립유치원이었고, 이들을 대상으로 하는 정기적인 감사가 필요하다고 밝혔다.

전국 1878개 사립 유치원에서 5951건의 비리가 적발되었고,[294] 국민청원 게시판에는 정부의 지원을 금지하고, 어린이집에 대해서도 비리가 있는지 조사를 해야 한다는 등의 청원글이 등장하였다.[295] 이에 대해 한국유치원총연합회에서는 일부 대형유치원의 잘못으로 전체를 매도하는 것이라고 말하며, 회계 시스템의 도입과 간섭에 반대하며, 사립유치원이 국가의 지원은 받아야 하지만 유치원에 대한 통제와 감독을 여전히 원치 않는 이기적 행태를 보였다.[296]

290) 한국일보. 2018. 10. 8. 허정연기자(http://www.hankookilbo.com/News/Read/201810081024046941?did=NA&dtype=&dtypecode=&prnewsid=)
291) 한국일보. 2018. 10. 8. 허정연기자(http://www.hankookilbo.com/News/Read/201810081024046941?did=NA&dtype=&dtypecode=&prnewsid=)
292) 동아일보. 2018. 10. 12. 정봉오기자(http://news.donga.com/3/all/20181012/92375600/2)
293) 한겨레. 2018. 10. 11. 송경화, 김태규기자(http://www.hani.co.kr/arti/politics/assembly/865512.html)
294) 동아일보, 2018.10.12. 김소정 기자(http://news.donga.com/3/all/20181012/92365746/2)
295) 동아일보, 2018.10.12. 김소정 기자(http://news.donga.com/3/all/20181012/92365746/2)
296) 동아일보. 2018. 10. 12. 정봉오기자(http://news.donga.com/3/all/20181012/92375600/2)

여당인 더불어민주당은 사립유치원만 재정관리 프로그램인 에듀파인을 통해 회계를 공개하지 않음을 지적하고, 사립유치원에 지원되는 항복을 지원금이 아니라 보조금으로 고치도록 유아교육법 개정해야 함을 주장하였다.[297] 부총리 겸 교육부 장관은 교육부에 대한 국정감사에서 사립유치원의 회계 공개 시스템을 올해 안에 구축할 것이라고 밝혔다.[298] 아동돌봄 관련 대표적 시민단체의 하나인 '정치하는 엄마들'은 비리가 관행이 된 것에는 사립유치원의 책임과 감사와 처벌을 약하게 한 교육당국의 탓이라고 하였고,[299] 교육부는 학부모들이 요구하는 전체 감사결과에 대한 실명공개는 교육청과 협의해 추진하겠다고 밝혔다.[300] 더불어민주당의 원내대표도 정부와 협의해 유치원 비리의 재발을 방지하기 위한 종합 대책을 내놓겠다고 밝혔다.[301] 이런 과정에서 한국유치원총연합회는 긴급 기자회견을 열어 비리 발생에 대해 깊이 반성하며, 앞으로 대한민국의 유아교육을 한 단계 발전시켜 나가겠다고 약속하였다.[302]

정부는 여당과 함께 사립유치원에 학교회계시스템인 에듀파인을 확대, 적용하는 방안을 적극 검토 중이라고 밝혔다.[303] 동탄유치원의 비상대책위원회에서는 국가회계시스템인 에듀파인을 사림유치원에도 도입할 것과 불편하고 비상식적인 입학설명회와 추첨제 대신에 교육부의 온라인 입학관리시스템인 '처음학교로'를 이용하게 할

297) 한겨레, 2018.10.13. 김태규기자(http://www.hani.co.kr/arti/politics/politics_general/865654.html)
298) 한겨레, 2018.10.13. 김태규기자(http://www.hani.co.kr/arti/politics/politics_general/865654.html)
299) 경향신문, 2018.10.14. 노도현기자
(http://news.khan.co.kr/kh_news/khan_art_view.html?artid=201810140913001&code=940401)
300) 중앙일보, 2018.10.15. 김은빈기자(https://news.joins.com/article/23045147)
301) 중앙일보, 2018.10.16. 한영혜기자(https://news.joins.com/article/23046528)
302) 중앙일보, 2018.10.16. 장은희기자(https://news.joins.com/article/23047172)
303) 한겨레. 2018.10.16. 엄지원, 황춘화기자(http://www.hani.co.kr/arti/politics/assembly/866009.html)

것과 국가가 적극적으로 교육기관의 비상식적인 행태를 감시하고 적발된 유치원을 강력 처벌할 것을 촉구하기도 하였다.[304] 야당인 자유한국당의 비상대책위원장은 정부가 비리유치원에 대해 강력한 처벌을 하고, 이와 함께 회계시스템과 감사 체계를 도입하고, 유치원과 어린이집의 자율정화체계를 강화해야 된다고 말하였다.[305] 여당인 더불어민주당의 원내대표는 정부는 전체 유치원에 대한 전수조사에 착수라고, 중대한 비리를 저지를 유치원과 원장의 실명을 공개해야 한다고 말하였다.[306] 그리고 교육부는 정부지원금을 사적으로 사용한 사립유치원에 대해 횡령죄를 적용하는 방안을 포함한 유치원 종합대책을 내놓을 예정이라고 밝혔다.[307]

지방정부들 중에서는 2018년 10월에 부산시의 경우에 부산지역의 모든 어린이집이 오후 7시 30분까지 의무 운영 하는 등의 공보육 강화 대책이 포함된 전국 지자체 최초의 보육종합대책인 '부산아이 다(多)가치키움' 방안을 발표하였다.[308] 서울시는 다른 한편으로 어린이집을 이용하지 않는 0-5세를 위한 품앗이 공간을 2022년까지 450곳을 설치하고, 2019년부터 국공립어린이집과 민간어린이집에 대해 보육료의 차액을 전액으로 지원하여 실질적인 무상보육을 실행하는 '서울 미래복지 마스터플랜'

304) 경향신문, 2018. 10. 18. 노도현기자(http://news.khan.co.kr/kh_news/khan_art_view.html?artid=201810181013011&code=940401)

305) 경향신문. 2018. 10. 20. 박순봉기자 (http://news.khan.co.kr/kh_news/khan_art_view.html?artid=201810201111001&code=910100)

306) 조선일보 2018. 10. 20. 박원익기자(http://news.chosun.com/site/data/html_dir/2018/10/20/2018102001089.html?utm_source=naver&utm_medium=original&utm_campaign=news)

307) 조선일보 2018. 10. 20. 박원익기자(http://news.chosun.com/site/data/html_dir/2018/10/20/2018102001089.html?utm_source=naver&utm_medium=original&utm_campaign=news)

308) 한국일보, 2018. 10. 23. (http://www.hankookilbo.com/News/Read/201810231429057757?did=NA&dtype=&dtypecode=&prnewsid)

을 발표하였다.[309] 서울시에서는 또한 2019년부터 민간어린이집에 다니는 3-5세 유아의 부모가 내는 차액 보육료를 시와 자치구가 전액을 부담하겠다고 밝혔다.[310] 다른 한편으로 교육부는 유치원의 폐원이나 임시휴업을 하려면 학부모 가운데에서 3분의 2이상의 동의를 받아야 하는 내용이 담긴 '교육과정' 지침을 개정하였다.[311] 이를 통해 보육공공성의 실현을 위한 세부 조치들을 하나 하나 갖추어 갔다.

2018년 11월에 야당인 자유한국당은 국회 기자간담회에서 기존의 소득 상위 10%를 반대하던 입장을 바꾸어 소득과 관계없이 초등학교 6학년 아동까지 아동수당을 지급받을 수 있도록 대상을 확대하고, 지원수준을 해마다 10만원씩 상향 조정하여 2021년에는 월 30만원이 지급되도록 하겠다고 발표하였다.[312] 야당인 자유한국당은 이 밖에도 소득수준과 상관없이 아동수당을 전면 지급하는 방안을 포함한 육아 · 출산 관련 예산을 증액하는 것을 제안하였다.[313] 더불어민주당 · 보건복지부 · 청와대 고위당자청회의에서는 2019년 1월부터 소득 수준에 관계없이 만 6세 미만의 아동이 있는 가정에 아동수당이 지급된다는 아동수당법 개정안을 정기국회에서 통과시키기로 하는 고무적인 결과가 나타났다.[314]

---

309) 중앙일보. 2018. 10. 28, (https://news.joins.com/article/23071747)

310) 조선일보. 2018. 10. 29. 이벌찬,홍준기기자(http://news.chosun.com/site/data/html_dir/2018/10/29/2018102900241.html?utm_source=naver&utm_medium=original&utm_campaign=news)

311) 국민일보 2018. 11. 01. 이재연기자 (http://news.kmib.co.kr/article/view.asp?arcid=0924027832&code=11131300&cp=nv)

312) 한국일보, 2018. 11. 03, (http://www.hankookilbo.com/News/Read/201811021726384628?did=NA&dtype=&dtypecode=&prnewsid)

313) 한겨레. 2018. 11. 4. 이경미,이정애기자(http://www.hani.co.kr/arti/politics/assembly/868789.html)

314) 중앙일보. 2018. 11. 04, (https://news.joins.com/article/23093703)

여당인 더불어민주당은 사립유치원의 공공성을 강화하고 더불어 사유재산의 보호도 모두 고려해야 한다는 취지의 국무총리의 발언을 지적하며, '박용진 3법'의 조속한 국회 통과 의지를 드러내 보였다.[315] 시민단체인 '정치하는 엄마들'은 교육부의 비리 유치원에 대한 비호·방조에 대한 감사청구를 요청하는 기자회견을 열었다. 이를 통해 사립유치원이라 할지라도 공공성의 영역으로 들어올 수 있도록 해야 한다는 의도를 내비쳤다.[316]

야당인 자유한국당은 정기국회를 보이콧하여 '아동수당 개정안'의 상정이 무기한 연기되는 데에 주도적 역할을 하였다.[317] 당시의 문재인 대통령은 반부패정책에 대해 범정부차원대책협의회를 꾸리기로 하며, 정부가 사립유치원의 비리를 척결할 것을 시사하였다.[318] 한편, 충남도에서는 정부에서 지급하는 아동수당과는 별개로 12개월 이하의 영아가 있는 가정에 '충남형 아기수당'으로 매월 10만원을 지급하기로 하였다.[319] 드디어 2018년 11월에 여야는 아동수당의 확대에 모두 찬성하는 입장이며, 예산안이 국회 예산결산위, 본회의를 통과하면 아동수당법을 개정하겠다고 하였다.[320]

315) 한국일보. 2018.11.06. 진달래기자(http://www.hankookilbo.com/News/Read/201811061594060828?did=NA&dtype=&dtypecode=&prnewsid=)

316) 경향신문, 2018.11.06. 김기남기자 (http://news.khan.co.kr/kh_news/khan_art_view.html?artid=201811061255001&code=940401)

317) 중앙일보. 2018. 11. 19, (https://news.joins.com/article/23137472)

318) 한겨레. 2018.11.20. 김보협, 성연철기자(http://www.hani.co.kr/arti/politics/bluehouse/871085.html)

319) 중앙일보, 2018. 11. 20, (https://news.joins.com/article/23138702)

320) 조선일보. 2018. 11. 29. 홍준기기자(http://news.chosun.com/site/data/html_dir/2018/11/29/2018112900250.html?utm_source=naver&utm_medium=original&utm_campaign=news)

시민단체인 '정치하는 엄마들'은 유아교육법의 개정안이 국회를 통과할 것을 촉구하며[321], 한국유치원총연합회 집회는 협박용 퍼포먼스라고 비판했다. 또한, 유치원 3법의 통과에 시간이 오래 걸리면 유아교육법의 개정안 중 24조 2항만이라도 통과시켜야한다고 강조하였다.[322] 한국유치원총연합회는 박용진 3법 반대를 위해 전국의 사립유치원 교육자 및 학부모 대표들이 모여 총궐기대회를 열고 박용진 3법이 통과되면 모든 사립유치원을 폐원하겠다고 경고하였다.[323] 야당인 자유한국당도 사립유치원의 3법(박용진 3법)을 반대하여 교육위원회 법안심사소위원회를 통과하지 못하였다.[324]

한편, 지방정부 중 강원도에서는 2019년 1월 1일 출생아부터 육아기본수당을 지원하기 위해 보건복지부와 협의를 진행할 예정임을 밝혔다.[325] 국회 교육위원회는 법안심사소위원회를 열어 더불어민주당의 당론인 '박용진 3법'과 한국당에서 제시한 자체안을 절충하여 합의안의 도출을 시도하였다.[326] 그러나 야당인 자유한국당이 법안심사소위원회에서 '박용진 3법'을 반대하여 이는 무산되었다.[327]

321) 동아일보. 2018.11.30. 최예나, 이지훈기자(http://news.donga.com/3/all/20181129/93094580/1)

322) 한국일보. 2018.11.30. 허정헌기자(http://www.hankookilbo.com/News/Read/201811301070047654?did=NA&dtype=&dtypecode=&prnewsid=)

323) 동아일보. 2018.11.30. 최예나, 이지훈기자(http://news.donga.com/3/all/20181129/93094580/1)

324) 경향신문. 2018. 12. 03 조형국기자 (http://news.khan.co.kr/kh_news/khan_art_view.html?artid=201812032230005&code=910402)

325) 한겨레. 2018. 12. 4. 박수혁기자(http://www.hani.co.kr/arti/society/area/872999.html)

326) 경향신문. 2018. 12. 7. 정환보,조형국,허남설기자 (http://news.khan.co.kr/kh_news/khan_art_view.html?artid=201812072121005&code=910100)

327) 경향신문. 2018. 12. 7. 정환보,조형국,허남설기자 (http://news.khan.co.kr/kh_news/khan_art_view.html?artid=201812072121005&code=910100)

대통령직속 저출산 · 고령사회위원회는 아동수당의 지급 대상을 6세 미만 아동의 100%로 확대할 방침이 담긴 '제3차 저출산 · 고령사회 정책 수정 로드맵'을 발표하였다.[328] 그리고 2018년 12월에 교육부는 유아교육법 시행령과 시행규칙, 사학기관 재무회계규칙, 교원검정령 등의 시행령 개정안을 입법예고함으로써 사립유치원의 영역에도 관리감독을 할 수 있는 권한을 강화하였다.[329]

경북도에서는 2019년부터 민간어린이집과 가정어린이집의 보육료 전액을 지원하기로 하였다.[330] 이와 관련하여 일부 유치원총연합회 회원들은 유치원의 통학차량을 동원하여 '유치원 3법'이 패스트트랙으로 지정된 것에 반발하는 시위를 벌이는 해프닝도 있었다.[331] 이 밖에도 아동돌봄과 관련하여 중앙정부에서는 육아휴직 급여가 인상되며, 직원의 출산휴가와 육아휴직 때 대체인력을 고용한 중소영세기업에게 지원금이 인상되고, 두 번째 휴직자에 대한 특례 적용하여 '아빠육아휴직 보너스제도'의 상한액을 향상하기로 하는 등을 결정하여 발표하였다.[332]

2019년 1월에 보건복지부에서는 가정양육수당의 지원기간을 초등학교의 취학 전년도의 12월까지에서 취학연도의 2월까지로 연장하였다.[333] 중앙정부에서는 아동수

328) 한국일보. 2018. 12. 7. 김지현기자(https://www.hankookilbo.com/News/Read/201812071058714155?did=NA&dtype=&dtypecode=&prnewsid=)

329) 한국일보. 2018. 12. 18. 허정헌기자 (http://www.hankookilbo.com/News/Read/201812181062715052?did=NA&dtype=&dtypecode=&prnewsid=)

330) 경향신문. 2018. 12. 20. 백경열기자(http://news.khan.co.kr/kh_news/khan_art_view.html?artid=201812202022001&code=620115)

331) 중앙일보. 2018.12.31. 전민희기자 (https://news.joins.com/article/23251180)

332) 한겨레. 2018. 12. 31. 박기용기자(http://www.hani.co.kr/arti/society/labor/876405.html)

333) 중앙일보, 2019. 01. 13, (https://news.joins.com/article/23285160)

당법의 개정으로 소득과 재산 수준과 상관없이 만 6세 미만 아동이 있는 모든 가정에게 월 10만원의 아동수당이 지급되고, 9월부터 만 7세 미만으로 확대할 예정임을 밝혔다.[334] 그러나 한국유치원총연합회에서는 교육부에게 에듀파인은 사립유치원 실정과 맞지 않는다며 유치원을 지속적으로 운영할 수 있는 방안을 마련해 줄 것을 요청하였다.[335]

지방정부 중 강원도에서는 2019년부터 강원도에서 태어나는 아동은 월 30만원씩 4년간 '육아기본수당'을 받게 된다고 밝히면서 중앙정부의 아동수당보다 훨씬 강화된 제도를 제시하였다.[336] 한편 중앙정부에서는 2019년부터 어린이집이나 유치원에 가지 않는 아동이 초등학교에 입학하는 해에 1-2개월치 가정양육수당을 받을 수 있도록 하겠다고 발표하고,[337] 소득 상위 10%의 가정도 2019년부터 아동수당을 신청할 수 있게 하며, 9월부터는 아동수당 대상이 만 7세 미만까지 확대되도록 개선하였다.[338]

그런 한편, 한국유치원총연합회에서는 교육부를 찾아 정부의 유치원 공공성 강화 방안에 대해 지속적으로 유치원을 운영할 수 있는 방안을 마련해달라고 요청하였다.[339] 한국유치원총연합회는 교육부를 방문해 '유치원 3법'에 대한 반대의 입장문을

334) 경향신문, 2019. 01. 14, (http://news.khan.co.kr/kh_news/khan_art_view.html?artid=201901141405001&code=940100)

335) 한국일보. 2019.01.23. 송옥진기자(http://www.hankookilbo.com/News/Read/201901231410011165?did=NA&dtype=&dtypecode=&prnewsid=)

336) 한겨레. 2019. 1. 11. 황예랑기자(http://www.hani.co.kr/arti/society/society_general/878028.html)

337) 중앙일보. 2019. 1. 13. 이승호기자(https://news.joins.com/article/23285160)

338) 중앙일보. 2019. 1. 14. 이승호기자(https://news.joins.com/article/23287645)

전달하며, 국가가 공적 사용료를 사립유치원에 지급해야 함을 주장하였다.[340] 이로 인해 유치원 재정의 관리감독에 대한 중앙정부와 사립유치원들 간의 갈등은 지속되고 있었다.

초저출산의 심화속에서 지방정부들은 대체로 재정상황들이 열악했음에도 불구하고 낮은 수준의 아동수당을 보완하기 위한 현금성 제도를 도입하는 것에 적극적이었다. 한 사례로 성남시는 아동수당의 인센티브 금액을 월1만원에서 2만원으로 인상하여 월 12만원의 아동수당을 지급하기로 하였다.[341] 이러한 경향을 통해 발견된 아동수당의 미비함을 직면하고 대통령직속저출산 · 고령사회위원회는 아동수당의 확대방향을 논의할 예정이고, 아동수당을 향후 18세 미만까지 확대하고 금액도 2배가량 늘리는 방향도 논의될 예정이라고 발표하였다.[342]

여전히 한국유치원총연합회는 서울시교육청의 관리감독 강화방침에 즉각적으로 반발하였고,[343] 서울시교육청은 처음학교로와 에듀파인에 참여를 거부하거나 유치원비의 인상률을 준수하지 않은 유치원에 대해서는 재정적 지원을 중단하겠다는 내용이 담긴 공문을 각 유치원으로 발송하였다.[344]

339) 한국일보. 2019. 01. 23. 송옥진기자 (http://www.hankookilbo.com/News/Read/201901231410011165?did=NA&dtype=&dtypecode=&prnewsid=)

340) 동아일보. 2019.01.24. 조유라기자(http://news.donga.com/3/all/20190124/93835828/1)

341) 경향신문, 2019. 01. 24, (http://news.khan.co.kr/kh_news/khan_art_view.html?artid=201901241238001&code=940100)

342) 경향신문. 2019. 1. 30. 박용하기자 (http://news.khan.co.kr/kh_news/khan_art_view.html?artid=201901301301001&code=940100)

343) 중앙일보. 2019.02.13. 전민희기자 (https://news.joins.com/article/23366454)

344) 중앙일보. 2019.02.13. 전민희기자 (https://news.joins.com/article/23366454)

2019년 2월에 보건복지부는 국공립어린이집의 신설 및 직장어린이집의 의무 설치 기준이 대폭 강화된 '3차 중장기 보육 기본계획(2018-2022)의 2년차 시행계획을 심의 · 의결하였다.[345] 그리고 서울시에서는 초등학생을 위한 방과후 및 휴일 돌봄서비스를 확대하며, 집으로 찾아가 돌봐주는 '아이돌보미'사업과 공동육아 품앗이 공간인 '열린육아방'도 확대하기로 하였다.[346] 이를 통해 서울시는 무상보육의 트라이앵글이라고 할 수 있는 시설보육과 가정보육 그리고 현금 지원을 모두 강화하는 구조를 갖추었다. 대전시에서는 0세 전용 어린이집을 지정해 운영하고 국공립어린이집을 확충하기로 하였다.[347]

교육부는 전국시도교육감협의회와 '제4차 교육자치정책협의회'를 열고 어린이집을 위한 누리과정 예산의 운영방안 등을 논의했지만 결론을 내리지 못하였다.[348] 그리고 2019년 9월에 보건복지부는 영유아보육법의 시행규칙 개정안을 10월 말까지 입법예고함을 밝히며, 이를 통해 박근혜 정부 때 도입된 맞춤형 보육이 폐지되고 '기본연장' 보육 시스템이 새로 시행될 수 있는 근거를 갖추었다.[349] 국정에 관한 교섭단체 대표연설에서 더불어민주당은 보육 기반의 강화를 위해 그해 말에 일몰 예정이었던 유아교육지원특별회계의 연장도 여야가 함께 추진할 수 있어야 하며, 유치원 3법을 마무리하는 것도 당연한 과제라고 주장하면서 무상보육과 보육공공성의 확장에 대한

---

345) 중앙일보. 2019. 2. 28. 이에스더기자(https://news.joins.com/article/23398641)

346) 경향신문. 2019. 3. 6. 이명희기자
(http://news.khan.co.kr/kh_news/khan_art_view.html?artid=201903062144015&code=620101)

347) 경향신문. 2019. 3. 11. 이종섭기자
(http://news.khan.co.kr/kh_news/khan_art_view.html?artid=201903111717001&code=620106)

348) 중앙일보. 2019. 4. 16. 전민희기자(https://news.joins.com/article/23442338)

349) 중앙일보. 2019. 9. 19. 정종훈기자(https://news.joins.com/article/23580693)

의지를 다시 한번 강조하였다.[350]

이 밖에 고용노동부에서는 2020년 2월부터 부모가 동시적으로 육아휴직을 하는 것을 허용하며, 한부모 노동자에 대한 육아휴직 지원금도 차년도 상반기를 목표로 인상할 계획임을 밝힘으로써 부모의 직접 돌봄을 지원하는 정책을 강화하였다.[351]

이상의 문재인 대통령 집권기의 아동돌봄담론에 대한 변화양상을 보면 종전에 비해 아동수당을 새로 도입하고, 시설보육이나 부모의 직접 돌봄에 대한 지원을 강화하며, 보육의 공공성을 강화하기 위한 시도를 많이 한 특징이 나타난다. 무상보육이라는 정책의 패러다임과 프레임 안에서 시설인프라 확충, 현금 지원 그리고 부모의 직접 돌봄을 위한 시간 지원 등 아동돌봄에 필요한 정책영역들을 대체로 확장시킨 노력들이 가시적으로도 드러난 시기라고 할 수 있다.

이러한 긍정성에도 불구하고 기존의 제도들 특히 가정양육수당과 아동수당의 구조를 개선하기 위한 노력은 시도조차 하지 않았다는 점은 표심을 의식한 정치적 결정이었다는 한계를 고스란히 드러낸 결과라고 할 수 있다.

350) 제20대국회 제371회 제7차 국회본회의. 2019.10.28

351) 중앙일보. 2019. 11. 21. 한영혜기자(https://news.joins.com/article/23638821)

〈표 9〉 정책옹호연합별 담론의 주요 흐름

구분	정당(찬)	정당(반)	보육시설관계자 및 시민단체(찬)	보육시설관계자 및 시민단체(반)	중앙정부	지방정부
2009. 02.25		국회 보건복지 상임위원회 본회의에서 야당이었던 민주통합당 - 양육수당을 만5세까지 확대하는 방안 제시[352]			보건복지부 장관- 재정적 한계를 이유로 양육수당의 확대를 반대[353]	
2009. 12.08		국회 보건복지 상임위원회 본회의에서 야당이었던 민주통합당 - 보편적 양육수당의 도입에 대하여 주장[354]				
2010. 02.02	국정에 관한 교섭단체대표연설에서 한나라당 - 보육료 지원 대상을 모든 중산층까지 넓히며, 민간보육시설의 시설과 서비스를 국공립 수준으로 높이고 보육교사들의 처우를 개선하도록 지원하겠다고 밝힘[355]					

2010. 05.14			전국지역아동센터협의회 위원장- '보편적 복지국가를향한 첫 번째 과제-아동수당 도입을 위한 토론'에서 아동수당이 필요함을 주장함[356]			
2010. 07.23					보건복지부-2011년부터 보육료 지원 대상을 중간층까지 확대하기 위해 보육 및 저출산 예산을 2조 4404억원 편성[357]	
2010. 08.27						제주도- 영유아 무상보육을 2011년부터 연차적으로 실시해 2014년 전면 시행한다는 내용이 담긴 '제2기 지역사회복지계획'을 발표함[358]
2010. 9.16					정부- 영유아 무상보육 지원 기준을 대폭 향상하여 지원 대상을 확대하고 보육시설 미이	

					용 아동에게 지급하는 양육수당의 경우 만 1세 이하에게 만 2세 이하로 확대 및 지원액 인상하기로 함 [359]	
2010.09.27	여당이었던 한나라당- 전체 가구 70%에 해당하는 중산층에게 양육수당을 지급하는 방안을 추진하기로 함[360]				기획재정부-추가 재정 소요를 들어 한나라당의 전체 가구 70%의 중산층에 양육수당을 지급하는 안에 대해 난색 표함[361]	
2010.12.06						충남도- 소득수준과 관계없이 2011년부터 만 5세아에 대한 보육료 전액을 지원하기로 함[362]
2010.12.12		국회 본회의 한나라당이 앞장섰지만 양육수당 지원 확대 예산안이 통과하지 못함[363]				
2010.12.13				한국유치원총연합회충남지화 충남도가 도내 만5세 어린이 가운데 보		

				육시설에 다니는 어린이에 대해서만 교육지원 예산을 편성하는 것은 반쪽짜리 정책이라며 반발364)		
2010. 12.30					보건복지부-2011년부터 양육수당 24개월에서 36개월미만으로 확대지급 할 예정 발표365)	
2011. 01.10						경북도- 보육료 전액지원 대상을 소득하위 50%에서 70%로 확대 및 셋째 이상의 자녀에 대해 소득 상위 30% 가구에 대해서도 보육료 지원 및 양육수당 지원액 확대하기로 함366)
2011. 01.11					정부- 영유아보육법 시행령 개정안을 의결367)	
2011. 01.13	민주당- 당론으로 무상복지 정책을 잇달아 내놓는 가운데 무상보육 또한 당론으로 채택368)					

2011. 01.14					대통령- 민주당의 '무상복지' 정책을 포퓰리즘으로 규정하며 반대.[369]	
2011. 05.02	야당이었던 민주당- 정부가 내년부터 만5세 어린이에 대해 사실상 무상교육을 시행하기로 한 것에 대해 환영 한다고 하였음[370]				정부- 2012년부터 만 5세 자녀를 유치원과 어린이집에 보내는 가정은 소득 수준에 관계없이 모두 보육·교육비 지원을 받게 되며, '만 5세 공통과정'이 도입됨[371]	
2011. 08.24	야당이던 민주당은 '보편적 복지 3+1' 정책의 구체적 재원 조달 방안을 29일 발표하기로 함[372]	여당이었던 한나라당은 '무분별한 복지 포퓰리즘을 배격하겠다'며 민주당의 '3+1'정책에 반대함[373]				
2011. 10.13						인천시- 전국 처음으로 모든 영유아(0-5세)를 대상으로 단계적으로 2016년까지 전면 무상교육을 실시하기로 함[374]
2011. 11.14	여당이었던 한나라당은 만0-2세 아동 가정				교육과학기술부- 기획재정부, 행정안전부,	

	에 지원되는 보육료와 양육수당을 2014년까지 소득과 관계없이 모든 가정으로 확대하기로 하며, 2012년 만0세 아동의 무상보육부터 실행할 것이라고 함[375]				보건복지부 등 관계 부처와 협의해 내년 3월까지 만4세, 3세까지 적용되는 공통과정을 마련하고 지원 확대방안을 마련할 방침이라고 밝힘[376]	
2011.12.28						서울시- 2012년 3월부터 만 5세 아동에 대한 무상보육이 실시됨. 유치원이나 어린이집을 다닐 경우 소득 수준에 관계없이 매달 20만원을 지원하기로 함[377]
2012.01.15					보건복지부-2013년부터 만 0-2세 영유아를 집에서 키우는 가정도 소득수준에 관계없이 양육수당을 받을 수 있도록 하는 방안을 추진 중이라고 발표[378]	

2012. 1.18					정부- 3월부터 유치원과 어린이집을 다니는 만5세 아동에게 소득수준과 관계없이 매월 20만원을 지원하는 '누리과정'을 시행함(2013년에는 누리과정을만 3~4세까지 확대하고 양육수당도 소득하위 70%로 확장하기로 함)[379]	
2012. 01.26						성남시- 국가 시책에 따랄 2012년 3월부터 소득수준과 관계없이 만 0-2세아에게 매달 평균 34만 7000원, 만 5세아에게 매달 20만원의 보육료를 지원하기로 함[380]
2010. 02.10	한나라당 - 보육시설 총량이 부족하지 않음에도 부모들이 부족하다고 느낌을 지적, 부모들이 체감할 수 있는 보육시설 확충이 필요함을 주장.[381]					

2012.03.29						전국 16개 시·도지사- 0-2세, 5세 영유아 무상보육에 대해 전액 국비사업으로 전환할 것을 촉구하며 공동성명서를 발표함[382]
2012.04.16					보건복지부- 0-2세 영아를 집에서 키우는 가정에 지급하는 양육수당을 2013년에는 전계층으로 지급대상 확대 및 지원액 향상하는 방안을 검토중이라고 함[383]	
2012.07.04					정부- 2013년부터 3-4세 아동 전계층 무상보육을 실시하고 양육수당의 지급범위를 소득하위 15%에서 70%까지 확대하기로 함[384]	
2012.07.05	여당이었던 새누리당은 0-2세 영유아 전면 무상보육이					

	지자체의 예산 고갈로 중단 위기에 놓인 것과 관련해 지방채 발행이나 예비비 투입 등을 통해 해결할 것을 정부와 추진하기로 함[385]					
2012. 07.17	국정에 관한 교섭단체대표연설에서 민주통합당 박지원 의원- 0-2세 무상보육에 대한 재정 대책을 긴급히 마련하고 지방재정의 근본적 대책 마련을 요구함[386]					
2012. 07.19				참여연대, 한국여성단체연합회- 국공립 어린이집의 대폭 확충없는 양육수당을 반대한다고 하였음[387]		
2012. 07.24						경기중부권행정협의회- 경기 일부지자체가 모여 중앙정부의 영유아 보육예산 재원 대책이 마련되지 않

						을 경우 2013년도 보육예산 편성을 거부하겠다는 공동선언문을 발표함[388]
2012. 09.14					정부- 지자체의 보육료 부족분을 대폭 지원해주고 주택 취득세 감면에 따른 지방재정 손실액을 전액 보전해주는 방안으로 시도지사협의회와 합의함[389]	
2012. 09.24					정부- 0-2세 영유아 무상보육 정책을 6개월 만에 사실상 폐기하기로 함[390]	
2012. 12.06						서울시 외의 지자체 - 2013년 3-5세 누리과정 확대로 인한 예상 증가에 정부의 지원을 요구하며, 새해 교육예산을 아예 삭감하거나 의결을 보류, 예산의 일부만 편성함[391]

2012.12.31	여 · 야 2013년 만 0~5세 전면 무상보육 예산을 확정함[392]					
2013.01.21					정부 - 0-5세 아동을 둔 가구에게 소득과 상관없이 보육료와 양육수당을 지급하기로 함[393]	
2013.06.10					보건복지부 · 고용노동부 - '직장 어린이집 활성화 방안'을 마련했으며, 직장 어린이집 설치 의무 기업이 어린이집을 따로 두지 않고 보육수당으로 대체하는 것을 금지함[394]	
2013.06.12	민주당 - 보육대란을 막을 대안을 질문함. 이에 국무총리는 정부가 부담할 부분에 대한 예산이 편성되어 있으며, 영유아 보육은 중앙과 지방의 공동책임으로 지자체도 추가편성을					

	통해서 부족예산을 확보해야 될 책무가 있다고 답변[395]					
2013. 07.29						서울시- 무상보육 예산 고갈 위기에 놓인 서울시가 10~11월 양육수당 지급을 중단하는 방안을 검토함[396]
2013. 09.13			공동육아와 공동교육 등 시민단체- 무상보육 중단위기를 초래한 정치권을 비판하며 보육비 국비 지원 확대를 뼈대로 한 영유아보육법 개정안 통과를 촉구함[397]			
2013. 11.14				참여연대- 2014년 보건복지부 예산 분석보고서에서 보육예산은 가정 내에서의 여성의 돌봄을 강요하는 예산 편성기조를 가지고 있다고 비판함[398]		

2014. 02.04	국정에 관한 교섭단체대표연설에서 새누리당 - 자녀를 믿고 맡길 수 있도록 보육시설의 질을 높이는 것이 시급하며, 국공립 유치원, 어리이집과 사립 유치원, 민간 어린이집을 비롯한 각종 유아교육, 영유아보육시설 간의 줄이는 것과 교사 교육 내용의 지원을 받을 수 있도록 유보 통합을 조속히 매듭지어야 함을 말함399)				정부- 육아휴직 대신 단축근무를 선택할 때 지급하는 단축급여가 통상임금의 40%에서 60%로 확대되며 기존 1년에서 2년으로 확대된 내용이 담긴 '일하는 여성의 생애 주기별 경력유지 지원방안' 확정함 400)	
2014. 02.05	국정에 관란 교섭단체대표연설에서 민주당 - 생애주기별 맞춤형 복지공약들이 제대로 지켜지지 않음을 지적하며, 교육에 대한 정책 지원을 강화하겠다고 밝힘401)					

2014. 10.07						전국 시도 · 교육감- 2015년 누리과정 예산에 어린이집 보육료를 편성하지 않겠다고 밝힘[402]
2014. 10.24					교육부 장관- 어린이집 보육비의 국고지원을 요구하는 시 · 도교육감들에게 무상급식 예산을 대폭 축소해 누리과정 예산으로 돌려 집행해달라는 뜻을 전함[403]	
2014. 11.06						경기도 교육감 - 은 내년도 재정계획을 발표하면서 누리과정 예산 가운데 일부를 편성하지 않겠다고 밝힘[404]
2014. 11.09						대전시 교육청 - 2015년 누리과정 예산 가운데 절반만 편성하여 시의회에 제출할 계획이라고 밝힘[405]
2014. 11.11			강원시민사회단체연대회의, 참보육을 위한			

			부모연대, 강원 여성연대 등 17개 단체- '보육 재정 정상화'를 촉구하는 기자회견을 가짐[406]			
2014. 11.12		야당이었던 새정치민주연합- 누리과정 예산 편성으로 촉발된 중앙정부와 지방정부 간 복지비 부담 주체 논쟁과 관련해 기본권적인 복지비용은 중앙정부가 지원토록 하는 개정안을 발의[407]				
2014. 11.25	여야당- 무상복지 논란을 촉발시킨 누리과정 예산을 지방재정교부금과 지방채로 충당하는 우회지원 방법을 합의함[408]					
2015. 01.23				한국여성단체연합회 성명서 - 가정양육수당 확대는 여성의 경제활동 참여 증대 정책과 배치되는 것이라 고주장함[409]		

2015.02.26	새누리당 - 아동학대나 보육교사 자질 개선, 처우개선, 보육료 인상 등에 대한 재원 마련을 부총리에게 물음. 이에 부총리 겸 기획재정부 장관은 근본적인 대책에 대해 합의가 이루어지면 정부로서 예비비를 지원하는 등 조치를 통해 지원할 생각이 있으며 보육실태조사를 실시하며, 종합적인 맞춤형 보육지원체제 개편안을 마련하도록 하겠다고 밝힘[410]					
2015.04.08	국정에 관한 교섭단체대표연설에서 새누리당 - 복지지출 중에서 보육 분야는 현실적 어려움이 크며, 정부도 앞으로 보육예산과 보육정책을 어떻게 할 것인지 현실					

	성 있는 방안을 제시해주기를 바란다고 밝힘[411]					
2015. 04.27						강원, 전북도교육청- 어린이집에 주는 누리과정 예산 지원을 중단.[412]
2015. 04.28			강원도 어린이집 연합회- 강원도교육청 앞에서 누리과정 예산 편성을 촉구하는 집회를 열음[413]			
2015. 08.05						성남시- 민간·가정 어린이집에 3-5세 아이를 보내는 부모도 국·공립어린이집과 마찬가지로 무상 보육을 받을 수 있게 됨[414]
2015. 09.08					정부- 2016년도 예산안에서 누리과정 예산을 시·도교육청 의무지출경비로 지정하는 지방교육재정교부금법 시행령 개정을 10월에 추진할 예정이라고 밝힘[415]	

2015. 09.14					정부- 0~2세 영아에 대한 가정양육수당을 현행보다 10~20만원 인상하는 방안을 추진함[416]	
2015. 10.26			한국어린이집총연합회- 정부와 교육청에 3-5세 누리과정 보육예산 편성 및 안정화할 것을 요구함[417]			
2015. 11.13					국회 보건복지위원회- 정부가 2015년보다 10~20만원 올리겠다고 약속한 2016년 가정양육수당이 동결되었음[418]	
2015. 11.14						대구, 경북, 울산을 제외한 14개 시·도 교육청- 누리과정 예산을 편성하지 않음[419]
2015. 11.17						서울시 등 14개 지자체- 정부와 시도교육청을 대신하여 만3-5세 누리과정 예산을 편성함[420]

						시 · 도교육감 5명은 국회의장을 만나 심각한 위기에 직면한 지방교육재정 문제 해결을 위해 국회가 노력해줄 것을 요청함[421]
2015. 12.03						전국시도교육감협의회- 여야가 국회에서 누리과정 예산을 편성하지 않고 학교시설 환경개선 사업비 등으로 우회지원하기로 한 것을 수용할 수 없다고 보도자료를 냄[422]
2015. 12.06						대전시의회 교육위원회, 강원도교육청, 충북도의회 교육위원회 등- 누리과정 예산을 삭감함[423]
2015. 12.23						서울시의회- 서울지역 유치원 누리과정 예산 전액 삭감한 예산안을 본회의에서 통과시킴[424]

2015. 12.24					정부- 누리과정 예산 편성하지 않으면 시·도 의회에 예산 재심의 요구, 받아들이지 않을 시, 대법원에 교육청을 제소하고 이미 예정된 교부금도 차감할 것[425]	시·도교육청- 누리과정 예산 문제를 교육청 책임이라 떠넘기는 것, 정부가 대법원에 제소하면 법률에 따라 대응할 것이라 밝힘.[426]
2015. 12.29				참여연대·한국여성단체연합·참부모를위한부모연대 등 시민단체- 중앙정부가 책임져야 할 보육예산을 지방자치단체 및 지방 교육청에 떠넘겨 보육대란 초래했다고 비판함[427]		
2015. 12.30						인천시교육청- 교육감 동의 없이 의결된 2016년 인천교육청 예산에 대해 인천시의회에 재의를 요구함[428]
2016. 01.03	경기도지사·새누리당- 도교육청 예산으로	경기도의회의 다수당인 더불어민주당- 정부			교육부- 보도자료를 통해 누리과정 예산 편	

	어린이집, 유치원 누리과정 예산 6개월분 우선 배정하자는 입장[429]	가 어린이집분 전액 지원해야 누리 과정 예산 세울 수 있다는 입장[430]			성하지 않은 시·도교육청에게 법적·행정적·재정적 조처를 할 것이라고 밝힘[431]	
2016. 01.05		경기도의회의 다수당인 더불어민주당- 정부가 19일까지 재원대책을 마련하지 않으면 누리과정 예산 전액 삭감한 상태로 예산안 처리하겠다고 밝힘[432]			경제부총리 겸 기획재정부 장관- 예산 편성하지 않은 교육청에 대해 감사 청구, 검찰 고발 등을 검토하겠다고 함[433]	전국시·도교육감협의회장- 정부가 교육청에 책임을 떠넘기는 것이며, 정부가 법적 조처를 취하면 교육청 역시 법적으로 대응하겠다고 밝힘[434]
2016. 01.08	더불어 민주당 - 보육대란이 눈앞에 왔으며, 누리과정과 관련되어 일방적으로 시·도교육청에 예산 부담을 떠넘김을 지적하며, 국가가 지방자치단체에 넘길때는 첫째로 법률로 근거를 갖추고 둘째로 반드시 예산을 함께 배정해 주어야 함을 말함[435]					

2016. 01.06			한국어린이집총연합회- 어린이집 예산 편성하지 않은 서울시교육감과 충북교육감을 직무유기로 검찰에 고발.[436] 전국교직원노동조합 경기지부- 보육대란의 근본적 해결책은 내국세의 지방 교육재정교부금 비율을 상향 조정하는 것 -20%에서 25%로 상향 조정할 것을 해결책으로 제시.[437] 참사랑보육학부모회 등교육관련 시민단체 - 보육대란 논란 매듭짓고 대책 마련 호소하며, 사회적 협의기구 구성, 정부의 누리예산 확보, 추경 예산 편성을 위한 누리과정 예산 정상화 등을 대안으로 제시.[438] 교육재정확대			전국시・도교육감협의회- 국회와 정부에 누리과정(만3-5세) 예산 편성을 위한 여야, 정부, 교육감 등이 참여하는 긴급회의를 제안하며, 정부의 법정대응시 맞대응할 것임을 밝힘[440]

			국민운동본부- 한국민간어린이집연합회 등, 보육대란을 해결하기 위한 사회적 협의기구 구성에 정부와 여당은 조속히 동참을 결정할 것 요구하며, 보육대란를 피하기 위해 여야가 우회 지원금 3000억 원을 집행할 것을 대안으로 제시.[439]			
2016. 01.07			전북운동본부- 정부에게 보육대란을 해결하기 위한 사회적 협의기구 구성 요구함[441]			
2016. 01.08					교육부- 전국 시·도교육청에 누리과정 추경예산 편성계획을 제출하라고 공문을 보내며, 누리과정 예산을 편성하지 않은 교육청에 대해서는 2017년도 교부금을 줄이겠다고 압박함[442]	

2016. 01.11		더불어민주당- 누리과정 예산 편성 문제와 관련해 당내에 '누리과정대책특별위원회' 구성하기로 결정함[443]				
2016. 01.13						경기도- 어린이집 누리예산 2개월분을 담은 수정 예산안을 도의회에 제출함. 수원, 평택, 강원 영월, 강릉 등 기초지방자치단체들도 자체 예산으로 누리과정 예산 지원하겠다는 뜻을 밝힘[444]
2016. 01.15	경기도의회 여야 대표가 준예산 사태와 보육 대란 해결을 위한 협상 재개하기로 함[445]					세종, 울산, 대구, 경북, 대전, 충남교육청 - 어린이집 누리과정 일부 또는 전액 편성을 거부했던 교육청들이 예산 편성을 하겠다며 예산계획을 교육부에 제출함[446]

2016. 01.18					사회부총리 겸 교육부장관- 교육감들과의 간담회에서 누리과정에 대한 전국 시도교육감들의 합리적 방안제시를 기대한고 말함[447]	교육감- 어린이집 누리과정 예산 편성은 법적으로 교육감 책임이 아니며 국고 지원이 필요하다고 말함[448]
2016. 01.19						경기도지사에 의해 보육대란을 막기 위해 준예산에 어린이집 누리과정 예산을 추가로 편성해 집행하기로 했지만 경기도 교육청과 의회는 이를 비판.[449]
2016. 01.20		경기도의회 더불어민주당이 경기도지사의 누리과정 준예산 집행 방안에 대해 법적 대응 검토 중이라고 밝힘[450]				경기도 교육감 - 교육청이 부담해야 하는 유치원 예산을 어린이집과 6개월씩 나눠 쓰는 대신 나머지 6개월 치를 정부가 부담하는 방안을 대통령이 약속하라고 요구함[451]

2016. 01.21	야당이었던 더불어민주당-여야, 정부, 시도 교육감이 참여하는 간급 협의 제안[452]	여당이었던 새누리당- 더불어민주당의 긴급 협의 제안에 반대함[453]			사회부총리겸 교육부장관-시·도교육감과의 누리과정 대란의 해결책을 찾기위한 만남의 자리에서 누리과정은 교육청 책임이라는 정부 원칙을 거듭 강조함[454]	
2016. 01.22	야당이었던 더불어민주당 - 누리과정에 대해 책임지지 않는 정부를 비판하며 누리과정에 대한 정부의 책임을 촉구함[455]	여당이었던 새누리당 사무총장- 보육대란 우려와 관련하여 일부 교육감과 지방의회 의원들에 대해 정치놀음만 일삼는다고 비판함[456]				광주시의회-보육대란이 시작된 가운데, 전액 삭감했던 유치원 누리과정 지원비 일부를 교육청이 다시 추경예산으로 편성하라고 요구함[457]
2016. 01.24						서울시교육청-누리과정 예산 미편성 사태로 위기에 몰린 시내 사립유치원에 대한 지원 예산을 조기 투입하기로 함.[458] 광주시교육청-25일 두 달 치 유치원 누리과정 추경예산을 편성할 것으로 전망.[459]

2016. 01.25	경기도의회의 다수당인 더불어민주당- 유치원 누리과정 예산 일부를 반영한 수정 예산안을 28일 임시회에 제출하기로 함[460]				대통령- 누리과정 지원금 미확보로 보육대란이 현실이 되는 것을 두고 무조건 정부 탓하는 시·도교육감들의 행동은 무책임하다고 비판하며, 누리과정은 지방교육청의 법적 의무사항이라고 말함[461]	광주시교육청- 누리과정 예산 중 유치원 지원비는 교육청이 지원해야하는 만큼 1년치 유치원 지원비를 반영한 추경예산안을 제출하겠다고 밝힘[462]
2016. 01.26			교육재정확대 국민운동본부 등 시민단체- 정부에 보육대란 해결을 촉구하는 기자회견을 가짐[463]			
2016. 01.28						경기도의회- 누리과정 4개월 치를 포함한 예산안 의결함[464]
2016. 01.31	국민의당 창당을 의원- 누리과정 예산 문제 해결을 위한 국회와 청와대, 지방정부, 교육청 등이 참여하는 특별회 구성을 제안함 [465]					

2016. 02.02					정부- 누리과정 예산을 편성한 교육청에만 목적 예 비 비 (총 300억 원)를 우선 지원하고 서울, 경기 등 예산을 편성하지 않은 교육청 5곳은 지원 대상에서 제외하겠다고 밝힘[466]	
2016. 02.03					감사원- 누리과정 예산을 편성하지 않은 지방교육청에 감사하기로 함[467]	전국 14개 시·도교육청 교육감- 긴급기자회견을 열어 대통령에게 '누리과정 긴급국고지원'을 촉구하며, 보육대란 해결을 위한 사회적 논의기구 구성을 제안함[468] 전 남 도 의 회 - 임시회를 열어 누리과정 5개월분 예산안을 통과시킴[469]
2016. 02.04						서 울 시 의 회 - 더불어 민주당과 함께 유치원과 어린이집 누리과정 예산을 각각 4개월씩 우선 편성하기로 함[470]

2016. 02.11						대전, 대구, 경북, 울산을 제외한 13개 시도교육감- 청와대 앞에서 누리과정 국비 지원을 촉구하는 1인 시위를 벌이기로 했으며, 11일 세종시교육감이 1인 시위를 벌였음[471]
2016. 02.25						충북도교육청- 임의 편성한 6개월 치 어린이집 누리과정 예산 집행하기로 함[472]
2016. 03.09						제주도- 어린이집 누리과정 예산을 우선 집행하기로 함[473]
2016. 03.15						강원도- 누리교사 인건비를 포함한 운영비를 도비로 우선 집행키로 함. 누리과정 예산은 지방교육재정교부금으로 도교육청에서 예산을 편성해 강원도로 전출한 자금을 다시 시·군을

						통해 어린이집에 집행함[474]
2016. 03.21						전국 시도교육감-교육부에 누리과정 예산 문제 관련 시·도교육청에 대한 압박을 중단을 요구함[475]
2016. 03.29					정부- 새누리당과 당정협의를 열어 시도교육감이 의무적으로 누리과정 예산을 편성하게 하는 특별법을 만들기로 함[476]	경기도의회, 경기도교육청- 정부의 누리과정특별회계법 제정에 대해 강도 높은 비판을 함[477]
2016. 04.03						경기도- 어린이집 누리과정 예산을 담은 추가경정예산안 편성하기로 함[478]
2016. 04.19						경기도의회- 어린이집 누리과정 예산을 통과시키되 집행은 보류하기로 함[479]
2016. 04.22					정부- 지방교육재정교부금에서 누리과정 예산을 의무적으로 별도 편성토록 하는 '지방	

					교육정책지원 특별회계' 제정안 입법을 강행키로 함[480]	
2016. 04.25					정부- 맞춤형 보육정책에 따라 전업주부의 경우 어린이집 무상이용 시간이 7시간으로 축소됨(7월 시행)[481]	
2016. 04.26					보건복지부- 맞춤형 보육 서비스의 일환으로 0~2세 영아 대상, 오전 9시부터 오후 3시까지 운영되는 맞춤반 신설하며, 어린이집을 오랜 시간 이용해야 할 사유가 생길 것을 대비해 월 15시간의 긴급 보육 바우처 제공[482]	
2016. 05.10					부총리 겸 교육부 장관- 시·도교육감협의회장과 부회장과의 자리에서 유보통합의 틀에서 어린이집과 유치원의 예산이 조기에	시·도교육감협의회장- 정부가 영유아 부모들의 바람에 답해야 할 것이라며 기존의 입장을 답함[484]

					편성될 수 있도록 노력 당부하며 교육부는 추가 국고 지원 계획 없음을 밝힘[483]	
2016. 05.13						강원도의회 교육위원회- 어린이집 누리과정 예산 4개월분을 강제 편성함[485]
2016. 05.16						제주도교육청- 지방채를 발행해 어린이집 누리과정 9개월치 예산을 편성함[486]
2016. 05.23					감사원- '누리과정 예산편성 실태 감서결과' 발표하고 어린이집 누리과정 예산을 일부 또는 전부 미편성한 11개 교육청 교육감에게 예산을 우선 편성할 방안을 마련하도록 통보함[487]	
2016. 05.26						시도교육감협의회- 감사원이 발표한 누리과정감사결과발

						표에 대해 근거 없는 추정치로 예산 편성이 가능하다고 한 것을 비판함488)
2016. 06.03					내년부터 만0~2세 영아에 한해 셋째 아이의 가정양육수당을 10만원 올리는 방안 추진, 양육수당은 자녀를 가정에서 양육하는 부모에게 매달 현금 지급489)	
2016. 06.14				한국어린이집총연합회- 전업주부들의 가정어린이집 이용 일부를 제한하는 '맞춤형 보육' 시행을 반대함490)		
2016. 06.16				참교육을 위한 학부모회 등 시민단체가 연대한 교육재정확대국민운동본부- 정부와 국회는 교육청에 떠넘긴 어린이집 누리과정 예산을 정부 예비비로 추경 편성		

				해 보육대란을 막아야한다고 밝힘[491]		
2016. 06.17		야당이었던 더불어민주당, 국민의당, 정의당 등 야3당 의원들 50명이 맞춤형 보육 시행 연기를 촉구하는 결의안을 제출함[492]		한국가정어린이집연합회- 맞춤형 보육 철회를 요구함[493]		
2016. 06.21						서울시교육청- 유치원 누리과정 예산의 추경 편성안을 시의회에 제출함[494]
2016. 06.22				한국민간어린이집연합의 어린이집- 정부의 맞춤형 보육 시행에 반발해 23-24일간 집단 휴원하기로 함[495]		
2016. 06.26				전국 사립유치원- 교육부에 여러차례 공립유치원과 사립유치원의 차별 시정 요청을 했으나 이루어지지 않아 30일 집단 휴원을 예고 함[496]		

2016. 06.28						충북지역- 하반기 사업비 부족분을 추경 예산안에 반영하기로 하여 충북지역 누리과정 사업이 정상운영시키기로 함.[497]
2016. 06.29						세종시- 7월부터 만3-5세 원아의 민간어린이집 차액 보육료를 시에서 50% 지원하기로 함[498]
2016. 07.04						경기도- 교육협력사업 예산을 어린이집 누리과정에 사용하기로 함[499]
2016. 07.21						전국 시도교육감협의회- 정부에 추경예산에 어린이집 누리과정 예산을 편성하라고 요구함[500]
2016. 08.31	야당이었던 국민의당- '보편적 아동수당 도입' 등의 복지정책을 검토하고 있다고 밝힘[501]					
2016. 09.04					보건복지부- 2016년 다자녀	서울시교육청- 누리과정 예산

					0~2세 가정 양육수당 인상 백지화502)	부족액 전액을 편성함503)
2016. 09.09	여당인 새누리당- '출산2.0 프로젝트'를 추진함 '아동수당' 지급을 검토하기로 함504)					
2016. 09.23	새누리당 - 누리과정 예산 확보에 관한 정부의 입장을 질문함. 이에 국무총리는 누리과정의 예산은 지방교육청의 법적인 의무로 규정되어 있어 법이 바뀌지 않는 이상 중앙정부가 지방교육재정교부금을 통해서 지방에 내려보내면 지방교육청이 그것을 집행해서 이행하도록 되어 있다고 답변함505)					
2016. 09.27				전북지역 어린이집 교사- 누리과정 예산 문제를 해결하지 않으면 집단 결근 투쟁을 하겠다고 함.506)		

				전북어린이집 연합회- 보육대란 문제 해결을 위해 전북도교육감과 전북지사, 도의장이 만나 3차 회담을 가져야 한다고 말함.[507]		
2016. 09.28	야당이었던 더불어민주당 - 12세 이하 아동에게 매달 최대 30만원의 바우처를 지급하는 내용의 아동수당법 제정안을 발의함.[508] 야당이었던 국민의당- 15세 이하 자녀를 둔 가구까지 대상을 넓혀 매달 현금 30만원을 지급하는 안을 내놓음.[509] 야당이었던 바른미래당 - 육아휴직 제도 확대, 육아휴직 수당 인상, 공공보육시설 이용 아동 확대 등 보육정책 제시함.[510] 야당이었던 정의당 - 보육, 저					

	출산, 양성평등 등의 공약을 구체적으로 제시함[511]					
2016. 10.12						전북도- 4월부터 지원이 끊긴 어린이집 누리과정 운영비를 자체 예산으로 긴급 편성하여 집행하기로 함[512]
2016. 10.16						광주시- 어린이집 누리과정 예산 지원[513]
2016. 11.08						인천시교육청- 2017년도 유치원 · 어린이집 누리과정 예산을 7개월분만 편성하여 예산안을 시의회에 제출함[514]
2016. 12.02	여야당- 중앙정부의 누리예산 부담금을 8000억 원으로 조정한 최종 합의안을 도출함[515]					
2016. 12.05						도의회 예산결산특별위원회- 도의회와 도교육청, 경기도가 4차 추경예산의

						어린이집 누리 예산 편성에 합의했다고 밝힘[516]
2016. 12.07						충남도교육청-2017년 어린이집 누리과정 예산을 전액 편성하기로 함[517]
2016. 12.08				교육재정 확대를 위한 전북운동본부- 어린이집 누리과정 예산의 근본적인 해결대책 마련 촉구.[518] 전북어린이집연합회- 전북교육감에 올해와 내년도 어린이집 누리과정 예산 전액을 즉각 편성하라고 요구함[519]		
2017. 02.06	여야 대선주자들- 육아·보육 정책을 쏟아 냄[520]					
2017. 02.17					보건복지부- 아동수당제 도입에 대해 긍정적으로 검토.[521] 기획재정부- 사업 중복 등의 이유로 반대 입장을 고수[522]	

2017.03.31					기획재정부-제3기중장기전략위원회2차회의에서 '인구구조 변화에 대한 역량강화'라는 중장기 정책과정 달성을 위한 추진과제로서 아동수당 도입을 검토하기로 함[523]	
2017.04.02					중장기전략위-기존의 예산, 체제 지원을 통폐합하는 것을 전제로 아동수당 도입을 검토해야 함을 주장.[524]	
2017.04.28	여당이었던 새누리당 대표- 아동수당, 기초연금 지급 대상을 각각 소득 하위 50%, 70%로 규정하는 등 선별적 복지 주장.[525] 야당이었던 더불어민주당 대통령 후보- 0~5세 아동에게 월 10만원씩 수당 지급 공약.[526] 야당이었던 국민의당 대통령	아동수당, 기초연금을 소득에 따라 선별지급하는 방식은 상대적으로 실현 가능성 높다는 주장과 보편 복지를 지지하는 대통령 후보들의 주장 충돌.[528]				

	후보- 아동수당을 소득에 따라 선별 지급하는 방식으로 설계[527]					
2017.07.17						인천시- 소득수준과 관계없이 셋째이상 영유아를 관내 어린이집에 보낼 때 부모부담 보육료를 매달 지원하기로 함[529]
2017.08.16					보건복지부- 2018년도 7월부터 0~5세 아동에게 월 10만원씩 아동수당을 지급하기 위한 법적 근거 마련을 위해 아동수당법 제정을 추진한다고 밝힘[530]	
2017.08.29					교육부- 2018년에는 누리과정 예산 전액을 국고에서 지원하기로 함[531]	
2017.11.28						부산시- 출산율을 높이기 위해 임신부터 출산, 보육까지 상시 지원체계를 갖춘 '아이·맘 부산'계획을 발표

						함. 둘째부터 초등학교입학 자녀에게 20만원을 주는 입학축하금을 전국 처음으로 도입함[532]
2017.12.07					국회- 누리과정(만3~5세 무상보육) 예산이 국회를 통과함. 아동수당은 2018년 9월부터 상위10% 고소득층의 자녀를 제외한 가정에 매달 10만원씩 지원하는 것으로 예산이 합의됨[533]	
2017.12.27					정부의 '2018년 경제정책방향'- 2018년 9월부터 5세 이하 아동에게 월 10만원씩 아동수당이 지급되며, 육아휴직 급여 인상 및 어린이집 확대 방안과 고영형 사립유치원 도입 방안 등이 마련됨[534]	
2018.01.11					보건복지부 장관- '아동수당을 0~5세 아동을	

					가진 모든 가구에게 줄 수 있도록 하겠다고' 밝힘[535]	
2018. 02.12					교육부- '국공립 유치원 비율 40% 확대'를 위해 5년 동안 국공립 유치원 2600개 학급을 만들겠다고 밝힘. 더불어 국공립 유치원의 취원율이 20% 미만인 취약지역의 지원 방안도 확대할 방침[536]	
2018. 02.22					국회 보건복지위원회 전체회의- 아동수당법 개정안이 통과됨[537]	
2018. 02.28						부산시- 3월부터 민간어린이집과 가정어린이집 등 정부 미지원 어린이집을 이용하는 3-5세 둘째 자녀의 차액보육료를 지원한다고 밝힘[538]
2018. 04.05					정부- 2022년까지 초등학생 돌	

					봄 공백을 해소하기 위해 학교가 운영하는 학교 돌봄 10만 명, 지방자치단체 등이 운영하는 마을 돌봄 10만 명을 각각 확대하는 방침을 내놓음[539]	
2018.04.17					보건복지부-상위10%에 근접한 고소득 가정의아동은 매월 아동수당을 5만원만 받게 되는 내용이 포함된 양육아동수당법 시행규칙 및 아동수당 지급 대상의 선정기준액 등에 관한 고시를 입법·행정 한다고 밝힘[540]	
2018.07.01				성남마더센터 추진모임- 아동수당 지역화폐 지급을 반대[541]		성남시- 소득·재산과 무관하게 6세 미만 어린이 둔 모든 가구에 월 11만원의 아동수당을 지역화폐로 지급할 계획을 발표함[542]

2018.08.08					전업주부의 0~2세 자녀도 최대 8시간 비용 부담 없이 어린이집에서 보낼 수 있음. 보건복지부, 맞춤형 보육 제도 폐지-개편안에 따르면 기본보육시간과 추가보육시간으로 나뉨[543]	
2018.08.30						성남시- 6세 미만 아동 가정에 소득과 무관하게 월 11만원의 아동수당을 체크카드로 지급하기로 함[544]
2018.09.06	여당인 더불어민주당 - 경제적수준과 상관없이 모든 6세 미만 아동 가구에게 아동수당을 지급하는 '아동수당 개정안'을 발의함[545]					
2018.09.14						광명시- 아동수당 100% 지급 계획 수립 후 보건복지부와 협의 완료했지만

						아동수당에 대한 국회의 상위법 개정을 대비하여 아동수당 지급 유보[546]
2018. 09.17	여당인 더불어민주당 대표- 소득상위 10%를 제외하고 지급하는 아동수당을 법개정을 통해 개선해야 된다고 말 함[547]					
2018. 10.08	여당인 더불어민주당 - 입법미비 때문에 유치원 비리가 처벌되지 않은 것. 국정감사이후 토론회를 다시 개최할 것[548]			유치원 비리 근절을 위한 정책토론회가 사립유치원장들의 반발로 중단됨[549]		
2018. 10.11	여당인 더불어민주당 - 비리유치원 실명, 명단 공개[550]					
2018. 10.12	여당인 더불어민주당 - 비리유치원 적발 95% 이상이 사립유치원, 정기적 감사 필요, 유치원 누리과정 예산으로 지원이 되고 있음 발표.[551]		국민청원 게시판- 유치원 정부 지원 금지, 어린이집도 조사 등의 청원글 올라옴[553]	한국유치원총연합화 일부 대형 유치원의 잘못으로 전체를 매도하는 것이라고 말하며, 회계 시스템 도입과 간섭에 반대[554]		

	전국 1878개 사립 유치원에서 5951건의 비리 적발[552]					
2018. 10.13	여당인 더불어민주당 - 사립유치원만 에듀파인을 통해 회계를 공개하지 않음. 사립유치원에 지원되는 항복을 지원금이 아니라 보조금으로 고치도록 유아교육법 개정 주장.[555]				부총리 겸 교육부 장관- 교육부 국정감사에서 사립유치원 회계 공개 시스템을 올해 안에 구축할 것이라고 밝힘[556]	
2018. 10.14			시민단체 '정치하는 엄마들'의 장하나 대표- 비리가 관행이 된 것에는 사립유치원의 책임과 감사와 처벌을 약하게 한 교육당국의 탓이라고 함[557]			
2018. 10.15					교육부- 학부모들이 요구하는 전체 감사결과 실명공개는 교육청과 협의해 추진하겠다고 밝힘[558]	

2018.10.16	여당인 더불어민주당 원내대표- 정부와 협의해 유치원 비리 재발방지 종합 대책을 내놓겠다고 밝힘[559]		한국유치원총연합회- 긴급기자회견을 열어 깊이반성하며 앞으로 대한민국의 유아교육을 한 단계 발전시켜 나가겠다고 함[560]		정부- 여당과 함께 사립유치원에 학교회계시스템 에듀파인을 확대, 적용하는 방안 적극 검토 중이라고 함.[561]	
2018.10.18			동탄유치원 비상대책위원회- 국가회계시스템인 에듀파인을 사립유치원에도 도입할 것과 불편하고 비상식적인 입학설명회와 추첨제 대신에 교육부의 온라인 입학관리시스템인 '처음학교로'를 이용하게 할 것과 국가가 적극적으로 교육기관의 비상식적인 행태를 감시하고 적발된 유치원을 강력 처벌할 것을 촉구함[562]			
2018.10.20	야당인 자유한국당 비상대책위원장- 정부는 비리유치원에	여당인 더불어민주당 원내대표- 정부는 전체 유치원에 대			교육부- 정부지원금을 사적으로 사용한 사립유치원에 대	

	대한 강력한 처벌과 함께 회계시스템, 감사체계를 도입하고, 유치원·어린이집의 자율정화체계를 강화해야된다고 말함[563]	한 전수조사에 착수라고, 중대한 비리를 저지를 유치원과 원장 실명을 공개해야 한다고 말함[564]			해 횡령죄를 적용하는 방안을 포함한 유치원 종합대책을 내놓을 예정 발표.[565]	
2018. 10.23						부산시- 부산지역 모든 어린이집이 오후 7시 30분까지 의무운영 하는 등의 공보육 강화 대책이 포함된 전국 지자체 최초의 보육종합대책인 '부산아이 다(多)가치키움' 방안을 발표함[566]
2018. 10.28						서울시- 어린이집을 이용하지 않는 0~5세를 위한 품앗이 공간을 2022년까지 450곳을 설치하고 2019년부터 국공립어린이집과 민간어린이집 보육료 차액을 전액 지원하여 실질적 무상보육

						을 실행하는 '서울 미래복지 마스터플랜'을 발표함567)
2018. 10.29						서울시- 2019년부터 민간어린이집에 다니는 3-5세 유아의 부모가 내는 차액보육료를 시와 자치구가 전액 부담하겠다고 밝힘568)
2018. 11.02	야당인 자유한국당- 국회 기자간담회에서 기존의 소득 상위 10%를 반대하던 입장을 바꾸어 소득관 관계없이 초등 6학년까지 아동수당을 확대하고 해마다 10만원씩 올려 2021년에는 월 30만원을 지급받도록 하겠다고 함 569)					
2018. 11.04	야당인 자유한국당- 소득수준과 상관없이 아동수당을 전면 지급하는 방안을 포함한 육아				더불어민주당·보건복지부·청와대 고위당자청회의- 2019년 1월부터 소득 수준에	

	· 출산 관련 예산 증액을 제안함[570]				관계없이 만 6세 미만 아동 가정에 아동수당이 지급된다는 아동수당법 개정안을 정기국회에서 통과시키기로 함[571]	
2018. 11.06	여당인 더불어민주당 - 사립유치원의 공공성강화와 사유재산보호를 모두 고려해야 한다는 취지의 국무총리의 발언을 지적[572]		시민단체 '정치하는 엄마들'- 교육부의 비리유치원 비호·방조에 대한 감사청구 기자회견을 엶[573]			
2018. 11.19		야당인 자유한국당- 정기국회 보이콧으로 '아동수당 개정안' 상정이 무기한 연기됨[574]				
2018. 11.20					대통령- 반부패정책, 범정부차원대책협의회 꾸리기로 하며, 사립유치원 비리 척결을 시사함[575]	충남도- 정부 아동수당과 별개로 12개월 이하의 영아 가정에 '충남형 아기수당'으로 매월 10만원을 지급하기로 함[576]
2018. 11.29	여야- 아동 수당 확대에 모두 찬성하는 입					

	장이며, 예산안이 국회 예산결산위, 본회의를 통과하면 아동수당법을 개정하기로 함[577]					
2018. 11.30			시민단체 '정치하는 엄마들'- 유아교육법 개정안 국회통과를 촉구하며[578], 한국유치원총연합회 집회는 협박용 퍼포먼스라고 비판했음. 또한, 유치원 3법 통과에 시간이 오래 걸리면 유아교육법 개정안 24조 2항만이라도 통과시켜야한다고 강조함[579]	한국유치원총연합회- 박용진 3법 반대를 위해 전국 사립유치원 교육자 및 학부모 대표 총궐기대회를 열고 개정법이 통과되면 모든 사립유치원 폐원하겠다고 경고함[580]		
2018. 12.03		야당인 자유한국당- 사립유치원 3법을 반대하여 교육위원회 법안심사소위원회를 통과하지 못함[581]				
2018. 12.04						강원도- 2019년 1월 1일 출생아부터 육아기본수당을 지원하기 위해 보

							건복지부와 협의를 진행할 예정임을 밝힘582)
2018. 12.07	국회 교육위원회- 법안심사소위원회를 열어 더불어민주당의 당론인 법 개정안과 한국당 자체안을 절충한 합의안 도출을 시도함583)	야당인 자유한국당- 법안심사소위원회에서 법개정을 반대하여 무산됨584)			대통령직속 저출산 · 고령사회위원회- 아동수당 지급 대상을 6세 미만 100%로 확대할 방침이 담긴 '제3차 저출산 · 고령사회 정책 수정 로드맵'을 발표함585)	
2018. 12.18					교육부- 유아교육법 시행령과 시행규칙, 사학기관 재무회계 규칙, 교원검정령 등의 시행령 개정안을 입법 예고함586)	
2018. 12.20						경북도- 2019년부터 민간 · 가정 어린이집 보육료 전액을 지원하기로 함587)
2018. 12.31				일부 치원총연합회 회원- 유치원 통학차량을 동원하여 '유치원 3법'이 패스트트랙으로	정부- 육아휴직 급여가 인상되며, 직원의 출산휴가 · 육아휴직 때 대체 인력을 고용한 중소영세기업	

				지정된 것에 반발하는 시위를 벌임588)	지원금이 인상되고 두 번째 휴직자에 대한 특례 적용하여 '아빠육아휴직 보너스제도'의 상한액 향상 등을 하기로 함589)	
2019. 1.14					정부- 아동수당법 개정으로 소득·재산 수준과 상관없이 만 6세 미만 아동의 모든 가정에게 월 10만원의 아동수당이 지급되고, 만 7세 미만으로 확대할 예정 밝힘590)	
2019. 01.23				한국유치원총연합회- 교육부에게 에듀파인은 사립유치원 실정과 맞지 않는다며 유치원을 지속적으로 운영할 수 있는 방안 마련 요청591)		
2019. 01.11						강원도- 2019년부터 강원도에서 태어나는 아동은 월 30만원씩 4년간 '육아기본수당'을 받게 됨592)

2019. 01.13					정부- 2019년부터 어린이집이나 유치원에 가지 않는 아동이 초등학교 입학하는 해 1-2개월치 가정양육수당을 받을 수 있도록 함593)	
2019. 01.14					정부- 소득 상위 10%의 가정도 2019년부터 아동수당을 신청할 수 있게 하며, 9월부터는 아동수당 대상이 만 7세 미만까지 확대함594)	
2019. 01.23				한국유치원총연합회- 교육부를 찾아 정부의 유치원 공공성 강화 방안에 대해 지속적으로 유치원을 운영할 수 있는 방안을 마련해달라고 요청함595)		
2019. 1.24				한국유치원총연합회- 교육부를 방문해 '유치원 3법'에 대한 반대입장문 전달하며, 국가가 공적 사용료를		성남시- 아동수당 인센티브 금액을 월1만원에서 2만원으로 인상하여 월 12만원의 아동수당을 지급하기

				사립유치원에 지급해야 함을 주장함[596]		로 함[597]
2019. 01.30					대통령 직속 저출산 · 고령사회위원회저출산위가 - 아동수당의 확대 방향을 논의할 예정으로 아동수당을 향후 18세 미만까지 확대하고 금액도 2배가량 늘리는 방향도 논의될 예쩡[598]	
2019. 02.13				한국유치원총연합회- 서울시교육청 방침에 반발함[599]		서울시교육청- 처음학교로와 에듀파인 참여를 거부하거나 유치원비 인상률 준수하지 않은 유치원에 대해 재정 지원을 중단하겠다는 내용이 담긴 공문을 각 유치원으로 발송함[600]
2019. 02.28					보건복지부- 국공립 어린이집 신설 및 직장어린이집 의무 설치 기준이 대폭 강화된 '3차 중장기 보육 기	

					본계획(2018-2022)의 2년차 시행계획을 심의 · 의결함[601]	
2019.03.06						서울시- 초등학생을 위한 방과후, 휴일 돌봄 서비스를 확대하며, 집으로 찾아가 돌봐주는 '아이돌보미' 사업과 공동육아 품앗이 공간인 '열린육아방'도 확대하기로 함[602]
2019.04.16					교육부- 전국시도교육감협의회와 '제4차 교육자치정책협의회'를 열고 어린이집 누리과정 예산 운영방안 등을 논의했지만 결론을 내리지 못함[603]	
2019.09.19					보건복지부-영유아보육법 시행규칙 개정안을 10월 말까지 입법예고함을 밝히며 맞춤형 보육이 폐지되고 '기본+	

					연장' 보육 시스템이 새로 시행됨[604]	
2019. 11.21					고용노동부-2020년 2월부터 부모 동시 육아휴직을 허용하며, 한부모 노동자에 대한 육아휴직 지원금도 내년 상반기를 목표로 인상할 계획임을 밝힘[605]	

352) 국회회의록 보건복지가족위원회 18대 281회 3차, 2009. 2. 25
353) 국회회의록 보건복지가족위원회 18대 281회 3차, 2009. 2. 25
354) 국회회의록 보건복지가족위원회 18대 284회 10차, 2009. 12. 8
355) 제18대국회 제287회 제2차 국회본회의. 2010.02.02.
356) 한겨레. 2010. 5. 4.김소연기자(http://www.hani.co.kr/arti/society/society_general/419254.html#csidx1bd164857b50419883cd97cbf8bf2b2)
357) 동아일보. 2010. 7. 23. 우경임기자(http://www.donga.com/news/article/all/20100724/30084946/1)
358) 경향신문. 2010. 8. 27. 강홍균기자(http://news.khan.co.kr/kh_news/khan_art_view.html?artid=201008272155195&code=940401)
359) 한겨레. 2010. 9. 16. 안선희기자(http://www.hani.co.kr/arti/society/rights/440162.html)
360) 한겨레신문, 2010. 9. 27, 이정애, 안선희기자 (http://www.hani.co.kr/arti/politics/politics_general/441096.html)
361) 한겨레신문, 2010. 9. 27, 이정애, 안선희기자 (http://www.hani.co.kr/arti/politics/politics_general/441096.html)
362) 2010. 12. 6. 정혁수기자(http://news.khan.co.kr/kh_news/khan_art_view.html?artid=201012062204375&code=950301)
363) 경향신문. 2010. 12. 12. 정유미,최명애기자(http://news.khan.co.kr/kh_news/khan_art_view.html?artid=201012122151245&code=910402#csidx75a761a0c4eff8bba6e4fbc7fc51bf1)
364) 동아일보. 2010. 12. 13. 지명훈기자(http://www.donga.com/news/article/all/20101212/33242858/1)

365) 아시아경제, 2010. 12. 30, 박혜정기자 (http://www.asiae.co.kr/news/view.htm?idxno=2010123011233172646)

366) 경향신문. 2011. 1. 10. 최슬기기자(http://news.khan.co.kr/kh_news/khan_art_view.html?artid=201101102237045&code=950306)

367) 연합뉴스, 2011. 1. 11, 정주호기자 (http://www.yonhapnews.co.kr/bulletin/2011/01/11/0200000000AKR20110111064000017.HTML?did=1179m)

368) 경향신문. 2011. 1. 13. 김진우기자(http://news.khan.co.kr/kh_news/khan_art_view.html?artid=201101132133365&code=910402#csidx16fd068cfb7a235b93bbacb240d4441)

369) 경향신문. 2011. 1. 14. 박영환기자(http://news.khan.co.kr/kh_news/khan_art_view.html?artid=201101142201215&code=910203#csidxebfe4937600d3279e3382ef6fd27243)

370) 연합뉴스, 2011. 5. 2, 강영두기자 (http://www.yonhapnews.co.kr/bulletin/2011/05/02/0200000000AKR20110502164700001.HTML?did=1179m)

371) 경향신문. 2011. 5. 2. 정유진,박영환기자(http://news.khan.co.kr/kh_news/khan_art_view.html?artid=201105022204475&code=940401#csidxfa7b5654aed009da6ef7e937db3b7f4)

372) 한겨레. 2011. 8. 24. 이지은,황준범기자(http://www.hani.co.kr/arti/society/area/493265.html)

373) 한겨레. 2011. 8. 24. 이지은,황준범기자(http://www.hani.co.kr/arti/society/area/493265.html)

374) 경향신문. 2011. 10. 13. 박준철기자(http://news.khan.co.kr/kh_news/khan_art_view.html?artid=201110131546401&code=950201)

375) - 동아일보. 2011. 11. 14. 동정민기자 (http://news.donga.com/3/all/20111113/41853096/1#csidx558dfdc9c2b7b21ae560c96826d7b66)

376) 한겨레. 2011. 11. 14. 이재훈,안창현기자(http://www.hani.co.kr/arti/society/schooling/510235.html#csidxfae1dd26be92c2e96de2d2ad15c0003)

377) 동아일보. 2011. 12. 28. 김재홍기자(http://www.donga.com/news/article/all/20111228/42912944/1)

378) 한겨레. 2012. 1. 15. 이유진기자(http://www.hani.co.kr/arti/society/society_general/514875.html)

379) 부산일보, 2012. 1. 18, 김종우기자 (http://www.busan.com/view/busan/view.php?code=20120118000126)

380) 경향신문. 2012. 1. 26. 최인진기자(http://news.khan.co.kr/kh_news/khan_art_view.html?artid=201201261515241&code=950201#csidx9abfbf8f65bdbe894b96cc00dd8dba9)

381) 제18대국회 제287회 제8차 국회본회의. 2010.02.10.

382) 한겨레. 2012. 3. 29. 이유진,엄지원기자(http://www.hani.co.kr/arti/society/rights/525963.html)

383) 한겨레. 2012. 4. 16. 이유진기자(http://www.hani.co.kr/arti/society/rights/528540.html#csidx65d026f8fd99808acb1d613fb4918ae)

384) 동아일보. 2012. 7. 4. 이상훈기자 (http://news.donga.com/3/all/20120704/47509671/1#csidxdc614b5e2bf146898de67ef6f321944)

385) 한겨레. 2012. 7. 5. 황준범기자(http://www.hani.co.kr/arti/politics/assembly/541201.html)
386) 제19대국회 제309회 제4차 국회본회의. 2012.07.17
387) 한겨레신문, 2012. 7. 19, 이유진기자 (http://www.hani.co.kr/arti/society/rights/543419.html)
388) 동아일보. 2012. 7. 24. 이상훈기자(http://www.donga.com/news/article/all/20120724/47995505/1)
389) 동아일보. 2012. 9. 14. 김재영,장택동기자(http://www.donga.com/news/article/all/20120914/49399584/1)
390) 한겨레. 2012. 9. 24.(http://www.hani.co.kr/arti/opinion/editorial/553123.html#csidx503a6c6b99b8c138106d7b913cf73db)
391) 경향신문. 2012. 12. 6. 문주영기자(http://news.khan.co.kr/kh_news/khan_art_view.html?artid=201212062226545&code=940401#csidx382104d340b400d8c2c34aa73d8773b)
392) 한국일보, 2012. 12. 31, 이왕구기자 (http://media.daum.net/society/others/newsview?newsid=20121231185507880)
393) 경향신문. 2013. 2. 21. 송윤경, 송현숙, 이영경, 조미덥기자 (http://news.khan.co.kr/kh_news/khan_art_view.html?artid=201301022122435&code=940100#csidx39d5fa2569aa607865890d2111dc0e0)
394) 한겨레. 2013. 6. 10. 손준현기자(http://www.hani.co.kr/arti/society/society_general/591271.html#csidx38ab65b2a51bd3d93c9c182cea37df5)
395) 제19대국회 제316회 제6차 국회본회의. 2013.06.12
396) 연합뉴스, 2013. 7. 29, 이정현기자 (http://www.yonhapnews.co.kr/bulletin/2013/07/26/0200000000AKR20130726056251004.HTML?input=1179m)
397) 한겨레. 2013. 9. 13. 최유빈기자(http://www.hani.co.kr/arti/society/society_general/602031.html)
398) 국민일보, 2013. 11. 14, 조민규기자 (http://news.kukinews.com/news/article.html?no=169646)
399) 제19대국회 제322회 제2차 국회본회의. 2014.02.04
400) 한겨레. 2014. 2. 4. 권은중기자(http://www.hani.co.kr/arti/economy/economy_general/622595.html)
401) 제19대국회 제322회 제3차 국회본회의. 2014.02.05
402) 한겨레. 2014. 10. 7. 이범준,이재덕기자(http://news.khan.co.kr/kh_news/khan_art_view.html?artid=201410072231175&code=940401#csidx2dd85238c93f1f9b50c558719cff35d)
403) 경향신문. 2014. 10. 24. 송현숙,이범준기자(http://news.khan.co.kr/kh_news/khan_art_view.html?artid=201410272233365&code=940401#csidx2a98be84f2eb8b6a42783a7ee0b7714)
404) 동아일보. 2014. 11. 6. 남경현,이상훈기자 (http://www.donga.com/news/article/all/20141106/67692262/1)
405) 한국일보. 2014. 11. 9. 허택회기자(https://www.hankookilbo.com/News/Read/201411091559316884)
406) 경향신문. 2014. 11. 11. 최승현기자(http://news.khan.co.kr/kh_news/khan_art_view.html?artid=201411111555331&code=620110)

407) 연합뉴스, 2014. 11. 12, 송지원기자 (http://www.yonhapnews.co.kr/bulletin/2014/11/12/0200000000AKR20141112122800001.HTML?input=1179m)

408) 한국일보. 2014. 11. 25. 변태섭기자(https://www.hankookilbo.com/News/Read/201411251929818179)

409) 경남여성회(http://gnwomen.com/bbs/view.php?id=active&page=1&sn1=&divpa ge=1&sn=off&ss=on&sc=on&select_arrange=name&desc=asc&no=138)

410) 제19대국회 제331회 제6차 국회본회의. 2015.02.26

411) 제19대국회 제332회 제2차 국회본회의. 2015.04.08

412) 한겨레. 2015. 4. 27. 박임근기자(http://www.hani.co.kr/arti/society/rights/688675.html)

413) 경향신문. 2015. 4. 28. 최승현기자(http://news.khan.co.kr/kh_news/khan_art_view.html?artid=201504281620471&code=620110)

414) 경향신문. 2015. 8. 5. 최인진기자(http://news.khan.co.kr/kh_news/khan_art_view.html?artid=201508061451331&code=620109)

415) 경향신문. 2015. 9. 8. 정원식기자(http://news.khan.co.kr/kh_news/khan_art_view.html?artid=201509082257285&code=910100)

416) 중앙일보, 2015. 9. 14, 이에스더기자 (http://news.joins.com/article/18656318)

417) 경향신문. 2015. 11. 12. 박용근기자(http://news.khan.co.kr/kh_news/khan_art_view.html?artid=201511121059121&code=940100)

418) 한국일보, 2015. 11. 13, 남보라기자 (http://www.hankookilbo.com/v/fb20fbdd55f1413cbcfd14704dc7e7a1)

419) 동아일보. 2015. 11. 14. 김희균기자(http://news.donga.com/3/all/20151114/74774760/1)

420) 동아일보. 2015. 11. 17. 임현석기자(http://news.donga.com/3/all/20151117/74822092/1)

421) 경향일보. 2015. 11. 17. 박용근기자(http://news.khan.co.kr/kh_news/khan_art_view.html?artid=201511170917131&code=940401)

422) 한겨레. 2015. 12. 3. 안관옥기자(http://www.hani.co.kr/arti/society/area/720220.html)

423) 경향신문. 2015. 12. 6. 이종섭,최승현기자(http://news.khan.co.kr/kh_news/khan_art_view.html?artid=201512062059265&code=620100)

424) 동아일보. 2015. 12. 23. 이은택기자(http://www.donga.com/news/article/all/20151223/75530123/1)

425) 한겨레. 2015. 12. 24. 전정윤기자 (http://www.hani.co.kr/arti/society/society_general/723477.html)

426) 한겨레. 2015. 12. 24. 전정윤기자 (http://www.hani.co.kr/arti/society/society_general/723477.html)

427) 경향신문. 2015.12.29. 임아영기자 (http://news.khan.co.kr/kh_news/khan_art_view.html?artid=201512291507431&code=940100)

428) 경향신문. 2015. 12. 30. 박준철기자(http://news.khan.co.kr/kh_news/khan_art_view.html?artid=

201512301431191&code=620104)
429) 한겨레. 2016 1. 3. 전정윤, 박경만기자 (http://www.hani.co.kr/arti/society/schooling/724505.html)
430) 한겨레. 2016 1. 3. 전정윤, 박경만기자 (http://www.hani.co.kr/arti/society/schooling/724505.html)
431) 한겨레. 2016 1. 3. 전정윤, 박경만기자 (http://www.hani.co.kr/arti/society/schooling/724505.html)
432) 경향신문.2016. 1. 5. 경태영기자 (http://news.khan.co.kr/kh_news/khan_art_view.html?artid=201601051658371&code=620109)
433) 한겨레. 2016. 1. 5. 전정윤기자(http://www.hani.co.kr/arti/society/schooling/724820.html)
434) 한겨레. 2016. 1. 5. 전정윤기자(http://www.hani.co.kr/arti/society/schooling/724820.html)
435) 제19대국회 제338회 제3차 국회본회의. 2016.01.08
436) 한겨레. 2016. 1. 6. 전정윤, 진명선기자 (http://www.hani.co.kr/arti/society/schooling/725041.html)
437) 경향신문. 2016. 1. 6. 경태영기자(http://news.khan.co.kr/kh_news/khan_art_view.html?artid=201601061413221&code=940401)
438) 경향신문. 2016. 1. 6. 손봉석기자 (http://news.khan.co.kr/kh_news/khan_art_view.html?artid=201601061926581&code=940100)
439) 한겨레. 2016. 1. 6. 전정윤, 진명선기자(http://www.hani.co.kr/arti/society/schooling/725041.html) ㅍ
440) 한겨레. 2016. 1. 6. 전정윤, 진명선기자(http://www.hani.co.kr/arti/society/schooling/725041.html)
441) 경향신문. 2016. 1. 7, 박용근기자 (http://news.khan.co.kr/kh_news/khan_art_view.html?artid=201601071345041&code=940100)
442) 경향신문. 2016. 1. 8. 박용필기자(http://news.khan.co.kr/kh_news/khan_art_view.html?artid=201601082145115&code=940100)
443) 경향신문. 2016. 1. 11. 박홍두기자 (http://news.khan.co.kr/kh_news/khan_art_view.html?artid=201601111901591&code=910402)
444) 동아일보. 2016. 1. 13. 박예슬기자(http://news.donga.com/3/all/20160113/75871545/2)
445) 경향신문. 2016. 1. 15. 경태영기 (http://news.khan.co.kr/kh_news/khan_art_view.html?artid=201601152208581&code=620109)
446) 동아일보. 2016. 1. 15. 이은택기자(http://www.donga.com/news/article/all/20160115/75912278/1)
447) 한국일보. 2016. 1. 18. 이훈성기자(http://www.hankookilbo.com/News/Read/201601181853361486)
448) 한국일보. 2016. 1. 18. 이훈성기자 (http://www.hankookilbo.com/News/Read/201601181853361486)
449) 한국일보. 2016. 1. 19. 이범구, 이태무기자

(http://www.hankookilbo.com/News/Read/201601192052459551)

450) 경향신문. 2016. 1. 20. 경태영기자 (http://news.khan.co.kr/kh_news/khan_art_view.html?artid=201601201734251&code=620109)

451) 한겨레. 2016. 1. 20. 홍용덕기자(http://www.hani.co.kr/arti/society/area/727084.html)

452) -한국일보. 2016. 1. 21. 김영화기자(http://www.hankookilbo.com/News/Read/201601212068011624)

453) 한국일보. 2016. 1. 21. 김영화기자(http://www.hankookilbo.com/News/Read/201601212068011624)

454) 경향신문. 2016. 1. 21. 권기정, 임아영기자(http://news.khan.co.kr/kh_news/khan_art_view.html?artid=201601212215165&code=940100)

455) 동아일보. 2016. 1. 22. 최현정기자(http://news.donga.com/3/all/20160122/76065331/1)

456) 경향신문. 2016. 1. 22. 정환보기자(http://news.khan.co.kr/kh_news/khan_art_view.html?artid=201601221048241&code=910402)

457) 한겨레. 2016. 1. 22. 안관옥기자(http://www.hani.co.kr/arti/society/area/727445.html)

458) 한국일보. 2016. 1. 24. 이훈성, 이태무기자 (http://www.hankookilbo.com/News/Read/201601241530058467)

459) 한겨레. 2016. 1. 24. 전정윤, 정대하, 홍용덕기자 (http://www.hani.co.kr/arti/society/schooling/727613.html)

460) 한겨레. 2016. 1. 25. 홍용덕기자(http://www.hani.co.kr/arti/society/schooling/727780.html)

461) 경향신문. 2016. 1. 25. 이용욱기자(http://news.khan.co.kr/kh_news/khan_art_view.html?artid=201601251118541&code=910203)

462) 한겨레. 2016. 1. 25. 안관옥기자(http://www.hani.co.kr/arti/society/area/727788.html)

463) 경향신문. 2016. 1. 26. 서성일기자 (http://news.khan.co.kr/kh_news/khan_art_view.html?artid=201601261337571&code=940100)

464) 한겨레. 2016. 1. 28. 홍용덕기자(http://www.hani.co.kr/arti/society/area/728444.html)

465) 한국일보. 2016. 1. 31. 박상준기자 (http://www.hankookilbo.com/News/Read/201601311849116387)

466) 한겨레. 2016. 2. 2. 전정윤, 김소연, 안관옥 기자 (http://www.hani.co.kr/arti/society/schooling/729008.html)

467) 한국일보. 2016. 2. 3. 강윤주, 김민정기자 (http://www.hankookilbo.com/News/Read/201602031844713191)

468) 한겨레. 2016. 2. 3. 전정윤기자(http://www.hani.co.kr/arti/society/schooling/729137.html)

469) 경향신문. 2016. 2. 3. 배명재기자(http://news.khan.co.kr/kh_news/khan_art_view.html?artid=201602031318221&code=620114)

470) 한국일보. 2016. 2. 4. 손효숙, 김민정기자 (http://www.hankookilbo.com/News/Read/201602042021199630)

471) 경향신문. 2016. 2. 11. 권순재기자(http://news.khan.co.kr/kh_news/khan_art_view.html?artid=201602111119401&code=620100)
472) 한국일보. 2016. 2. 25. 한덕동기자 (http://www.hankookilbo.com/News/Read/201602251846401423)
473) 한국일보. 2016. 3. 9. 김영현기자 (http://www.hankookilbo.com/News/Read/201603091162944923)
474) 한국일보. 2016. 3. 15. 박은성기자 (http://www.hankookilbo.com/News/Read/201603152090594414)
475) 경향신문. 2016. 3. 21. 임아영기자 (http://news.khan.co.kr/kh_news/khan_art_view.html?artid=201603211444561&code=940100)
476) 동아일보. 2016. 3. 29. 전정윤기자.(http://news.donga.com/3/all/20160328/77256008/1)
477) 한국일보. 2016. 3. 29. 이범구기자.(http://www.hankookilbo.com/News/Read/201603291885673173)
478) 한국일보. 2016. 4. 3. 유명식기자 (http://www.hankookilbo.com/News/Read/201604031468701263)
479) 경향신문. 2016. 4. 19. 경태영기자 (http://news.khan.co.kr/kh_news/khan_art_view.html?artid=201604192346005&code=620109)
480) 경향신문. 2016. 4. 22. 박병률기자(http://news.khan.co.kr/kh_news/khan_art_view.html?artid=201604222237005&code=910100)
481) 조선일보, 2016. 4. 25, 최은경기자 (http://news.chosun.com/site/data/html_dir/2016/04/25/2016042502437.html)
482) 조선일보. 2016. 4. 26. 최은경기자 (http://news.chosun.com/site/data/html_dir/2016/04/25/2016042502437.html)
483) 경향신문, 2016. 5. 10. 장은교기자 (http://news.khan.co.kr/kh_news/khan_art_view.html?artid=201605102244005&code=940401)
484) 경향신문, 2016. 5. 10. 장은교기자 (http://news.khan.co.kr/kh_news/khan_art_view.html?artid=201605102244005&code=940401)
485) 경향신문. 2016. 5. 13. 최승현기자(http://news.khan.co.kr/kh_news/khan_art_view.html?artid=201605131139001&code=940401)
486) 한겨레. 2016. 5. 16. 허호준기자(http://www.hani.co.kr/arti/society/area/744157.html)
487) 경향신문. 2016. 5. 24. 이지선기자(http://news.khan.co.kr/kh_news/khan_art_view.html?artid=201605241407001&code=910100)
488) 경향신문. 2016. 5. 26. 장은교기자 (http://news.khan.co.kr/kh_news/khan_art_view.html?artid=201605262013001&code=940401)
489) 중앙일보. 2016. 6. 3. 황수연기자(http://news.joins.com/article/20119633)

490) 동아일보. 2016. 6. 14. 신원건기자(http://www.donga.com/news/article/all/20160614/78645160/1)
491) 경향신문. 2016. 6. 16. 배문규기자
(http://news.khan.co.kr/kh_news/khan_art_view.html?artid=201606161734001&code=940100)
492) 경향신문. 2016. 6. 17. 조미덥기자(http://news.khan.co.kr/kh_news/khan_art_view.html?artid=201606170000015&code=910402)
493) 경향신문. 2016. 6. 17. 김정근기자(http://news.khan.co.kr/kh_news/khan_art_view.html?artid=201606171549001&code=940100)
494) 경향신문. 2016. 6. 21. 배문규기자(http://news.khan.co.kr/kh_news/khan_art_view.html?artid=201606211439001&code=940100)
495) 동아일보. 2016. 6. 22. 조건희기자(http://www.donga.com/news/article/all/20160622/78799083/1)
496) 한겨레. 2016. 6. 26. 진명선,황보연기자(http://www.hani.co.kr/arti/society/schooling/749700.html)
497) 경향신문. 2016. 6. 28. 이삭기자
(http://news.khan.co.kr/kh_news/khan_art_view.html?artid=201606281440001&code=620111)
498) 경향신문. 2016. 6. 29. 이종섭기자(http://news.khan.co.kr/kh_news/khan_art_view.html?artid=201606291014001&code=620108)
499) 경향신문. 2016. 7. 4. 경태영기자(http://news.khan.co.kr/kh_news/khan_art_view.html?artid=201607041634001&code=620109)
500) 경향신문. 2016. 7. 21. 최승현,백승목기자(http://news.khan.co.kr/kh_news/khan_art_view.html?artid=201607211934001&code=940401)
501) 중앙일보. 2016. 8. 31. 안효성기자(http://news.joins.com/article/20529466)
502) 헤럴드경제, 2016. 9. 4, 배문숙기자 (http://news.heraldcorp.com/view.php?ud=2016090400000
503) 한겨레. 2016. 9. 4. 진명선기자(http://www.hani.co.kr/arti/society/schooling/759783.html)
504) 중앙일보, 2016. 9. 9, 이충형기자 (http://news.joins.com/article/20573530)
505) 제20대국회 제346회 제8차 국회본회의. 2016.09.23
506) 한겨레.2016. 9. 27. 박임금기자(http://www.hani.co.kr/arti/society/area/762958.html)
507) 한겨레.2016. 9. 27. 박임금기자(http://www.hani.co.kr/arti/society/area/762958.html)
508) 경향신문. 2017. 4. 28. 김지환기자(http://news.khan.co.kr/kh_news/khan_art_view.html?artid=201704280600055&code=910110)
509) 경향신문. 2017. 4. 28. 김지환기자(http://news.khan.co.kr/kh_news/khan_art_view.html?artid=201704280600055&code=910110)
510) 경향신문. 2017. 4. 28. 김지환기자(http://news.khan.co.kr/kh_news/khan_art_view.html?artid=201704280600055&code=910110)
511) 경향신문. 2017. 4. 28. 김지환기자(http://news.khan.co.kr/kh_news/khan_art_view.html?artid=201704280600055&code=910110)

512) 동아일보. 2016. 10. 12. 김광오기자.(http://news.donga.com/3/all/20161011/80743788/1)

513) 한국일보.2016. 10. 16. 안경호기자 (http://www.hankookilbo.com/News/Read/201610162047005552)

514) 한겨레. 2016. 11. 8. 김영환기자(http://www.hani.co.kr/arti/society/area/769335.html)

515) 한겨레. 2016. 12. 2. 윤형중기자(http://www.hani.co.kr/arti/politics/assembly/773076.html)

516) 경향신문. 2016. 12. 5. 최인진기자(http://news.khan.co.kr/kh_news/khan_art_view.html?artid=201612051755001&code=620109)

517) 경향신문. 2016. 12. 7. 권순재기자(http://news.khan.co.kr/kh_news/khan_art_view.html?artid=201612071654001&code=620112)

518) 경향신문. 2016. 12. 8. 박용근기자(http://news.khan.co.kr/kh_news/khan_art_view.html?artid=201612081312001&code=940100)

519) 한국일보. 2016. 12. 8. 최수학기자(http://www.hankookilbo.com/News/Read/201612081870924258)

520) 한국일보. 2017. 2. 6. 서상현, 권경성, 전혼잎기자 (http://www.hankookilbo.com/News/Read/201702060495055719)

521) 경향신문. 2017. 2. 17. 박용하기자(http://biz.khan.co.kr/khan_art_view.html?artid=201702170600005&code=920100)

522) 경향신문. 2017. 2. 17. 박용하기자 (http://biz.khan.co.kr/khan_art_view.html?artid=201702170600005&code=920100)

523) 기획재정부, 제3기 중장기전략위원회 2차 회의 인구구조 변화에 대응한 중장기 정책과제, 2017.3.31.

524) 경향신문. 2017. 4. 2. 박병률기자 (http://biz.khan.co.kr/khan_art_view.html?artid=201704021839001&code=920100)

525) 경향신문. 2017. 4. 28. 김지환기자 (http://news.khan.co.kr/kh_news/khan_art_view.html?artid=201704280600055&code=910110)

526) 경향신문. 2017. 4. 28. 김지환기자(http://news.khan.co.kr/kh_news/khan_art_view.html?artid=201704280600055&code=910110)

527) 경향신문. 2017. 4. 28. 김지환기자(http://news.khan.co.kr/kh_news/khan_art_view.html?artid=201704280600055&code=910110)

528) 경향신문. 2017. 4. 28. 김지환기자 (http://news.khan.co.kr/kh_news/khan_art_view.html?artid=201704280600055&code=910110)

529) 한국일보. 2017. 7. 17. 송원영기자(https://www.hankookilbo.com/News/Read/201707171589251836)

530) 경향신문, 2017. 08. 16, (http://news.khan.co.kr/kh_news/khan_art_view.html?artid=201708161051001&code=940601)

531) 경향신문. 2017. 8. 29. 남지원기자(http://news.khan.co.kr/kh_news/khan_art_view.html?artid=201708291059001&code=940401)

532) 동아일보, 2017. 11. 28, (http://news.donga.com/3/all/20171127/87476976/1)
533) 경향신문, 2017. 12. 07, (http://news.khan.co.kr/kh_news/khan_art_view.html?artid=201712060001005&code=910402)
534) 동아일보. 2017. 12. 27. 최혜령기자(http://www.donga.com/news/article/all/20171227/87929659/1)
535) 경향신문, 2018. 01. 11, (http://news.khan.co.kr/kh_news/khan_art_view.html?artid=201801111037001&code=940601)
536) 한겨레, 2018. 02. 12, (http://www.hani.co.kr/arti/society/schooling/831880.html)
537) 중앙일보, 2018. 02. 22, (https://news.joins.com/article/22389382)
538) 경향신문. 2018. 2. 28. 권기정기자(http://news.khan.co.kr/kh_news/khan_art_view.html?artid=201802281018011&code=620102)
539) 동아일보. 2018. 4. 5. 우경임, 한상준기자 (http://www.donga.com/news/article/all/20180405/89467011/1)
540) 한국일보. 2018. 04. 17, (http://www.hankookilbo.com/News/Read/201804171213912338)
541) 중앙일보. 2018. 07. 01, (https://news.joins.com/article/22762728)
542) 중앙일보. 2018. 07. 01, (https://news.joins.com/article/22762728)
543) 중앙일보. 2018. 8. 8. 이에스더,이승호 기자(https://news.joins.com/article/22867733)
544) 한국일보. 2018. 08. 30, (http://www.hankookilbo.com/News/Read/201808301689787737)
545) 국회뉴스ON, 2018. 09. 14, (http://www.naon.go.kr/content/html/2018/09/06/f9c483de-9994-4f8f-9065-4fdc366de6a8.html)
546) 한국일보. 2018. 09. 14, (http://www.hankookilbo.com/News/Read/201809131763332618)
547) 경향신문. 2018. 09. 17, (http://news.khan.co.kr/kh_news/khan_art_view.html?artid=201809171016001&code=910100)
548) 한국일보. 2018. 10. 8. 허정연기자 (http://www.hankookilbo.com/News/Read/201810081024046941?did=NA&dtype=&dtypecode=&prnewsid=)
549) 한국일보. 2018. 10. 8. 허정연기자 (http://www.hankookilbo.com/News/Read/201810081024046941?did=NA&dtype=&dtypecode=&prnewsid=)
550) 한겨레. 2018. 10. 11. 송경화, 김태규기자 (http://www.hani.co.kr/arti/politics/assembly/865512.html)
551) 동아일보. 2018. 10. 12. 정봉오기자(http://news.donga.com/3/all/20181012/92375600/2)
552) 동아일보, 2018.10.12. 김소정 기자(http://news.donga.com/3/all/20181012/92365746/2)
553) 동아일보, 2018.10.12. 김소정 기자(http://news.donga.com/3/all/20181012/92365746/2)

554) 동아일보. 2018. 10. 12. 정봉오기자(http://news.donga.com/3/all/20181012/92375600/2)

555) 한겨레, 2018.10.13. 김태규기자
(http://www.hani.co.kr/arti/politics/politics_general/865654.html)

556) 한겨레, 2018.10.13. 김태규기자
(http://www.hani.co.kr/arti/politics/politics_general/865654.html)

557) 경향신문, 2018.10.14. 노도현기자
(http://news.khan.co.kr/kh_news/khan_art_view.html?artid=201810140913001&code=940401)

558) 중앙일보, 2018.10.15. 김은빈기자(https://news.joins.com/article/23045147)

559) 중앙일보, 2018.10.16. 한영혜기자(https://news.joins.com/article/23046528)

560) 중앙일보, 2018.10.16. 장은희기자(https://news.joins.com/article/23047172)

561) 한겨레. 2018.10.16. 엄지원, 황춘화기자
(http://www.hani.co.kr/arti/politics/assembly/866009.html)

562) 경향신문, 2018. 10. 18. 노도현기자(http://news.khan.co.kr/kh_news/khan_art_view.html?artid=201810181013011&code=940401)

563) 경향신문. 2018. 10. 20. 박순봉기자(http://news.khan.co.kr/kh_news/khan_art_view.html?artid=201810201111001&code=910100)

564) 조선일보 2018. 10. 20. 박원익기자(http://news.chosun.com/site/data/html_dir/2018/10/20/2018102001089.html?utm_source=naver&utm_medium=original&utm_campaign=news)

565) 조선일보 2018. 10. 20. 박원익기자(http://news.chosun.com/site/data/html_dir/2018/10/20/2018102001089.html?utm_source=naver&utm_medium=original&utm_campaign=news)

566) 한국일보, 2018. 10. 23.
(http://www.hankookilbo.com/News/Read/201810231429057757?did=NA&dtype=&dtypecode=&prnewsid)

567) 중앙일보. 2018. 10. 28, (https://news.joins.com/article/23071747)

568) 조선일보. 2018. 10. 29. 이벌찬,홍준기기자(http://news.chosun.com/site/data/html_dir/2018/10/29/2018102900241.html?utm_source=naver&utm_medium=original&utm_campaign=news)

569) 한국일보, 2018. 11. 03, (http://www.hankookilbo.com/News/Read/201811021726384628?did=NA&dtype=&dtypecode=&prnewsid)

570) 한겨레. 2018. 11. 4. 이경미,이정애기자(http://www.hani.co.kr/arti/politics/assembly/868789.html)

571) 중앙일보. 2018. 11. 04, (https://news.joins.com/article/23093703)

572) 한국일보. 2018.11.06. 진달래기자
http://www.hankookilbo.com/News/Read/201811061594060828?did=NA&dtype=&dtypecode=&prnewsid=

573) 경향신문, 2018.11.06. 김기남기자
(http://news.khan.co.kr/kh_news/khan_art_view.html?artid=201811061255001&code=940401)

574) 중앙일보. 2018. 11. 19, (https://news.joins.com/article/23137472)

575) 한겨레. 2018.11.20. 김보협, 성연철기자
(http://www.hani.co.kr/arti/politics/bluehouse/871085.html)

576) 중앙일보, 2018. 11. 20, (https://news.joins.com/article/23138702)

577) 조선일보. 2018. 11. 29. 홍준기기자
http://news.chosun.com/site/data/html_dir/2018/11/29/2018112900250.html?utm_source=naver&utm_medium=original&utm_campaign=news)

578) 동아일보. 2018.11.30. 최예나, 이지훈기자
(http://news.donga.com/3/all/20181129/93094580/1)

579) 한국일보. 2018.11.30. 허정헌기자
http://www.hankookilbo.com/News/Read/201811301070047654?did=NA&dtype=&dtypecode=&prnewsid=

580) 동아일보. 2018.11.30. 최예나, 이지훈기자
(http://news.donga.com/3/all/20181129/93094580/1)

581) 경향신문. 2018. 12. 03 조형국기자 (http://news.khan.co.kr/kh_news/khan_art_view.html?artid=201812032230005&code=910402)

582) 한겨레. 2018. 12. 4. 박수혁기자(http://www.hani.co.kr/arti/society/area/872999.html)

583) 경향신문. 2018. 12. 7. 정환보,조형국,허남설기자
(http://news.khan.co.kr/kh_news/khan_art_view.html?artid=201812072121005&code=910100)

584) 경향신문. 2018. 12. 7. 정환보,조형국,허남설기자
(http://news.khan.co.kr/kh_news/khan_art_view.html?artid=201812072121005&code=910100)

585) 한국일보. 2018. 12. 7. 김지현기자
(https://www.hankookilbo.com/News/Read/201812071058714155?did=NA&dtype=&dtypecode=&prnewsid=)

586) 한국일보. 2018. 12. 18. 허정헌기자
(http://www.hankookilbo.com/News/Read/201812181062715052?did=NA&dtype=&dtypecode=&prnewsid=)

587) 경향신문. 2018. 12. 20. 백경열기자(http://news.khan.co.kr/kh_news/khan_art_view.html?artid=201812202022001&code=620115)

588) 중앙일보. 2018.12.31. 전민희기자 (https://news.joins.com/article/23251180)

589) 한겨레. 2018. 12. 31. 박기용기자(http://www.hani.co.kr/arti/society/labor/876405.html)

590) 경향신문, 2019. 01. 14, (http://news.khan.co.kr/kh_news/khan_art_view.html?artid=

201901141405001&code=940100)

591) 한국일보. 2019.01.23. 송옥진기자
http://www.hankookilbo.com/News/Read/201901231410011165?did=NA&dtype=&dtypecode=&prnewsid=

592) 한겨레. 2019. 1. 11. 황예랑기자(http://www.hani.co.kr/arti/society/society_general/878028.html)

593) 중앙일보. 2019. 1. 13. 이승호기자(https://news.joins.com/article/23285160)

594) 중앙일보. 2019. 1. 14. 이승호기자(https://news.joins.com/article/23287645)

595) 한국일보. 2019. 01. 23. 송옥진기자
(http://www.hankookilbo.com/News/Read/201901231410011165?did=NA&dtype=&dtypecode=&prnewsid=)

596) 동아일보. 2019.01.24. 조유라기자(http://news.donga.com/3/all/20190124/93835828/1)

597) 경향신문, 2019. 01. 24, (http://news.khan.co.kr/kh_news/khan_art_view.html?artid=201901241238001&code=940100)

598) 경향신문. 2019. 1. 30. 박용하기자
(http://news.khan.co.kr/kh_news/khan_art_view.html?artid=201901301301001&code=940100)

599) 중앙일보. 2019.02.13. 전민희기자 (https://news.joins.com/article/23366454)

600) 중앙일보. 2019.02.13. 전민희기자 (https://news.joins.com/article/23366454)

601) 중앙일보. 2019. 2. 28. 이에스더기자(https://news.joins.com/article/23398641)

602) 경향신문. 2019. 3. 6. 이명희기자(http://news.khan.co.kr/kh_news/khan_art_view.html?artid=201903062144015&code=620101)

603) 중앙일보. 2019. 4. 16. 전민희기자(https://news.joins.com/article/23442338)

604) 중앙일보. 2019. 9. 19. 정종훈기자(https://news.joins.com/article/23580693)

605) 중앙일보. 2019. 11. 21. 한영혜기자(https://news.joins.com/article/23638821)

CHAPTER 03

정책행위자별 연합에 의한 아동돌봄담론의 변동

지금까지 앞 장에서는 대통령 집권기를 시간적 범위로 설정하여 각 시대별로 정책행위 주체들이 아동돌봄과 관련하여 어떠한 정책적 담론들을 생산해 냈고, 그 담론들 간의 동학이 형성됨을 통해 정책과정은 어떻게 진행되었는가를 정리해 보았다. 그리고 각 시대별로 그 시대의 담론적 특징들을 도출하여 종합적으로 제시해 보았다.

이제 이 장에서는 지금까지 분석한 시대별 담론의 변동내용과 진행과정을 정책행위자별 연합에 따라 분류하고, 각 행위자별 옹호연합들이 생산해 낸 담론들이 내재하는 의의를 다음과 같이 정리해 보았다.

우선 아동돌봄정책의 담론에 대한 옹호연합은 아동돌봄정책의 확대와 새로운 정책의 도입에 대해 크게 찬성하는 연합과 반대하는 연합의 두 그룹으로 분류되었다. 여기에서 찬성연합은 다시 두 그룹으로 세분되었는데, 하나는 선별주의적 소득보장에 대한 지지를 하는 차원에서 아동돌봄정책의 확대와 새로운 정책들의 도입에 대해 찬성을 한 연합이라고 할 수 있다. 그리고 다른 하나는 아동돌봄정책을 통한 보편주의적 소득보장에 대한 지지를 표명한 차원의 찬성연합이라고 할 수 있다. 아동돌봄정책의 확대와 새로운 정책의 도입에 대해 반대하는 입장을 내세운 연합도 두 그룹으로 다시 구분되는데 우선 하나는 재정문제를 주 원인으로 내세우며 반대한 연합이고, 또 다른 하나는 아동수당으로 대표되는 새로운 제도들이 전통적인 남성중심적 젠더분업효과를 야기할 것을 우려한 반대연합이라고 할 수 있다.

이들 연합들은 각기 지향하는 정책적 가치들의 실현을 위해 실질적으로 정책적 연대를 통한 가시적 정책활동을 함께 실천한 것은 아니었다. 그러나 이들은 각각의 담론활동들을 통해 담론이 확장되거나 변동되도록 추동하면서 그러한 결과가 정책에 반영되도록 압박하고 경쟁하였다. 이들이 각기 제시한 담론들이 어떻게 종합되고 정책적 결과를 도출하였는가에 대한 세부적 분석의 내용은 다음과 같다.

제1절 찬성연합의 담론

1. 선별주의적 차원의 소득보장에 대한 찬성

한국사회에서는 2000년 대에 접어들면서 초저출산이 심화되고 지속되자 아동돌봄 이슈는 급속히 사회 전반의 담론으로 확산되기 시작하였다. 그리고 이 이슈에 대해 초저출산의 해결을 위해 초저출산현상을 유발하는 가장 중요한 영향요인 중 하나라고 인식된 아동돌봄의 부담을 경감하고, 이를 통해 출산율을 회복시키고자 하던 정치가들의 관심도 증폭되었다. 그런 과정에서 아동돌봄아젠다는 다양한 담론의 주체들과 정책행위자들에 의해 본격적으로 다루어지고, 정책과정을 통해 지속적으로 확산하면서 정책적 변동을 거듭해갔다.

사실 저출산과 아동돌봄문제는 노무현대통령이 집권하기 직전부터 이슈화되어 있었고, 아동의 돌봄을 지원하는 정책적 제도들에 대한 담론도 그 이전부터 급속히 팽창되기 시작하고 있었다. 그런 과정 속에서 선거경쟁을 수단으로 하여 다양한 정책들을 통해 정치적 헤게모니를 잡으려 한 정책행위자들과 아동돌봄에 관련된 시민단체 및 사회단체들은 대통령의 선거 이후에 보다 더 개방된 사회문화적 분위기가 형성되면서 각자의 주장들을 기탄없이 표출하기 시작하였다. 이러한 사회문화적 그리고 정치적 분위기와 환경은 정책담론이 발달하는 데에 상당히 긍정적인 자양분이 되었다. 그런 풍토 위에서 기존에 존재하지 않았거나 미약했던 아동돌봄 지원정책들에 대한 새로운 논의도 거세어지기 시작하였다.

흥미로운 것은 이 당시부터 구체적 정책들에 대한 모색이 심화되면서 종전에는 주로 아동돌봄인프라를 확충하여 보육수요자들의 돌봄욕구를 서비스를 통해 충족하고자 하는 데에 머물러 있었다면, 이제는 아동돌봄과 관련된 사회수당에 대한 담론이 본격적으로 형성되기 시작하였다는 점이다. 그리고 이를 기점으로 사회수당은 아동돌봄을 위한 시설서비스와 두 중심축을 이루며 아동돌봄정책과 관련된 담론의 흐름을 이끌게 되었다.

사회수당에 대한 담론이 형성되기 시작한 초기인 2003년에는 주로 한나라당에서 출산율을 높이기 위한 방안으로 아동을 위한 수당을 제안하였다. 한나라당은 양육비용을 감소시키기 위안 도구로 '저출산의 사회경제적 영향을 최소화하기 위한 제도적 대응책'으로서 '출생신고시 국가 또는 지방자치단체가 그 전부 또는 일부를 부담하도록 함(안 제15조)'[1]이라는 내용을 제시하였다. 그리고 이후에도 만4세 이하인 아동들을 위해 1인당 월 5만원의 보육수당을 지급(연합뉴스, 2003. 9. 21.)하자는 제안도 나타났었다.

1) http://blog.naver.com/tsahn43/100049105291

일반적으로 자유주의적 가치를 지향하고 보수적인 정당은 급여형태에 있어서 주로 서비스정책보다는 현금정책을 선호하는 경향이 강한데 여기에서도 그러한 경향이 그대로 드러난 것이다. 보수당은 보육시설을 통한 돌봄서비스나 전문인력에 의한 돌봄서비스를 확대하거나 제도로 도입하기 보다는 새로운 수당제도의 도입을 선택한 것이다. 그런데 흥미로운 것은 당시에 현금정책을 도입하자는 것에 대한 주장은 보수적인 정당에만 국한된 것이 아니었다는 점이다. 2003년 10월에 당시의 대표적인 진보적 시민단체 중 하나였던 참여연대가 '신빈곤대책 3대개혁입법청원(국민기초생활보장법, 아동복지법, 영유아보육법)'[2)]을 통해 사회적 양육의 의미를 강화하고, 빈곤가정의 아동을 보호하기 위해 아동수당의 도입을 요구했었기 때문이다.

아동수당의 도입에 대한 주장은 양육수당에 대한 아젠다화가 이미 진행되고 있던 상황에서 제도적 혼란을 야기할 수도 있던 사안이었다. 그러나 당시에 한국사회가 제도의 실행에 대한 경험이 없었고, 아동돌봄의 문제가 가장 중요한 정치적, 사회적 과제로 인식되고 있던 시점이었다는 점에서 이러한 정책적 중첩성에 대한 문제를 제기하는 목소리는 크지 않았던 것이 사실이다.

보수정당과 시민단체가 지향하는 정책적 가치의 초점에는 차이가 있었지만 동일한 결과로 수렴되었다는 것은 상당히 흥미로운 일이다. 물론 제도의 도입을 주장한 배경에는 전자는 아동수당을 통해 사회경제적 비용을 절감할 수 있다는 차원에서, 후자는 아동수당을 통해 아동의 소득보장을 실현하기 위한다는 점에서 접근했다는

---

2) http://www.peoplepower21.org/Welfare/653247

점에서 차이가 있긴 하였지만 보수당과 진보단체가 둘 다 아동을 위한 수당을 도입하는 것에 대해 동의를 했다는 점은 놀랍다. 그러나 이렇듯이 서로 다른 방향성을 축하는 행위집단들 간에 정책적 욕구들을 공통적으로 표출했다 하더라도 이를 반영한 제도화는 쉽사리 진행되지는 않았다.

다른 한편으로 2004년 7월에 정부는 '빈곤대물림차단을 위한 희망투자전략'[3])을 제시하면서 6세 미만의 저소득 한부모가정에 대한 양육비를 인상함으로써 이를 아동수당으로 확대되는 기초로 삼고자 하였다(이진숙, 2017). 그 동안 반대입장을 보이던 중앙정부에서는 드디어 2005년 1월 20일에 보건복지부가 주최했던 '저출산의 영향과 대응방안'이라는 토론회에서 보건복지부의 인구가정정책과 과장이 '둘째아기를 낳을 경우에 신생아 수당 등 아동수당제 도입 등을 검토'하겠다며, 이에 대해서는 대통령 업무보고 때 구체적인 내용을 제시할 계획이라고 하였다(이진숙, 2017).[4)] 그리하여 이 것은 중앙정부가 드디어 본격적으로 새로운 현금정책을 통해 저출산과 부모의 돌봄부담을 해결하고자 하는 의지를 드러냈던 것이다. 이로써 보수정당과 시민단체 그리고 진보정부 간의 현금정책의 도입에 대한 긍정적 연합이 형성되는 토대가 마련된 것은 일반적 이론의 가정에서 비껴나 있는 점이라는 측면에서 흥미롭다. 하지만 이런 현상이 나타나게 된 원인은 지나치게 낮은 출산율과 부모들의 출산을 기피할 수 밖에 없는 사회환경 그리고 가족과 아동에 대한 재정투자가 지나치게 적었다는 정책적 결함이 복합적으로 작용한 데에서 기인한 결과라고 할 수 있다.

3) 한겨레신문, 2004. 7. 1.

4) 보건복지부 보도자료, 2005. 1. 20. (http://www.mohw.go.kr/front_new/al/sal0301vw.jsp?PAR_MENU_ID=04&MENU_ID=0403&page=655&CONT_SEQ=32105)

2006년 4월 27일에 중앙정부(여성가족부)는 제1차 가족정책기본계획(2006-2010)의 공청회에서 보육시설이나 유치원 등을 이용하지 않는 저소득층에 '자녀양육지원수당'을 지급하는 방안을 검토하겠다고(이진숙, 2017) 발표하였다.[5] 이는 중앙정부가 실제로는 아동돌봄정책을 통해 부모의 돌봄부담을 해소하려는 목적이 있었다기보다는 저출산문제를 해결하기 위한 수단으로 모색했었던 것이 사실이다. 그러나 이는 수당제도를 다양하게 운영하고 있지 못했던 한국사회에서 큰 파장을 일으킨 행위임에는 분명하였다.

이상과 같은 정책담론의 과정을 통해 현금정책을 도입하는 것에 대한 짧지 않은 기간 동안의 담론적 형성과 경합은 차츰 결실을 맺게 되었다. 2006년 7월 14일의 당정협의 과정에서 저출산고령사회본부장은 일단 0-5세 사이의 아동들에게 월 10만원 정도의 아동수당을 지급하는 게 바람직하다고 하였다. 이제는 아동수당에 대한 사회적 공감대가 형성되기 시작한 것이다. 보건복지부에서는 2007년 하반기부터 기초생활보장 대상자와 차상위 계층에 우선 시행 뒤 중산층 및 모든 가구로 확대 방침임을 주장하고, 당시 여당이던 열린우리당의 보건복지위 간사는 기초생활보호대상자, 저소득층, 도시근로자가구 평균소득 130% 이하 계층을 대상으로 시행될 예정이라고 밝혔다. 아동수당을 도입하지만 명백히 선별주의적으로 급여의 대상을 제한하겠다는 것을 밝힌 것이다.

5) 여성가족부 보도자료, 2006. 4. 27. (http://www.mogef.go.kr/dev/board/board.jsp?menuID=kd0201&id=kd0201&cate=&key=&search=&order=&desc=asc&syear=&smonth=&sdate=&eyear=&emonth=&edate=&deptcode=&menuID=kd0201&pg=1&mode=view&idx=224862)

이를 통해 당과 정 간의 연합에 의한 아동수당의 도입방침이 명시되었다. 이처럼 이 당시에 아동수당의 도입에 대한 주장은 주로 저소득가정의 아동양육을 위한 선별적 차원의 맥락에서 일종의 소득보장방안으로 제시된 것이었다(이진숙, 2017). 그리고 이는 담론형성의 초기에 진보정당(열린우리당)은 주로 아동수당이라는 보편적 아동소득보장책으로의 확대(이진숙, 2017)를 염두에 둔 찬성의견이었지만 이러한 방향이 선별적 소득보장책으로 변화되는 상황에 직면하게 되었음을 보여주는 것이었다. 이런 맥락 때문에 참여연대를 비롯한 시민단체들은 아동수당의 도입에 대해서는 원칙적으로 긍정적인 평가를 하지만, 보다 근본적인 차원에서 단계별 계획의 수립을 요구하기도 하였다.[6]

한편, 2008년 11월 12일에 여당이었던 한나라당에서는 양육수당을 지급하는 내용의 영유아보육법 일부 개정법률안을 발의하였다.[7] 그 이후, 보건복지부는 보육시설을 이용하지 않는 아동들에게 지급하기 위한 양육수당(월 10만원)의 예산(324억원)을 새롭게 편성하였다. 이를 계기로 정책적 가치에 대한 지향성을 불문하고 다양한 담론주체들에 의해 현금정책의 확장에 대한 논의도 점차 거세지게 되었다.

2010년 9월 27일에는 여당이 전체 가구 70%에 양육수당을 지급하는 방안을 추진하기로 하였고,[8] 정부에서는 국무회의를 열어 양육수당을 지원받을 수 있는 대상을 36개월 미만으로 확대하는 영유아보육법 시행령 개정안을 의결했다(이진숙, 2017).[9]

6) 2006. 7. 16. http://www.peoplepower21.org

7) 국회회의록 보건복지가족위원회 18대 278회 14차, 2008. 11. 12

8) 한겨레신문, 2010. 9. 27, http://www.hani.co.kr/arti/politics/politics_general/441096.html

9) 연합뉴스, 2011. 1. 11, http://www.yonhapnews.co.kr/bulletin/2011/01/11/

그 한참이 지난 후에 아동수당이 도입되었지만 아동수당의 도입은 보편주의적으로 도입되었고, 담론의 형성과 진행과정 또한 양육수당의 도입 당시와 관련된 담론들과는 다른 방향으로 진행되었다.

결국 이상의 내용을 종합해 보면 일반적으로 사회수당의 도입과 확대에 대해 옹호하는 정책적 연합들은 주로 보편적 소득보장기제로서 아동수당을 인식하고, 이에 대한 제도의 도입을 찬성하는 경우가 많은데, 양육수당이라는 사회수당에 대해서는 옹호연합에의 참여자들이 아동수당의 도입을 주장했던 것과는 달리, 대상이나 지원수준 면에서 아동수당의 성격과는 다르게 축소된 채, 선별적 소득보장을 주장하는 차원에서 제도의 도입을 모색했다는 점이 흥미롭다. 이러한 상황이 전개된 데에는 아동돌봄과 관련된 사회수당의 특성과 남성중심적 가족문화가 강한 한국적 현실에서 기인하는 바가 크다.

양육수당이나 아동수당으로 대표되는 현금급여는 성평등이슈와 직결되는 특성들을 내재하고 있다. 일반적으로 부부관계의 기능적 평등을 추구하는 복지국가유형들은 국가가 가족 내 여성의 돌봄제공역할을 대체하는 서비스를 제공하는 방식을 통해 돌봄의 사회화방안을 채택하는 경향이 강하다. 이에 비해 가족과의 동반자관계 복지국가유형에서는 돌봄서비스 제공의 사회화보다는 직접적인 현금보조금 혹은 조세크레딧을 통하여 비용의 사회화를 선호하는 경향(이진숙, 2008)이 강하다. 즉, 현금급여와 전문적 서비스 간의 선택은 국가가 가족 또는 직접적 돌봄제공자가 될 가능성

0200000000AKR20110111064000017.HTML?did=1179m

이 높은 여성에게 어떠한 역할을 담당하도록 규정하고 지원하는가에 따라 결정된다고 할 수 있다.

가족 내 돌봄노동 전담자는 돌봄노동으로 인해 일상적인 생계활동에 지장을 받게 되고, 돌봄의 수행이 더 이상 요구되지 않아 노동시장으로의 복귀를 희망하는 경우에도 돌봄노동의 수행기간 동안에 발생된 노동시장의 공백으로 인해 재취업을 통한 노동시장으로의 복귀가 수월하지 않게 된다. 그리고 설령 노동시장으로의 복귀가 성공적으로 이루어진다 하더라도 여성이 경력단절 이전의 시기에 담당했던 직무와 동일한 수준의 직무를 다시 수행하게 될 것을 희망하는 것은 쉽지 않게 된다(이진숙, 2008). 그러므로 만약 돌봄노동의 기간이 장기화되는 상황이 되면 돌봄서비스의 주담당자는 육체적이나 심리적 부담을 지게 될 뿐만 아니라, 취업경력과 생계적인 측면에서도 손실과 희생을 감수해야 한다. 그리고 나아가서 돌봄전담자가 감내해야 하는 이러한 부담과 희생은 복지시스템의 구조가 노동시장 내에 진입해 있는 임금근로자에 초점을 두고 구축된 것이 일반적인 현대 산업사회에서 이들의 사회적 보장, 특히 노후보장에 있어서의 손실과 결함으로 직결되는 위험성이 있다. 그러므로 돌봄노동으로 인한 부담과 희생에 대한 보상은 오늘날 사회복지가 주력해야 할 중요한 과제가 되었다(이진숙, 2008).

현금급여는 비공식적 무급노동에 대한 경제적 보상수단이 될 수 있다. 반면, 현금급여는 가족돌봄 제공자의 경제적 의존성을 높이고, 돌봄노동의 유지를 유도하는 효과를 낳기 때문에 돌봄을 제공하는 여성의 전통적 성역할규범을 강화하게 된다(Lister, 2000). 현금급여의 이와 같은 특성으로 인해 현금급여를 주장하는 담론들은 돌봄제공자가 되는 여성의 소득보장을 모색하는 여성주의운동과 결합되어 나타났지만 여성의 돌봄행위에 대한 가족의 전통적 양육규범을 강화하는 도구로 비판되면서 여성주의적 맥락에서는 선호되지 않았다. 그러한 대신, 탈가족화(defamilialization)에 대한 관심이 증폭되기 시작하였고, 이러한 흐름은 여성취업에 부정적 영향을 유발할 수 있는 가족 내에서의 무급 여성노동에 대한 경제적 보상에 대해 회의적인 시각을 형성하였다(이진숙, 2008). 여기에 국가의 시설보호비용을 감축하는 데에 관심을 갖는 신자유주의적 복지철학이 가세하면서 현금급여의 수준은 돌봄제공자로서의 여성에 대한 적절한 보상을 보장하지 못하는 것이 일반적이어서 경제적 의존성(Sawatzky and Fowler-Kerry, 2003: 278)을 증가시킨다는 지적도 위의 주장을 더욱 지지(이진숙, 2008)하였다. 이로 미루어 볼 때 가족 내 여성들에 의한 아동돌봄에 대한 현금급여를 통한 보상은 가부장적 성분업이 강한 한국가족문화에서는 부정적으로 평가되는 분위기가 강했다.

에스핑-앤더슨(Esping-Andersen, 1999)은 탈가족화를 '가족에 대한 개인의 의존을 경감시키는 것, 즉 가족과 관계없이 개인이 경제적 자원을 최대한 통제하는 것'이라고 정의하였다. 따라서 여성이 경제활동을 통해 가족으로부터 독립하려면 가족에 대한 돌봄노동 수행정도가 낮아야 하는데 이를 위해 '탈가족적' 제도가 제공되어야 한다고 하였다. 그러므로 에스핑-앤더슨이 주장하는 탈가족화는 여성의 가족부담을 공적인 서비스를 통해 덜어줌으로써 남성과 동일하게 탈상품화에 접근하기 위한 것으로 결국 여성노동자의 상품화 정도를 의미한다(김수정, 2004).

이상과 같은 아동돌봄을 둘러싼 젠더이슈의 성장은 한국사회에서 수당제도에 중심을 둔 소득보장제도나 가족의 돌봄부담 경감조치에 대해 부정적인 반응들을 야기하였고, 그에 따라 관련된 제도들의 도입은 위축될 수 밖에 없었다. 하지만 저출산과 여성 및 가족의 돌봄부담 문제는 여전히, 또는 심지어 더 강하게 가시화되기 시작하였고, 그로 인해 선별주의적 차원에서라도 소득보장을 통한 아동돌봄에 대한 지원이 필요하다는 동의는 어느 정도 형성되었다. 따라서 결과적으로는 담론 연합들의 다양한 이슈화를 거치지 않고 시설보육에 대한 선별주의적 대안으로 아동돌봄담론의 성장과정에서 양육수당이라는 현금제도가 도입되었고, 전반적으로 그 수준은 높지 않게 억제되는 방향으로 제도화되었다.

2. 보편주의적 소득보장 차원의 찬성

아동돌봄 지원에 대한 확대 또는 새로운 제도의 도입에 대한 찬성의 담론은 보편주의적 소득보장의 측면에서도 형성되었다. 이는 특히 양육수당에 대한 지방정부들의 대응에서 발견되는 현상이고, 소득보장의 측면에서 선별주의적으로 사회수당에 관심을 가졌던 시기를 경험하고 난 이후에 어느 정도 수당제도가 정착된 이후에 이런 현상이 더 많이 나타났다.

지방정부 중 서울시에서는 시설을 이용하지 않는 저소득 다자녀 가정의 만 12세 미만 아동에게 매월 10만원의 양육수당을 지급하고 있었지만, 2009년 8월 31일에 당시 서울시장은 저출산 해결대책으로써, 저소득층에게 선별적으로 지원하던 양육수당을 소득 수준에 관계없이 보편적으로 지원하는 방식으로 바꾸는 계획을 표명하였다

(이진숙, 2017).[10] 강릉시에서는 다자녀 가정을 대상으로 해서 셋째 자녀부터 양육수당을 제공하겠다는 계획을 밝히기도 했다[11] 지방정부들은 주로 저출산대책으로써 양육수당을 도입한 것이었고(이진숙, 2017), 중앙정부보다 저출산에 더 민감한 지방정부들은 선별이 아닌 보편주의적 양육수당을 택한 것이다.

지방정부들의 양육수당에 대한 보편주의적 찬성경향이 확산되자, 2009년 12월에는 야당에서도 보편적 양육수당의 도입을 주장[12]하였고, 2011년 11월에는 여당이었던 한나라당이 0-2세 사이의 모든 아동에게 보편주의적으로 양육수당을 제공하는 계획을 검토 중임을 밝혔다.[13] 그리고 마침내 2012년 12월 31일에는 여야의 합의로 2013년부터 만 0-5세 아동들에게 전면적으로 무상보육서비스를 제공하기 위한 정책예산이 통과되었고, 이를 통해 양육수당은 선별주의적 성격에서 보편주의적 성격으로 제도의 기본구조 자체가 변화되었다.

보편주의적 사회수당에 대한 우호적 경험이 정착이 되자 아동돌봄을 지원하기 위한 또 다른 수당제도에 대한 사회적 인식은 긍정적으로 변화하였다. 이런 경향은 양육수당의 안착 이후 아동수당의 도입을 모색하는 담론의 전개과정에서 잘 드러난다.

2016년 8월 31일에 야당이었던 국민의당은 보육료지원과 양육수당 제공이라는 당시의 무상보육 기본구조를 그대로 유지하면서도 그 외에 아동수당(월 10만원)을 추

10) CBS, 2009. 8. 31

11) 연합뉴스, 2009. 11. 24

12) 국회회의록 보건복지가족위원회 18대 284회 10차, 2009. 12. 8

13) 조선일보, 2011. 11. 10. http://news.chosun.com/site/data/html_dir/2011/11/10/2011111000793.html

가로 새롭게 지급하는 방안을 제시하였다.[14] 양육수당보다 먼저 등장했었지만 특히 중앙정부의 재정문제를 이유로 담론화가 지속되지 못하고 기약없이 유보되기만 했던 아동수당을 도입하자는 담론이 다시 나타나게 된 것이다. 이는 저출산의 지속문제가 해결되지 않고, 게다가 생활정치에 대한 일반 시민들의 관심이 커지고 실제로 복지정책이슈가 선거과정에서 중요한 변수가 되는 과정을 보면서 정책행위자들은 선거경쟁에서 우위를 점하기 위해서는 새로운 복지제도가 필요하다는 합리적 인식을 하게 되었기 때문이다. 그런 과정에서 찾아낸 것은 아동수당이라는 아젠다였다.

이런 흐름 속에서 2016년 9월 9일에는 여당인 새누리당에서 저출산문제의 해결대책으로 '출산2.0 프로젝트'를 추진한다고 밝혔는데, 이 프로젝트의 주요내용 중에는 현금성 지원방안의 하나로 아동수당의 지급을 검토하기로 하는 것이 포함되어 있었다(이진숙, 2017).[15] 이것은 복지에 대한 근본적인 고민의 결과라기 보다는 다가올 2017년의 선거를 미리 고려한 정치적 선택행위였다고 보는 것이 더 정확한 설명일 것이다. 결과적으로 이러한 과정에서 선별주의의 대표적 주자였던 양육수당제도는 아동수당이라는 보편주의적 제도와 만나 중복적인 성격으로 인해 수당제도들 간에 서로 경쟁해야 하는 기이한 국면으로 접어들게 되었다.

사실 양육수당과 아동수당을 살펴 보면 전자는 아동돌봄에 대한 보상이라는 성격이 강하고, 아동수당은 피부양자로서의 아동의 생계를 위한 기본소득적 성격이 강한

---

14) 연합뉴스, 2016. 08. 31, http://www.yonhapnews.co.kr/bulletin/2016/08/31/0200000000.0AKR20160831091900001.HTML?input=1179m

15) 중앙일보, 2016. 9. 9, http://news.joins.com/article/20573530

차이가 있지만, 실제로는 두 제도 모두 아이를 돌보는 부모에게 지급되고, 돌봄을 수행하는 부모의 경제적 부담을 경감하기 위한 기대효과를 가지고 있다는 점에서는 제도의 속성은 다를 바가 없다. 그렇다면 중앙정부는 제도를 도입하는 과정에서 두 제도 간의 관계를 다시 한번 숙고해 보고 두 제도의 관계를 재구조화하는 것이 필요하였다. 그러나 가장 우선적으로는 선거경쟁에서의 승리를 염두에 두고 있는 정치가들은 제도 간 관계의 재구성이라는 이슈에 대한 고민은 건너뛴 채, 그저 제도로 도입하여 시민들의 긍정적 환호를 얻는 것에만 관심을 가질 뿐이었다. 그런 결과, 아동수당의 도입은 아무런 갈등이나 저항이 없이 순조롭게 도입되었다. 그리고 사회수당으로서의 양육수당과 아동수당의 도입 이후에 사회수당에 대한 시민들의 보다 개방적으로 변화된 태도는 급기야 영아수당의 도입으로 연결되었다.

중앙정부의 발표에 의하면 영아수당은 0-1세 사이의 영아에 대해 어린이집 이용 여부에 따라 구분하여 지원하던 보육료와 양육수당을 통합한 수당이다. 이는 영아기의 돌봄 특성상 보육시설의 이용보다 가정돌봄이 많음을 반영한 것으로 아동의 안정적인 발달 지원과 함께 부모의 경제적 부담을 완화하고 부모의 양육방식에 따른 선택권을 보장할 것으로 기대된다(보건복지부, 2020: 80). 영아수당은 2020년 12월에 발표된 '제4차 저출산 · 고령사회 기본계획'에서 처음 제시되었는데, 영아수당에 대한 논의는 저출산 문제의 대응으로서의 보육정책의 변화 속에서 살펴볼 수 있다.

이 책의 전반부에서 살펴본 바와 같이 2004년 정부는 저출산 대응을 국가적 의제로 설정한 후 「저출산 · 고령사회기본법」을 제정했다. 다음해 동법을 근거로 '제1차 저출산 · 고령사회 기본계획'을 수립했다(보건복지부, 2015: 18). 저출산 · 고령사회

기본계획은 인구정책의 근간이 되는 계획으로 가족과 아동관련 복지정책의 기본이 된다. '제1차 저출산 · 고령사회 기본계획(2006-2010년)'부터 '제3차 저출산 · 고령사회 기본계획(2016-2020년)'까지 약 15년 동안 저출산 대응으로서의 보육정책은 국가발전과 경제 성장이라는 목표아래에서 추진되었다(김영미, 2018: 108). 특히, 1-2차 기본계획에서는 출산율 제고를 위해 출산 · 양육에 대한 국가와 사회적 책임을 강화하고 양육비용 지원 중심의 대책을 마련했다.

제1차 기본계획에서는 저소득 가구의 보육지원을 중심으로 한 정책이 추진되어 양육수당은 2009년 24개월 미만의 저소득층 아동을 대상으로 제한적으로 지급되었다. 그러나 제2차 계획에서는 정책 수요가 높은 맞벌이 등의 일하는 가정을 위한 일 · 가정 양립 등의 종합적인 정책으로 확대됨에 따라 양육수당의 지원 대상 또한 확대되기 시작했다(보건복지부, 2011: 22). 2013년에는 영유아보육법이 개정되면서 양육수당은 0-84개월 미만의 모든 아동으로 대상으로 한 보편적 지원정책으로 자리 잡았다.

제3차 기본계획에서는 보육료와 양육수당 간의 격차가 가정양육이 중요한 영아들의 시설이용을 유도할 수 있다는 한계를 극복하고자 양육수당의 적정지원과 함께 가정양육 지원을 위한 서비스를 확대하였다. 그리고 2019년 제3차 수정안 기본계획에서는 정책의 패러다임을 출산장려에서 모든 세대의 삶의 질 보장으로 전환하고 아동중심의 양육지원체계를 개편하기 위한 논의가 이루어졌다(보건복지부, 2019: 12). 제4차 기본계획에서는 이러한 논의를 바탕으로 개인의 삶의 질을 제고하기 위한 생애주기별 지원 대책이 마련되었다. 영아기 집중 투자를 통해 안정적인 발달을 지원하고자 2022년도 출생아부터 영아수당을 도입하는 내용도 그 안에 포함되었다.

당시 0-1세 영아는 어린이집을 이용할 경우 부모보육료 47만원, 기관보육료 50만원을 지원받고 어린이집을 이용하지 않으면 0세는 20만원, 1세는 15만원의 양육수당을 지원받았다. 그러나 0-1세의 영아의 특성상 전일적 · 전적 돌봄이 필요하고 어린이집 이용보다 가정양육에 대한 부모의 선호도가 높게 나타났다(보건복지부, 2020: 79). 정부도 이를 반영하여 보육료와 양육수당을 통합한 영아수당의 도입을 추진하였다. 보건복지부는 영아수당의 도입과 함께 2025년까지 50만원 수준으로 인상하기 위해 영아수당 법 개정과 정보시스템 개선 및 예산안 확보를 추진할 예정이다.

양육수당을 받고 있는 아동은 2019년 기준 전체 0-6세 아동인구의 24.1%이다. 제도의 도입 초기에는 차상위계층 이하의 0-24개월 미만의 아동을 대상으로 제한 적으로 지급 되어 양육수당을 받는 아동은 2010년도 기준 총 51,838명에 불과했다. 그러나 보편주의적인 적용 이후 양육수당은 주로 만 2세의 영유아가 시설 보육료 대신 집중적으로 이용하는 정책이 되면서 2013년에는 1,060,484명으로 제도의 도입 초기 대비 약 16배 급증했다. 2014년부터 지원대상의 수가 감소하는 것처럼 보이지만 이는 출생아동수의 급감에 의한 것이다(송다영 · 박은정, 2019: 105).

새롭게 도입된 영아수당의 대상인 만 0-1세 아동을 중심으로 살펴보면 2019년을 기준으로 만 0세와 1세 전체 인구는 각각 295,132명, 330,970명이었는데, 이중 양육수당을 이용하는 영유아는 만 0세가 269,362명(91.3%), 만 1세가 203,769명(61.6%)이었다. 2022년도 출생아부터는 어린이집 이용여부와 상관없이 30만원이 지급되며, 2025

년부터는 월 50만원으로 확대 지원이 될 예정으로 모든 영유아가 영아수당을 이용할 수 있을 것으로 기대된다.

〈표 10〉 주민등록통계상 영유아인구 및 양육수당 지원대상 (단위: 명,%)

연도	주민등록통계상 인구(0-6세)	양육수당 지원대상	양육수당 지원비율
2009	3,229,577	-	-
2010	3,208,694	51,838	1.6
2011	3,212,933	89,756	2.8
2012	3,265,160	102,653	3.1
2013	3,264,476	1,060,484	32.5
2014	3,210,156	1,012,336	31.5
2015	3,187,718	1,009,346	31.7
2016	3,153,489	933,153	29.6
2017	3,044,577	836,290	27.5
2018	2,905,409	745,677	25.7
2019	2,726,967	658,450	24.1

주: 양육수당은 2019년 7월에 도입되어 보육통계에는 2010년부터 기록됨.
2012년부터 어린이집 미이용아동, 장애아동, 농어촌아동의 합계.
매년 12월 31일 기준 인원.
출처: 보건복지부, 각 연도 보육통계.

제4차 저출산 · 고령사회 기본계획이 발표되고, 그 안에 영아수당이 포함되어 있음이 공개되었음에도 불구하고, 다양한 정책행위자들 중 어느 누구도 이에 대해 반대하거나 비난하는 담론을 제시하지 않았다는 것은 한국사회가 이미 보편주의적 아동돌봄수당에 익숙해졌고, 그 필요성에 대해서도 복지의 확장이라는 측면에서 공감대를 형성하고 있기 때문이라고 여겨진다.

제2절 반대연합의 담론

1. 재정부담문제로 인한 반대

2004년 초에 중앙정부는 아동수당을 도입시기 상으로는 2008년 이후의 중장기 검토과제로 보고 제도의 도입을 유보했었던 적이 있다.[16] 수당제도의 도입에 대한 담론의 전개과정에서 아동수당에 대한 담론이 양육수당에 대한 담론보다 먼저 등장되었지만 실제 제도의 도입과정을 살펴보면 양육수당의 도입이 더 먼저 시행되었다. 이 당시에 왜 아동수당을 도입하지 못했는가에 대한 공식적 이유는 중앙정부의 재정부족문제 때문이라고 발표되었다.

중앙정부에서는 2004년 11월에도 아동수당은 '필요하지만 아직은 엄두가 안난다'[17]는 입장을 취하였고, 2006년 7월 25일에 기획예산처는 수당을 준다고 출산율은 높아지지 않는다'면서 아동수당제를 도입하는 것을 반대 하였다.[18] 그러나 재정부족의 이슈 이외에 중앙정부가 제도의 도입을 반대하는 것과 관련된 담론의 방향성과 관련된 가치에 대한 이유는 찾아보기 어려웠다. 그런 이후에 선별주의적 양육수당이 도입되었고, 당시만 해도 그런 정책의 흐름 속에서 수당제도들에 대한 반대연합은 적극적으로 형성되지 않았었다.

16) http://www.mohw.go.kr/front_new/al/sal0301vw.jsp?PAR_MENU_ID=04&MENU_ID=0403&page=638&CONT_SEQ=27821

17) 한국경제신문, 2004. 11. 8

18) 한겨레신문, 2006. 7. 25

아동양육수당에 대한 반대연합은 2013년 중반에 다시 가시화되었는데, 이 당시에는 무상보육료 지원으로 모든 영유아 아동들이 시설보육서비스를 받을 수 있도록 제도가 확장되던 시기였다. 당시에 매우 빠른 속도로 확산되던 보육정책으로 인해 중앙정부와 재정을 분담하여 제도를 운영해야 하는 지방정부들로서는 매우 난감한 상황이 반복되고 있었다. 그리고 시설에서의 무상보육서비스를 확장하면서 사회수당보다는 국공립보육시설의 확충을 우선적으로 추진해야 한다는 여성주의적 주장들도 반대담론이 형성되는 데에 일조를 하였다. 이런 상황에서 아동돌봄지원정책이 양육수당의 도입 이후 선별주의에서 보편주의로 확장되고, 그 다음에는 아동수당이라는 새로운 제도의 도입이 논의되면서 지방정부들의 불만은 고조될 수 밖에 없었다. 그로 인해 재정문제를 반대이유로 내세운 반대연합은 기획재정부를 중심으로 한 재정담당 부서 외에 주로 지방정부들이 주를 이루었다고 할 수 있다. 한 사례로 무상보육을 위한 예산의 고갈 위기에 놓였던 서울시가 단기적이기는 하지만 양육수당의 지급을 중단하는 것을 검토한다는 내용이 알려지기도 한 적이 있었다.[19)]

결론적으로 아동돌봄과 관련된 다양한 담론들의 전개와 확산과정 속에서 재정문제를 이슈로 제기하며 절충적인 방안으로 선별주의적인 제도의 도입과 확장을 주장한 목소리들은 중앙정부나 정당들 그리고 시민사회단체들 가운데 다수가 발견된 사례들이 있었지만, 재정문제를 기치로 하여 제도의 도입과 확장을 전적으로 반대한 담론의 주체들은 대체로 재정을 부담해야 하는 지방정부들이었다고 할 수 있다. 실제로 제도의 실행주체로서 재정적 그리고 행정적 책임을 져야하는 지방정부들로서는

19) 연합뉴스, 2013. 7. 29, http://www.yonhapnews.co.kr/bulletin/2013/07/26/0200000000AKR20130726056251004.HTML?input=1179m

적극적으로 반대의 담론들을 펼칠 수 밖에 없었고, 이는 결국 아동돌봄관련 제도의 개선방향에 재정분담의 책임주체들 간의 구조를 숙고해야한다는 과제를 던져 주었다는 함의를 가진다.

2. 젠더불평등의 고착화를 우려한 반대

양육수당제도가 도입되기 직전인 2008년 11월에 이르러서 보육관련단체 및 시민단체들(한국여성단체연합, 참여연대사회복지위원회, 공동육아와공동체교육, KYC, 전국어린이집연합회)은 보육시설을 이용하지 않는 아동에 대한 자녀양육수당은 공공보육시설이 확대되기 이전에는 도입되어서는 안 된다(이진숙, 2017)고 반대의견을 표명하였다.[20] 아동양육수당의 도입이 젠더분업에 미칠 부정적 효과를 고려해야 한다는 의견이 공식적으로 표명된 것은 의아하게도 이것이 처음이었다. 보육시설관련단체들과 여성주의를 표방하는 시민단체들(참여연대, 한국여성단체연합회)은 2009년의 제도 도입 이후에도 '국공립 어린이집의 대폭 확충이 없는 재정지원만으로 생색을 내며, 책임을 부모에게 전가하는 양육수당을 반대한다'고 주장하였다(이진숙, 2017).[21]

가부장적 가족문화가 공고하고, 가족 내 돌봄은 여성의 전유물로 치부되는 성분업 구조 속에서 가족 내 돌봄을 수행하는 구성원(주로 어머니)을 위한 사회적 보상(임

20) http://cafe.daum.net/cwchild/

21) http://www.peoplepower21.org/Welfare/668186

금)으로서의 의미가 클 수 밖에 없는 양육수당에 대해 젠더이슈적 맥락에서 이들이 반대를 한 것은 당연한 일이었다. 실제로 아동돌봄정책 이외에도 노인돌봄정책의 대표적 사례라 할 수 있는 노인장기요양보험에서도 가족의 돌봄에 대한 현금급여를 통한 지원은 사회 내에서 격렬한 논쟁 끝에 제도의 종주국이라 할 수 있는 독일의 경우와는 달리 도입되지 않은 사례가 있기도 하다.

여하튼 이들의 주장은 성불평등을 촉발할 수 있는 수당제도에 대해서는 부정적이었는데, 흥미롭게도 이러한 주장의 기조는 양육수당의 지원수준이 최대 20만원으로 고착화되어 실행되면서 더 이상 지속되지 않았다. 낮은 수준의 현금급여는 기혼여성들의 탈가족화에 큰 영향을 미치지는 않으리라는 예측이 가능했기 때문이다. 그러나 성불평등적 젠더분업을 우려한 주장의 기조는 주로 여성단체와 시민단체들을 중심으로 유지가 되었다.

여성단체들과 주장을 같이하던 시민단체들 중 참여연대는 무상보육재정에 대한 문제가 크게 이슈화가 되면서 2013년 11월 14일에 여타의 시민단체들과 같은 주장의 맥락에서 보육인프라를 위한 예산이 대폭 삭감되어 전체 보육예산은 대체적으로 가정양육수당 등 보육비용을 지원하는 현금급여와 경제적 지원조치에 편중되어 있는 문제가 있으므로, 이러한 예산구조는 가정 내에서의 여성의 돌봄을 강요하는 우려를 가지고 있다[22]고 비판하기도 하였다.

22) 국민일보, 2013. 11. 14, http://news.kukinews.com/news/article.html?no=169646

CHAPTER 04

정책담론 옹호연합 구조의 함의

앞의 장들에서 살펴 본 바와 같이 아동돌봄정책에 대한 담론들은 주로 정부들과 정당들 그리고 관련된 시민사회단체들에 의해 주도되면서 아동돌봄정책의 확장과 새로운 제도들의 도입에 직면할 때 찬성과 반대의 구조를 형성하며 변동되어 왔다. 한국사회에서의 아동돌봄정책, 특히 무상보육정책의 결정과정은 부모와 아동의 정책적 욕구 보다는 정치권의 정치성에 영향을 받으며(이진숙, 2017), 그러한 결과로 인하여 정치권의 대중영합주의적 편의성에 따라 뚜렷한 가치지향성을 담지하지 못한 채 방향없이 표류해 오는 양상을 보여 왔다. 정책담론에 대한 분석은 이러한 측면을 입체적으로 드러내 보일 수 있는 장점이 있다.

앞에서는 아동돌봄과 관련된 사회환경들과 정책적 환경들 그리고 정책행위자들이 지향하는 신념들이 아동양육수당과 아동수당 그리고 시설보육료 지원 및 보육서비스 비용을 지원하는 정책들을 중심으로 어떻게 영향을 미쳐왔고, 그를 통해 정책들이 실제로 어떻게 변화되어 왔는가를 담론을 통해 살펴 보았다. 그리고 이를 위해 분석 방법은 정책담론모형을 활용하여 분석해 보았다.

기존의 아동돌봄관련 선행연구들은 대부분 보육시설의 양적 부족문제나 보육예산의 부족문제, 그리고 이로 인한 부모의 돌봄부담과 저출산의 문제에 주로 초점을 두고 연구를 진행한 경향이 강했다. 그에 비해 이 책에서는 그러한 정책의 외형적인 문제점에 초점을 두는 것이 아닌, 정책의 결정과정에서 형성된 상이한 담론들을 대상으로 분석을 시도했다는 점에서 의의가 있다고 하겠다. 하지만 다원주의적 담론전개에 의한 정책의 결정에 익숙하지 않은 한국사회의 특성으로 인해 연구과정에서 수집하고자 했던 연구자료의 양은 연구자의 의도와는 다르게 매우 부족했다. 그런 자료

상의 한계로 인해 저자가 당초 의도했던 다양한 정책담론의 주체들에 의해 생산된 깊이있고 지속적으로 연결성이 있는 담론자료들은 찾기 어려웠다. 주로 공적 담론의 주체들인 중앙정부와 지방정부 그리고 국회 내에서 의회정치를 통해 산출된 자료들은 공적으로 축적되어 있으므로 분석에 활용할 수가 있었지만 여성단체를 비롯한 시민단체들 그리고 아동돌봄 관련 이해당사자들의 담론은 발견할 수 있는 양이 많지 않았다. 그러한 한계로 인해 한편으로는 정치사회적 환경 및 정책적 환경들이 그리고 다른 한편으로는 정책행위자들의 가치나 신념 그리고 규범적 지향성이 정책변화에 어떤 영향을 미치고, 그를 통해 정책옹호연합들이 상호 역동적 관계를 형성하고 어떻게 변화되는가 하는 문제를 보다 심층적으로 분석해 내지는 못한 제한점을 내포하고 있다.

담론의 주체들로서의 중앙정부와 지방정부 그리고 정당들 외에 주로 여성단체들과 복지관련 시민단체들 그리고 보육관련 이해집단들로 대표되는 민간영역의 담론에 대한 자료들이 많이 발견되지 못한 데에는 다음의 두 가지가 중요한 원인으로 작용한 듯하다.

우선 한편으로는 한국사회에 민주주의적 담론수렴구조가 정착되지 않아 민간에서 담론들을 사회적으로 표출할 수 있는 분위기와 기회가 적극적으로 열려있지 못하다는 점을 들 수 있다. 그런 이유로 시민사회단체들은 다양한 방식으로 담론을 생산하고, 담론전개과정에 참여는 하지만 그들의 주장이 공식적으로 반영되는 기회는 많지 않고 그런 과정에서 그들이 생산한 담론들을 기록화하는 작업도 간과되거나 누락되는 결과가 나타날 가능성이 높은 것으로 보인다.

다른 한편으로는 민간 영역에서 설령 담론들이 생산된다 하더라도 그 담론들이 축적될 수 있는 아카이브들이 부족하다는 점이다. 일반적으로 담론들을 공식적으로 확인할 수 있는 방법은 신문이나 방송 등의 언론매체를 통해 제공된 경우와, 자체적인 문헌기록들을 공식적으로 발표하여 그것이 축적되어 있는 경우이다. 그런데 이 두 가지가 한국사회에서는 여의치 않다는 점이다.

이 저서가 자료수집의 한계로 인해 정책담론 옹호연합들 중 공적 담론주체라고 할 수 있는 정부들과 정당들을 제외한 나머지의 비공적 담론주체들 간의 심층적 동학을 제대로 추출하고 이론화하지 못한 한계는 결국 아동돌봄담론의 전개과정이 공적 주체들에 편중되어 입체적이지 못하고 평면적으로 그려지게 되는 아쉬움을 낳게 되었다. 예를 들어 분석결과를 보면 사실 양육수당은 원래 중앙정부의 재정부족이라는 이유에 기인하여 도입이 지체되다가 사회적 이슈로 아동수당의 도입에 대한 관심이 형성되면서 이슈화에 변화가 일면서 찬성연합세력이 커지게 된 사례라고 할 수 있다. 그리고 이 제도의 도입을 반대한 연합세력들은 주로 젠더이슈를 고려한 반대연합이었지만 결국 반대연합의 규모가 일반으로 확산되지는 못하여 반대흐름을 크게 이끌어 내지는 못하였다고 할 수 있다. 이러한 과정들과 동학이 단지 평이하게 제시될 수 밖에 없었던 점은 매우 아쉽게 여겨진다.

이런 점들을 고려해 보면 아직 한국사회에서는 아동돌봄이슈처럼 이슈의 본질에 갈등적 요소들을 다양하게 내재하고 있는 정책사례의 경우라 할지라도 의사결정의 흐름들 속에서 다차원적으로 정책행위자들의 주장들이 서로 경쟁하는 구도가 만들어지고, 이를 통해 정책적 변동이 이루어지지는 못하는 한계가 있는 것으로 보인다.

PART 4

아동을 위한 돌봄정책을 위해

CHAPTER 01

코로나 19 이후 아동돌봄정책의 전망

아동돌봄이라는 이슈가 한국사회에서 차지하는 무게와 의미는 다른 나라들에서의 그것과 같지 않다. 그간 가부장적인 가족문화와 위계적 질서 속에서 아동을 돌보는 것은 늘상 어머니들에게 또는 할머니들에게, 그리고 또 다른 여성들에게 맡겨진 일이었고, 그 일의 가치는 높게 인정되지 않았다. 여성들은 결혼을 하면 자녀의 돌봄을 당연히 자신이 수행해야 할 의무로 받아들였고, 돌봄에 일생을 헌신하였다. 그러나 가족 내의 돌봄에 충실하던 여성들은 포스트산업사회에서 이제 삶의 영역을 넓혀 남성과 유사한 생애주기를 구성해가고 있고, 가족 내에서의 돌봄역할을 여성이 홀로 감당해야 하는 것에 대해서는 누구도 합리적 정당성을 주장할 수 없다. 그렇다고 해서 남성들에게는 아동돌봄이 가볍게 받아들여진다는 것은 결코 아니다.

오늘날 남성들은 여성들과 마찬가지로 가족을 중심으로 생애의 초점을 구성해 가고 있으며, 그 과정에서 부모로서 자녀의 돌봄에 참여하는 것을 당연히 여겨가고 있다. 젠더에 상관없이 성인으로서 자녀돌봄과 직업생활을 균형적으로 양립하는 것이 당연한 개인들의 생애주기가 되었고, 이는 종전의 성분업적 문화 속에서 홀로 부양의 무자로서 생계를 떠맡아야 했던 남성들에게도 더욱 중요하고 필요한 변화로 요구되고 있다. 자녀의 돌봄은 누구에게나 보편적으로 보장되어야 할 권리이자 의무이고, 이는 사회적 차원에서도 지지되어야 할 소중한 가치이다.

시대와 사회는 변화되었고, 그 흐름에 따라 이제는 아동돌봄의 방식과 책임주체들도 바뀌어야 한다. 아동의 돌봄은 부모나 가족이 전적으로 도맡아야 할 사적인 사안으로 치부하고, 돌봄이 어려운 가족들을 방치했던 전통적 관행과 풍습은 오늘날 결국 사적인 관계들의 갈등만 증폭시킬 우려가 있고, 초저출산의 지속과 사회의 지속가능성에 대한 부정적 예측만 키우는 결과를 야기하고 있다.

앞에서 살펴본 바와 같이 특히 2000년대에 접어들면서 정책과정에서 다양한 담론주체들이 등장하고 기존보다 좀 더 역동적인 담론전개과정이 펼쳐져 왔다. 그리고 이를 통해 아동돌봄을 위한 정책들이 시설서비스에서 현금급여제도들로 확장되고 대상도 선별주의에서 보편주의로 넓혀지는 진전을 가져왔다. 하지만 앞 장들에서 제시된 분석결과들에서 여실히 드러난 것처럼 아직도 담론의 주체는 중앙정부와 지방정부 그리고 정당들로 편중되어 있어서 다양한 가족과 아동들의 돌봄욕구라는 정책수요자들의 요구사항을 정책과정에 반영하기에는 많은 한계가 있다. 그렇다보니 수요자를 고려한 공익적 고려보다는 정치가들의 개별적 이익이 반영된 정책적 결정들이 자주 발견되어왔다.

정책담론들을 통해 이와 같은 한계들이 발견되면서 아동돌봄정책의 올바른 방향성을 찾기 위한 노력이 신속히 강화되어야 함이 한국사회의 가장 우선적인 과제가 된다고 할 수 있다. 그런데 2020년 초부터 본격화된 사회환경의 예측치 못했던 급변은 정책적 변화를 모색하는 과정을 더욱 어렵게 만들고 있다. 즉, 기존의 가족가치관의 변화, 인구구조와 가족구조의 변화 그리고 사회환경적 변화 외에도 코로나바이러스(COVID-19)의 확산으로 우리 사회에서 개인들의 일상은 심각하게 흔들리게 되었다.

2019년부터 세계적으로 확산되어 온 감염병이 새로운 사회적 재난이자 위험으로 우리 일상을 위협하고 있다. 이제 아동들은 학교가 아닌 집에서 돌봄을 받고, 교육을 이수하며, 직장인들은 회사가 아닌 자택에서 정보통신기기를 이용해 업무를 처리한다. 그리고 개인들은 가정 안에 머물며 이동을 스스로 제한하고, 사회와의 소통은 온라인 플랫폼(on-line platform)에 의존하는 생활이 지속되고 있다. 이러한 재가중심의 격리생활을 통해 가정이라는 사적 공간과 사회라는 공적 공간 사이의 경계가 한편으로는 더욱 견고해졌지만, 다른 한편으로는 더욱 모호해지고 있기도 하다. 이러한 개인들의 '고립되었지만(isolated) 초연결된(hyper-connected)' 생활양식의 확산은 개인 간의 직접적 접촉은 감소되지만, 온라인 상의 네트워크는 더욱 긴밀해지는 초연결사회의 구현을 상당히 앞당겨 놓는 결과를 가져왔다.

지금까지 우리는 개인화된 생활문화 속에서 가정과 사회가 분리된 삶을 영위하는 것에 익숙하게 살아왔다. 그런데 이제 우리는 온종일 가정 내에서 자녀들을 전적으로 돌보고, 가족구성원들끼리 일과 생활을 24시간동안 온전히 공유해야 하는 생경한 상황에 놓이게 되었다. 이런 변화가 가족과 아동돌봄에 어떤 변화를 야기할지에 대해 아직 확언을 하기는 이르다. 하지만 새로운 감염병 재난이 일종의 신사회위험(new social risk)으로써 가족적 삶에 영향을 미치고 있는 것은 부인하기 어렵다. 재난을 경험하면서 이에 대처하는 방식으로써 가족구성원 간의 돌봄은 더욱 긴밀해지는 한편, 외부요인으로 인해 돌봄 공백과 위기에 내몰린 가족들에게서는 오히려 구성원 간의 관계가 느슨해지거나 긴장을 드러내기도 하고 있기 때문이다.

아동돌봄이 코로나 사태 이후에 어떻게 변화될 것인가에 대해 섣불리 단정하기엔 이르다. 하지만 이를 계기로 정부가 가족을 대하는 방식에는 분명히 변화가 감지되고 있어서 흥미롭다. 지금껏 한국사회에서 정부나 사회는 가족의 삶에 직접적으로 개입하는 것을 꺼려 왔다. 그리고 가족적 삶과 관련된 문제를 해결함에 있어서도 가족에게 전적으로 떠맡기는 방식을 취해 왔다. 이렇듯이 정부와 사회가 명백하게 공사분리전략을 취함으로써 가족문제를 방치해 온 것에 대해 전문가들은 가족(책임)주의로 비판을 해 왔다(장경섭 · 진미정 · 성미애 · 이재림, 2015; 김유경 · 이진숙 · 손서희 · 조성호 · 박신아, 2018: 63-64). 그러나 비판을 수용한 개선은 아주 느리게 점진적으로 진행되어 왔다. 그런데 사회 전체가 재난을 경험하면서 정부의 정책이 가족적 삶에 개입하는 방식은 전과는 다르게 빠르고도 직접적으로 진행되었다.

한 예로 정부는 경제적 어려움에 직면한 저소득가족들에게 재난지원금 성격의 경제적 지원책을 제공하기로 하였다. 어린 자녀들을 직접 돌봐야 하는 가정들에게는 아동수당을 추가지급하며, 직장업무를 수행하는 과정에서 아동들을 돌볼 수 없는 공백에 놓인 가족들에게는 긴급돌봄서비스를 시작하고 있다. 이러한 조치들이 해당 가족들에게 현실적으로 얼마나 큰 도움이 될 수 있을지에 대한 논의는 뒤로 미루고, 종전 같았으면 긴 시간을 통해서도 정책결정여부를 장담할 수도 없었을 일들이 매우 짧은 시간 안에 현실화되었다는 점은 이전과는 매우 큰 차이라고 할 수 있다. 필자는 그런 맥락에서 이 상황이 아동돌봄정책의 도약을 위한 정책적 실험의 장과도 같다는 생각을 보기도 하였다.

아동돌봄을 위한 정부의 정책과정이 이전에 비해 상당히 속도를 내고 있는 변화를 보이는 점은 매우 긍정적인데, 그럼에도 불구하고 정부가 정책의 수혜 대상으로 누구를 지목하고 있는가를 따져보면 과연 가족을 바라보는 정부와 사회의 시선이 변화되었는가에 대해서는 의구심이 남는다. 정책이 의중에 품고 있는 가족이란 아직도 근대적 핵가족의 범위에서 벗어나지 못하고 있고, 아동돌봄문제는 가족이 일차적으로 해결해야 한다는 가족주의적 잔재가 여전히 도사리고 있음이 발견되기 때문이다.

한국여성정책연구원에서 조사한 결과를 보면 코로나 바이러스의 등장으로 변화된 환경이 야기한 아동돌봄문제와 정책적 대응의 한계들이 가시적으로 적나라하게 드러나고 있다. 조사결과에 의하면 코로나19가 확산된 이후에 긴급돌봄서비스를 이용한 비율은 영유아는 46.9%, 초등학생은 15%에 불과하며, 이용을 하지 않은 이유로는 '자녀가 코로나19에 감염될까봐 불안해서'가 영유아는 56.0% 그리고 초등학생은 41.8%였다(김영란, 2020). 그리고 부모가 맞벌이를 하든, 외벌이를 하든 모든 가구에서 어머니의 자녀돌봄 부담은 증가한 것으로 나타났다. 또한 맞벌이 여성의 67.9%와 외벌이 여성의 89.9%는 코로나19 확산 이전 시기에도 '자녀를 주로 돌본 사람은 본인'이었다고 응답(김영란, 2020)하였다.

이는 즉, 코로나 바이러스의 위험이 확산되면서 어머니들의 자녀돌봄에 대한 부담은 증가되었는데, 어차피 그 이전에도 자녀를 돌본 사람은 주로 여성이었다는 점을 의미하는 것이다. 이는 아직도 자녀의 돌봄은 직업생활을 가족생활과 양립하는가의 문제와 상관없이 어머니들이 주로 담당하고 있고, 코로나 바이러스의 확산은 어머니들의 돌봄수행의 역할을 더욱 강화하는 결과를 가져왔다는 점으로 해석이 가능하다.

중앙정부와 지방정부들은 종전의 돌봄서비스처럼 시설이나 전문인력을 통한 대면돌봄서비스의 제공이 불가해진 상황에서 앞에서 언급한 긴급돌봄을 제공하고, 부모가 직접 돌볼 수 있는 시간을 제공하기 위해 돌봄휴가를 이용할 수 있는 기회를 넓혔다. 그러나 긴급돌봄의 경우 앞에서 살펴본 것처럼 이용이 활성화되지 않았고, 돌봄휴가의 이용상황 또한 이와 별반 다르지 않았다. 코로나19의 확산 이후에 임금근로자 중 12.9%만 가족돌봄휴가를 사용하였고, '사용하고 싶었으나 업무공백, 회사사정 등 눈치가 보여서 미신청'한 경우가 34.5%(김영란, 2020)로 저조하였다. 그리고 설령 임금근로자가 돌봄을 위한 연차나 재택근무 또는 단축근로 등의 대안적 자녀돌봄제도를 사용한다 해도 사용률은 남성에 비해 여성이 높았다. 이는 즉 새로운 재난위험이 발생되면서 어머니들의 자녀돌봄부담은 더욱 증가하였고, 그로 인해 여성의 근무방식이 탄력적으로 변화되었고. 그 과정에서 자녀의 돌봄으로 인한 고용불안도 남성들에 비해 여성들에게 더 증가되었다는 슬픈 사실이 드러난다.

이런 상황에서 코로나19의 확산 이후에 아동이 부모를 포함한 성인이 곁에 없는 채로 혼자 집에 있는 경우도 여전히 상당수인 것으로 나타났다. 아동이 집에 혼자 있는 경우는 미취학 영유아가 6.2%(하루 평균 2시간 32분), 초등학생이 38.3%(하루 평균 3시간 54분), 중·고등학생이 72.3%(하루 평균 5시간 31분)(김영란, 2020)로 조사되었다. 이는 아동들이 부모의 돌봄을 받지 못하고 그냥 방치되고 있는 경우도 늘었다는 상황을 보여준다고 할 수 있다. 이 가운데에서 특히 미취학 영유아가 돌봄을 받지 못하는 경우가 6.2%(김영란, 2020)나 된다는 점은 상당히 우려스러운 부분이다.

이상과 같이 코로나19로 인해 발발되는 돌봄의 공백을 해결하기 위해서는 가족 내에서 성평등한 상호 돌봄문화가 조성되어야 하고, 안전한 긴급돌봄 체계가 마련되어야 하며, 아이돌봄서비스를 비롯한 대리돌봄서비스가 확대되어야 한다(김영란(2020).

CHAPTER 02

아동돌봄의 미래를 위한 제언

서구사회가 근대적 사회변동을 경험하면서 제도화된 개인주의를 통해 각 구성원이 가족을 벗어나 개인화된 생애과정을 살도록 추동하듯이(Beck & Beck-Gernsheim, 2002), 한국사회는 역으로 제도화된 가족주의를 통해 가족중심의 생애과정을 살도록 유도해왔다. 즉, 가족주의가 구체적인 정책을 통해 제도가족 단위의 생존 방식을 강화해 왔다(장경섭 · 진미정 · 성미애 · 이재림, 2015).

제4차 산업혁명이 확산되면서 생활상의 편리함은 더욱 증진되겠지만, 새로운 사회적 위험들이 등장할 가능성도 높아졌다. 가족은 앞으로 상상하기 어려운 변화를 경험하게 될지도 모른다. 개인주의의 심화는 산업 발전과 결합되어 개인들이 정보통신기술을 통해 초연결된 사적 네트워크 속에서 새로운 사적 관계를 형성하고, 그 속에서 친밀한 사람들 간의 새로운 공동체적 삶이 가능해지도록 추동할지도 모른다. 그러한 생활양식의 변화는 가족이라는 이름표가 특정생활유형에만 부착되고, 그를 통해 사회정책이 특정가족에게만 주목하는 것이 과연 정당한가에 대한 이의를 더욱 강하게 제기하도록 할 것이다. 사회가 변화하면 가족도 변화하는 것이고, 가족의 변화는 사회변동에 영향을 미치기도 한다. 변화라는 실제를 반영하여 가족과 돌봄을 열린 관점으로 규정을 해 나가는 것이 반드시 필요한 이유이다.

오늘날 심화되고 있는 아동돌봄문제에 대해 정책적 담론들이 어떠한 양상을 보이면서 동학을 구성하고 있는가 하는 점은 실제 정책의 방향과 규범에 영향을 미친다는 점에서 매우 중요하다고 볼 수 있다. 그러나 이와 관련된 정책적 담론들을 구체적으로 분석하고자 시도하는 연구들은 많지 않았다. 특히 저출산과 고령화의 심화로 아동돌봄문제에 대한 관심이 폭발적으로 확산되어 가고 있는데 이를 대상으로 한 담론적 연구들은 거의 전무하다고 볼 수 있다. 그러한 배경에는 아동돌봄 또는 저출산문제는 중앙정부보다는 지방자치단체들과 직결되는 문제이므로 이에 대한 연구들도 활성화되지 못하는 현실적 문제가 자리하고 있다. 그럼에도 불구하고 정책적 담론들이 미래를 위한 지속가능성을 모색하고자 한다면 아동돌봄을 위해 젠더이슈를 비롯한 다양한 대안들에 관심을 두고 다양한 관점에서 문제의 해결방안을 찾아가는 것이 필요하다.

이 책에서 아동돌봄담론의 변동을 분석해 본 결과, 담론의 양상이 중앙정부와 지방정부 그리고 정당들이 주도한 담론들에 치중되어 있고, 상대적으로 단조롭게 진행되어왔음이 나타나는 것은 매우 아쉬운 일이다. 이러한 분석결과들이 정책의 발전과 관련하여 함의하는 바를 제시해 보자면 아래와 같다.

우선, 아동돌봄정책의 담론의 주류는 돌봄비용 부담의 해소와 저출산문제의 해결이라는 논리적 순환구조에 기반한 찬성담론이었다고 할 수 있으며, 시대의 흐름 속에서 찬성담론은 저출산-고령화의 급속한 심화가 가시화되는 것과 발맞추어 최근으로 올수록 보편주의적 담론으로 상당히 확장되고 있음이 드러난다. 그러나 이러한 담론의 변화들과 그에 따른 정책적 변동은 결국 출산회복에 전혀 기여하지 못하였고, 돌봄이슈와 관련된 젠더적 이해관계를 반영하지도 못하고 있을 뿐이다. 따라서 다양한 담론들의 경쟁을 통해 사회와 개인들의 변화된 생활환경을 고려한 대안들이 제시될 수 있는 풍토를 조성하는 것이 필요하다.

둘째, 출산과 돌봄의 직접적인 행위자가 되는 여성은 남성과 달리, 경제적 생산의 주체로서의 사회경제적 지위보다는 출산과 양육이라는 재생산의 당사자로서의 지위로 제한적으로만 인식되고 있다. 그런 이유로 일-가정 양립이나 보육환경의 개선을 위한 정책적 지원은 젊은 부모를 위해 필요한 것이 아니라 임산부로서 그리고 어머니로서의 여성을 위해 고민되고 있음이 여실히 드러난다. 그리고 아버지들의 부모권 또는 일-가정 양립을 위한 지원에 대한 고민은 매우 부족함이 보여진다. 출산과 양육은 여성 만의 이슈가 아니라 부모 모두의 권리이자 책임으로 인식되어야 하고, 이를 지원하여 저출산을 해소하기 위해서는 부모 모두를 함께 고려하는 담론이 활성화되어야 할 것이다.

셋째, 아동돌봄에 대한 정치사회적 관심은 부모에 대한 지원을 통해 아동수를 늘리고 인구위기를 타개하기 위한 측면에서 형성된 바가 크지만, 출산 외에 노동시장의 적극적인 변화를 통해 생산성을 높이고, 아동인구를 대체할 대안은 매우 부족하다. 따라서 저출산문제를 해결하기 위해 복지정책의 틀을 뛰어 넘어 사회정책의 전 영역으로 아동돌봄정책의 경계를 확장하는 것이 필요하다.

넷째, 아동돌봄의 담론주체들이 다양하지 못하다 보니 다양한 담론들이 생산되기 어려운 한계가 있으므로 보다 다양한 주체들에 의해 대안의 고민도 활성화되어야 할 것이다.

다섯째, 아동돌봄을 지원하기 위해 보육시설의 양적인 규모는 상당히 빠른 속도로 증가되었지만 이는 주로 민간에 의존하여 확장된 결과였기 때문에 아동돌봄정책이 궁극적으로 추구한 보육의 공공성을 확대하지 못하게 되었고, 이로 인해 제도는 다양화되었으나 정책구조 상의 탈가족화 성격은 크게 강화되지 못하였다(이진숙 · 박진화, 2015). 이는 여전히 일하는 여성의 아동보육 요구가 충족되지 못하였다는 것을 의미한다. 노무현 정부 시절에는 보육의 공공성 강화와 일-가정양립 시스템 구축을 위해 '제2차 중장기 보육계획'을 세우고 보육정책의 양적, 질적 규모를 확대하고자 노력하였다. 그러나 전반적인 보육시설은 증가하였지만 민간보육시설의 더 많은 증가로 국공립보육시설의 비율(5.4%)이 김대중 정부 시기(6.0%) 보다 오히려 떨어졌다. 한편 이명박 정부 시기에는 보육바우처의 도입으로 보육의 질에 대한 책임을 국가가 아닌 가족으로 넘김으로써 국가책임의 최소화하는 결과를 초래하였다. 박근혜 정부도 이명박 정부의 정책을 더욱 강화하는 선상에서 무상보육의 대상(0-5세)을 확대하였고, 마찬가지로 전반적인 보육시설 수는 증가하였지만 국공립 보육시설이 차지하는 비율은 이명박 정부 시기와 마찬가지로 정체되어 5%대에 머물렀다. 따라서 노태우 정부 시기부터 박근혜 정부에 이르기까지 보육시설은 여러 차례 법 개정과 함께 외형적으로는 양적확대를 가져왔으나 국가책임의 공공성(탈가족화)은 확대되지 않았다.

어느 사회에서건 현대 복지국가에서 아동돌봄서비스는 탈가족화를 추구하는 수단으로 활용되는 대표적인 정책이며, 이러한 탈가족화는 보육의 공공성이 담보될 때에 더욱 효과를 드러낼 수가 있다. 보육서비스는 민간이 대다수를 차지하는 구조에서는 공공성을 달성하기 어렵다. 보육서비스 공급 주체의 역할이 공공성 강화에 중요한 요소이며 공급 주체로는 국가의 역할이 가장 우선시 되어야 한다는 것이다. 이것 없이 단순히 보육료 지원 등 재정 분담만을 계속해서 확대하는 것은 공공성 확보에 제한적일 수 있다. 따라서 공공성 확보를 위해 서비스의 질을 제고하고 보육 수요가 있는 가정에 모두 질 높은 서비스를 제공하기 위해서는 국 · 공립 보육시설의 절대적인 확충이 필요하다. 이를 위해 지역별 적정 수준 이상의 공공 전달체계를 확보하여야 하며, 이미 대다수를 차지하고 있는 민간 보육시설의 국 · 공립 보육시설로의 전환도 고려할 수 있다.

여섯째, 한국의 양육수당은 보육시설을 이용하지 않는 조건으로 지불되는 것이기 때문에 가족화의 성격을 더욱 강화시켰다(이진숙 · 박진화, 2015). 우리나라에서 양육수당은 출산율 제고, 양육비 부담 감소, 부모의 선택권 보장, 아동발달에의 기여 등 다양한 목적을 달성시키기 위해 2009년 9월 이명박 정부 시기 도입되고 박근혜 정부 시기 더욱 강화되었다. 양육수당이 가지는 정책적 효과를 극대화하기 위해서는 가정 내 보육에 대한 부모의 선택권 강화에 중심을 두어야 하지만 이는 여성들의 노동권과 충돌할 경우가 있기 때문에 현재로선 주의가 요구된다. 아동수당이나 영아수당은 양육수당과는 다른 성격을 가지고 있기는 하지만 수당 자체의 한계를 아직 내재하고 있어 개선이 필요하다.

지금까지 위와 같이 아동돌봄이 앞으로는 현재까지보다는 더 나아지기 위해 무엇이 문제인지 살펴보고, 그를 개선하기 위해 필요한 고민들은 무엇일지 정리해 보았다. 한 사회가 지속되고 더 앞으로 나아가기 위해서는 아동의 미래가 밝게 약속되어야지만 가능한 일일 것이다. 아동들의 삶이 밝지 않을 때 그 사회의 미래는 담보될 수 없는 일이다. 아동들이 행복한 삶을 영위하기 위해서는 무엇보다도 부모와 사회가 함께 아동을 돌보고, 그를 통해 아동들이 건강하고 바르게 성장할 수 있도록 돕는 것이 중요하다. 역사 속에서 조금씩이나마 한국사회의 아동돌봄은 진일보 되어 왔지만, 앞으로도 갈 길은 요원하다. 모쪼록 아동돌봄에 대한 사회적 관심이 하루 빨리 강화될 수 있기만 바랄 뿐이다.

참고문헌

강국진 · 김성해(2011). 정치화된 정책과 정책의 담론화: 부자감세 담론의 역사성과 정치성. 「한국행정학보」, 45(2): 215-240.

고원(2012). 한국에서 복지의제의 지배적 정치담론화 과정 분석. 경제와 사회.(95), 12-38.

고제이 · 신윤정 · 강신욱 · 오미애 · 안형석(2015). 영유아 적정 가정양육비용 산출을 위한 통계자료 분석. 보건복지부/한국보건사회연구원.

곽효문(1998). 정책학원론. 학문사.

국정기획자문위원회(2017). 『문재인정부 국정운영 5개년 계획』, 서울: 국정기획자문위원회.

국회입법조사처(2020). 한국 저출산 대응 예산 증가의 특징과 시사점.

김길수(2011). 정책담론과 정책논증에 관한 연구. 「한국자치행정학보」, 25(3): 177-193.

김남식(2009). "우리나라 보육정책 변천과정에 관한 연구", 21세기사회복지학회, 『21세기사회복지연구』, 제6권 제1호, pp. 1-18.

김사현 · 주은선 · 홍경준(2013). 무상보육 및 관련 정책이슈들에 대한 핵심 이해집단의 선호 분석: 서울시 어린이집 원장, 보육교사, 학부모를 중심으로. 사회복지정책. 40(2), 205-235.

김상용 · 이삼주 · 조승현(2016). "보건복지직 변동에 대한 연구 - 역사적 제도주의 관점에서", 『한국비교정부학보』, 20(3). pp. 51-71.

김성천 · 안현미(2003). "참여정부의 가족정책의 기본 구성요소의 분석과 발전방향 모색", 「한국가족복지학」, 제12권, pp. 35-63.

김송이 · 이혜숙(2014). 양육수당 도입 이후 보육수요 실태 및 보육인프라 다각화 방안. 2014 정책연구-02. 서울시여성가족재단.

김수정(2006). "스웨덴 가족정책의 삼중동학 - 탈상품화, 탈가족화, 탈젠더화", 『가족과 문화』, 제18권 제4호, pp. 1-33.

김영란(2020). 『코로나19로 인한 가족의 변화와 정책과제』. 한국여성정책연구원.

김영미(2018). "저출산 · 고령사회 기본계획에 대한 젠더 분석. 저출산 담론의 재구성을 위하여", 『비판사회정책』, 제59호, pp. 103 – 152.

김유경 · 이진숙 · 손서희 · 조성호 · 박신아(2018). 『중 · 장년층 가족의 이중부양 부담 구조 변화와 대응방안 연구』.

김윤권(2005). "제도변화의 통합적 접근: 역사적 신제도주의를 중심으로", 한국정책학회, 『한국정책학회보』, 제14권 제1호, 299-329.

김은정 · 이진숙 · 최인선(2014). 자녀양육 실태 및 돌봄지원 서비스 개선방안: 맞벌이 가구 중심으로. 연구보고서 2014-22-6-3. 서울: 한국보건사회연구원.

김인숙 · 정재훈(2001). "김대중 정부 여성복지 정책평가와 정책 제언", 가톨릭대학교 사회복지연구소, 『사회복지리뷰』, 제6권 1호, 25-38쪽.

김정래(2013). 무상보육정책의 철학적 논의. 제도와 경제. 7(2), 83-105.

김정자(1987). 아동 보육에 관한 연구, 한국 여성 개발원 연구 보고서, 제10권, 201-257쪽.

김종성(2002). "신제도주의의 행정학적 함의", 『사회과학연구』, 제13권, pp. 59-73.

김주경 · 현재은(2014). Kingdon의 다중흐름모형(Multiple Stream Framework)을 적용한 영유아 무상보육정책 분석 -누구를 위한 무상보육인가?. 韓國政策學會報. 23(4), 527-563.

김태은(2015). "역사적 제도주의 연구경향과 비판적 논의", 『한국행정학보』, 제49권 제4호, pp. 57-96.

김헌진(2012). 우리나라 무상보육정책과 사회적 형평성. 한국영유아보육학. 72, 419-445.

김호순(2007). "장애아 무상보육 정책 수립의 배경과 향후 계획", 특수교육 정책포럼.

나정(2014). 유아무상교육, 보육정책 분석: Cooper 등의 다차원정책분석모형을 활용하여. 幼兒教育學論集. 18(1), 49-71.

대한민국 정부(2008). 『제1차 저출산 · 고령사회기본계획보완(안)』, 서울: 대한민국 정부.

대한민국 정부(2011). 『제2차 저출산 · 고령사회기본계획』, 서울: 대한민국 정부.

대한민국 정부(2015). 『제3차 저출산 · 고령사회기본계획』, 서울: 대한민국 정부.

대한민국 정부(2019). 제4차 저출산고령사회 기본계획.

대한민국 정부(2020). 『제4차 저출산 · 고령사회기본계획』, 서울: 대한민국 정부.

문선화(2011). 국가책임제 보육에 관한 고찰. 한국영유아보육학. 69, 167-189.

박영태(2011). 쿤의 『과학혁명의 구조』 해제, 경기: 도서출판 서광사.

박의경(2007). "참여정부의 여성정책에 대한 평가", 한국여성정책연구원, 『여성연구』, 159-187쪽.

박재창(2009). 담론민주주의와 시민참여: 21세기 마을회의를 중심으로. 「시민사회와 NGO」O, 7(1):57-98.

박진형(2017). 『제도주의 정책분석론』. e-퍼플.

박해경 · 변기용 · 유은지 · 강민수 · 홍세영(2016). "자율형 사립고에 대한 보수/진보 언론 간 정책 내러티브의 차이점 분석: 내러티브 정책모형(Narrative Policy Framework)." 『교육문제연구』. 제29권 제1호, pp. 139-170.

백선희(2009). "김대중 노무현 정부 10년의 보육정책 평가", 비판과 대안을 위한 사회복지학회, 『비판사회정책』, 제28권, 95-141쪽.

백선희(2012). "0~5세 무상보육 진단과 과제", 한국여성정책연구원, 『젠더리뷰』, 제24권, 50-56쪽.

변수정 · 황남희(2018). "저출산 · 고령사회기본계획의 주요 내용과 향후 과제", 『보건복지포럼』, 4(258), pp. 41-61.

보건복지부(1995). 보건복지백서.

보건복지부(1997). 보건복지백서.

보건복지부(2006a). 보육 중장기 계획안 '새싹플랜'.

보건복지부(2006b). 저출산 고령사회 기본계획.

보건복지부(2009). 아이사랑플랜.

보건복지부(2018). 『소득주도 성장과 국민의 삶의 질 향상』, 세종시: 보건복지부.

보건복지부(각 연도). 『보육통계』

보건복지부(각 연도). 보육사업안내.

석재은(2006a). "노인수발보장의 제도화와 젠더관점." 『여성관점에서 본 장기요양제도토론회 자료집』. 한국여성단체연합 , pp. 13-59.

석재은(2006b). "장기요양 현금급여 정책의 국가간 비교 연구." 『한국사회복지학』. 제58권 제2호, pp. 273-302.

송근원 · 김태성(1995). 『사회복지정책론』. 서울: 나남출판,

송근원 · 김태성(2008). 사회복지정책론. 나남출판.

송다영(2010). "자유선택 정책설계 내 계층과 젠더문제", 한국가족복지학회, 『한국가족복지학』, 제30권, 347-378쪽.

송다영 · 박은정(2019). "양육수당의 제도적 적합성 분석: 한국과 독일의 양육수당정책 비교를 중심으로", 『비판사회정책』, 제64권, pp. 93-135.

신동면(2010). 사회복지의 공공성 측정에 관한 연구. 한국사회정책, 제17권 제1호, pp. 241-265.

신윤정(2009). 양육수당 도입에 대한 시민 의식 분석. 보건복지포럼, 152, 83-98.

신지현(2005). "보육정책의 이론적 논의와 우리의 과제", 『한국사회복지지원학회지』 , 제1권 제1호, pp. 57-74.

안희남(2001). "신제도주의 세 가지 관점과 이론적 특성", 한국국정관리학회, 『현대사회와 행정』, 제11집, pp. 1-35.

안희남(2002). "신 · 구 제도주의 비교연구", 한국국정관리학회, 『현대사회와 행정』, 제12권 3호, pp. 1-41.

양옥승(1996). "한국의 탁아제도 연구", 덕성여자대학교 논문집, 제25권.

양재진 · 정의룡(2012). 복지국가의 저발전에 관한 실증 연구: 제도주의적 신권력자원론의 타당성 검토. 「한국정치학회보」, 제46집 제5호, pp. 79-97.

여성가족부(1998). 1차 여성정책 기본계획.

여성가족부(2006). 1차 건강가정 기본계획.

여성가족부(2010). 2차 건강가정 기본계획.

유해미(2003). 아동 양육 정책의 재편과 시민권의 변화. 페미니즘 연구(3), 9-44.

유해미(2009). 양육 지원 정책에서의 '선택권'. 사회와 이론. 15, 297-329.

유해미 · 김문정(2012). "양육수당의 효과와 개선 과제", 『육아정책포럼』, 제29권, pp. 6-14.

유해미 · 서문희 · 한유미 · 김문정(2011). 영아 양육비용 지원정책의 효과와 개선방안 - 양육수당을 중심으로 - , 육아정책연구소.

윤성호(2008). "노동권과 부모권 양립을 위한 탈가족화 논의," 상황과 복지, 제26호, pp. 125-161.

윤홍식 · 송다영 · 김인숙(2010). 가족정책. 공동체.

이권(2011). "신 · 구제도주의 비교", 종로박문각 행정고시학원자료 .

이성한(2008). "일본유아교육과정변천사", 한국일본교육학회, 『한국일본교육학연구』, 제12권 2호, 179-197호.

이승윤 · 강민아 · 정무원(2015). 복지국가의 필요조건으로서의 '정부의 질': 퍼지셋 질적비교연구를 활용한 OECD국가 비교연구. 「정부학연구」, 제21권 제1호, pp.1-39.

이승윤 · 김민혜 · 이주용(2013). 한국 양육수당의 확대는 어떠한 정책형성과정을 거쳤는가?: 정책네트워크 분석을 활용하여. 한국사회정책. 20(2), 195-232.

이왕재(2007). 정책담론의 정향성: 왜곡담론을 넘어 제도화로. 「현대사회와 행정 」, 17(3): 219-245.

이재경(2004). "한국 가족은 '위기'인가? - '건강가정' 담론에 대한 비판," 한국여성학, 제20권 제1호, pp. 229 – 244.

이재무(2014). "보육료지원정책 변동과정 분석을 통한 정책담론모형의 한국 정책변화 설명에 대한 적용가능성 탐색." 『행정논총』. 제52권 제4호, pp. 111-138.

이재무 · 박용성(2014). "정책변동 분석모형을 활용한 정책변화 예측에 대한 탐색적 연구: 영유아 교육복지 관리체계의 일원화 정책을 중심으로", 『행정논총』, 제52권 제3호, pp. 31-58.

이재술 · 이민창(2017). "역사적 제도주의의 진화론적 접근을 위한 시론: 경상북도 학교급식 지원정책 변동과정을 중심으로", 『사회복지정책』, 44(3), pp. 5-38.

이진숙(2003). "가족복지정책의 패러다임 검토", 「가족복지의 패러다임: 반성과 모색」, 2003년 한국사회복지학회 추계공동학술대회 자료집, 한국가족사회복지학회, pp. 21-46.

이진숙(2008). "독일 수발보험에서의 수발수당에 대한 연구-쟁점과 효과평가", 『사회복지정책』, 제32권, pp. 27-53.

이진숙(2012). "보육아젠다를 통해서 본 공공성의 동학", 『보건사회연구』, 제32권 제4호, pp. 361-390.

이진숙(2017). 아동 양육수당에 대한 정책옹호연합(Policy Advocacy Coalition)의 동학: 정책담론을 통한 한국과 독일의 비교. 한독사회과학논총 제27권 제2호. pp. 3-26.

이진숙(2019). '역사적 제도주의 관점에서 본 아동돌봄 정책의 경로에 대한 연구', 인문사회21, vol.10, no.1, 통권 32호, pp. 1253-1264.

이진숙 · 이슬기(2013). 젠더관점에서 본 보육정책 패러다임의 변화 연구. 「젠더와 문화」, 제6권 제2호. 계명대학교 여성학연구소. pp. 85-123.

이진숙 · 신지연 · 윤나리(2010). 가족정책론, 학지사.

이진숙 · 박진화(2015). "탈가족화 정책들의 역사적 변천과정." 『공공사회연구』. 제5권 제3호,

pp. 192-228.

이진숙 · 이슬기(2014). "탈가족화정책들의 역사적 변천과정",『한국가족과 가족정책의 현주소』, 2014년 한국가족학회 춘계자료집, pp. 27-40.

이현미 · 박종구(2015). 보육정책 변동과정 영향 요인에 관한 연구. 政策分析評價學會報, 25(4), 205-232.

이현섭(1994). "영유아 보육의 발전방향과 과제", 진주산업대학교 논문집, 제33권, 71-81쪽.

이혜경(1997). 기혼여성취업과 사회복지서비스의 과제, 평택대학교 논문집, 119-136쪽.

이혜원(2013). "보육료 지원정책이 부모의 보육비용 부담완화에 미치는 영향".『재정포럼』, 제204권. pp. 8-26.

임유진(2015). 정당정치와 한국 복지정치의 전환. 「한국정당학회보」, 제14권 제1호, pp. 5-35.

장경섭 · 진미정 · 성미애 · 이재림(2015). "한국사회 제도적 가족주의의 진단과 함의 - 소득보장, 교육, 돌봄 영역을 중심으로 -",『가족과문화』, 제27권 제3호, pp. 1-38.

장수정(2013). 영유아 무상보육정책 담론에 대한 분석. 한국사회복지학. 65(4), 33-59.

정계영(1995). "현대사회에서의 탁아와 유아발달에 관한 연구", 경북전문대학 논문집, 제14권.

정미라(2015). '공적 영역'의 상실과 현대사회의 위기. 한나 아렌트의 정치철학을 중심으로. 「철학논총」, 제81권, pp. 241-258

정혜정 · 공미혜 · 전영주 외(2009).『가족과 젠더』, 서울: 도서출판 신정.

정효정(2011). 이명박 정부의 보육정책 쟁점과 과제. 한국영유아보육학, 67, 327-352.

최성은 · 신윤정 · 김미숙 · 임완섭(2009). 아동수당 도입 방안 연구'. 보건복지가족부/한국보건사회연구원.

통계청(1970, 1975, 1985). 경제활동인구조사.

통계청(2017).『장래가구추계 : 2015-2045』, 세종시: 통계청.

통계청(2018). 사회조사.

통계청(2019).『2019년 장래인구추계』, 세종시: 통계청.

통계청(2019). 2019년 생활시간조사.

통계청(각 년도). 국내통계포털(https://kosis.kr/visual/populationKorea).

통계청(각 연도). 경제활동인구조사.

통계청(각년도).『인구동향조사 - 출생 · 사망통계 잠정 결과』, 세종시: 통계청.

하연섭(2002). “신제도주의의 최근경향: 이론적 자기혁신과 수렴”,『한국행정학보』, 제36권 제4호, pp. 339-360.

한국여성개발원(2004).「가족정책의 방향정립 및 통합적 시행방안 세미나」.

한국여성정책연구원(1995). 여성통계연보.

홍경준 · 김민성 · 김사현(2013). 보육정책 이슈에 대한 수익자 집단의 인식과 복지정치. 사회복지연구, 44(2), 269-295.

홍승아(2005). 복지국가 재편과 젠더, 한국여성정책연구원,『여성연구』, 139-173쪽.

홍인혜(2006). “영유아 보육 및 유아교육 정책 변천에 관한 연구”, 성신여자대학교 교육학과 박사학위논문.

황금옥(2017). “한국 점복의 산업화 현황과 전망”,『원불교사상과 종교문화』, 제73권, pp. 473-507.

황동진 · 이진숙(2019). “부부의 가사노동시간 변화궤적 연구 - 성장혼합모형(Growth Mixture Modeling)을 적용하여 - ”, 한국사회복지학, 제71권. pp. 101-121.

Arendt, Hannah(2009). 인간의 조건, (이진우, 태종호 옮김), 한길사, 서울, 2009.

Beck, Ulrich & Elisabeth Beck-Gernsheim(2002). Individualization: Institutionalized Individualism and its Social and Political Consequences, SAGE Publications Ltd.

Bertram, Hans, Wiebke Roesler, and Nancy Ehlert(2005). “Zeit, Infrastruktur und Geld, Familienpolitik als Zukunftspolitik.” Aus Politik und Zeitgeschichte. Vol. 23-24, pp. 6-15.

Bertram, Hans, Wiebke Roesler, and Nancy Ehlert. 2005. “Zeit, Infrastruktur und Geld, Familienpolitik als Zukunftspolitik.” Aus Politik und Zeitgeschichte 23-24: 6-15.

Bridgman, T. & Barry, D.(2002). “Regulation is evil: An application of narrative policy analysis to regulatory debate in New Zealand”. *Policy Sciences, 35(2): 141-161.*

Easton, David(1965). A Framework for Political Analysis. Englewood Cliffs: Prentice-Hall.

Engster, Daniel(2017). 돌봄: 정의의 심장. 김희강, 나상원 옮김. 박영사.

Esping-Anderson, Gosta(1999). Social Foundations of Postindustrial Economies, New York: Oxford University Press.

Gilbert, N. and Terrell, P.(2005).『Dimensions of Social Welfare Policy』. 6th editio). Boston:

Allyn and Bacon.

Hacker, J. S.(2004). "Privatizing Risk Without Privatizing the Welfare State: The Hidden Politics of Social Policy Retrenchment in the United States", 『The American Political Science Review』, 98(2): 243-260.

Hampton, G.(2011). "Narrative Policy Analysis and the Use of the Meta-Narrative in Participatory Policy Development within Higher Education". *Higher Education Policy, 24(3): 347-358.*

Hayek, F. A.(1973). 『Law, Legislation and Liberty. vol. 1: Rules and Order』, Chicago and London: University of Chicago Press.

Jones, Charles O.(1984). An Introduction to the Study of Public Policy. (3rd ed.). Monterey, California: Brooks/Cole Publishing Company. Schattschneider, E. E.(1935), Politics, pressures and the tariff. New York: Prentice-Hall, inc.

Jones, M. D. & McBeth, M. K. (2010). "A Narrative Policy Framework: Clear Enough to Be Wrong?". *Policy Studies Journal, 38(2): 329-353.*

Kuhn, Thomas(1962). 『The Structure of Scientific Revolutions』, University of Chicago Press.

Lister, Ruth(2000). "Towards a citizen's welfare state - The 3+2 'R's of welfare reform." Theory, Culture and Society. Vol. 18. No. 2-3. pp. 91-111.

Mahoney. J. & Thelen, K.(2010). 『Explaining Institutional Change. Ambiguity, Agency and Power』, Cambridge University Press.

McBeth, M. K., Shanahan, E. A., Armell, R. J., & Hathaway, P. L. (2007). "The Intersection of Narrative Policy Analysis and Policy Change Theory". *The Policy Studies Journal, 35(1): 87-108.*

Neyer, Gerda(2003). 『Family Policies and Low Fertility in Western Europe』." Max-Planck-Institut fuer demographische Forschung.

Orloff, A. S.(1993). "Gender and the Social Rights of Citizenship: the Comparative Analysis of Gender Relations and Welfare States." American Sociological Review. Vol. 58, pp. 303-328.

Roe, E.(1994). "Narrative Policy Analysis: Theory and Practice". *Durham: Duke University*

Press.

Sawatzky, J. E. and S. Fowler-Kerry(2003). "Impact of caregiving: listening to the voice of informal caregivers." Journal of Psychiatric and Mental Health Nursing. Vol. 10. pp. .277-286.

Shanahan, E. A., Jones, M. D. & McBeth, M. K.(2011). "Policy Narratives and Policy process". *The Policy Studies Journal, 39(3): 535-561*

Shanahan, E. A., McBeth, M. K. & Hathaway, P. L.(2011). "Narrative Policy Framework: The Influence of Media Policy Narratives on Public Opinion". *Politics and Policy, 39(3): 373-400.*

Streeck, W. & Kathleen T.(2005). "Introduction: Institutional Change in Advance Political Economies", 『Beyond Continuity: institutional Change in Advanced Political Economie s』, 1-39. Oxford: Oxford University Press.

Taylor-Gooby, Peter (ed.) (2004). New Risks, New Welfare: The Transformation of the European Welfare State, Oxford: Oxford University Press.

Ungerson, C.(2004). "Whose empowerment and independence? a cross-national perspective on 'cash for care' schemes." Aging & Society. Vol. 24. pp. 189-212.

〈신문자료〉

김미경, 『한겨레』 1989.10.15일자, 탁아법 제정 움직임 활발.

김미경, 『한겨레』 1990.3.28일자, 탁아 사전조사작업 정부투자 무관심.

김미영, 『한겨레』 2005.10.11일자, 사회면; 쏟아지는 저출산대책…애 낳으시겠어요?

김선걸, 『매일경제』 1998.7.16일자, 사회면: 실직여성 늘고 보육비 만만찮아, 탁아소가 '텅텅'빈다.

김소연, 『한겨레』 2010.2.22일자, 정치면: 보육시설 95% 사설…돈 없는 부모는 괴로워.

김순덕, 『동아일보』 1989.2.15일자, 영세민촌 취업주부 "자녀돌볼 겨를 없다" 66%.

김진경, 『동아일보』 1990.12.19일자, 복지차원 탁아의지 약해.

김치강, 『경향신문』 1978.2.9일자, 문교부 국교에 공립 유치원.

노지현, 『동아일보』 2012.3.23일자, 사회면: 국공립 어린이집-양육수당 '쏙'… 알맹이 빠진 보육대책.

디지털뉴스팀, 『경향신문』 2012.1.29일자, 사회면: 국민 71.5% "무상보육 저출산 해소에 효과 있다"

박병하, 『동아일보』 1995.6.14일자, 오피니언: 탁아용어 쓰지 말자.

박재룡, 『경향신문』 1996.4.27일자, 인물광장면: 저소득층 자녀 보육대책 필요하다.

박필수, 『한겨레』 1992.2.28일자, 탁아소 보육교사 없거나 미자격 30%.

서영아, 『동아일보』 2001.12.26일자, 사회면: "영유아 보육 국가가 책임진다" 여성부, 공보육전환 추진.

성미애, 『한겨레』 2003.12.24일자, 사회면: 건강가정기본법 필요한 이유.

신승근, 『한겨레』 2003.4.4일자, 칼럼: 출산 장려 적극추진…복지부 청와대 보고

신원미상, 『매일경제』 1981.5.20일자, 근로여성 정책토론회서 지적, 여성근로조건 개선돼야.

신정희, 『매일경제』 1995.2.19일자, 취업여성 62% 자녀보육 가족친지 의존.

안선희, 『한겨레』 2010.9.16일자, 경제면: '중산층까지 보육비' 획기적…보육시설 이용 안할 땐 '찔끔'

안창현, 『한겨레』 2011.1.24일자, 정치면: "보편복지 찬성" 30% 불구 61%가 "무상복지에 관심"

이구경, 『경향신문』 1997.5.6일자, 사회면: 마음놓고 아이 맡길 곳이 없다. 부끄러운 보육시설 현주소.

이상연, 『경향신문』 2005.11.8일자, 사회면: 여성 10명중 4명 "굳이 결혼할 필요 있나요"

이영이, 『동아일보』 1991.1.28일자, 탁아사업 정부 지원에 허점.

이종규, 『한겨레』 1999.10.19일자, 사회면: 새천년-차별에서 평등으로, 육아 여성만의 의무인가.

이지은, 『한겨레』 2002.10.6일자, 사회면: 각당 보육공약 구체안 없이 장밋빛만.

이진, 『동아일보』 2003.6.15일자, 사회면: 말잔치 육아정책 맞벌이들 한숨만.

정성희, 『동아일보』 1999.9.14일자, 사회면: 무상보육 2003년 전국확대 만5세 모든 아동 대상.

정세라, 『한겨레』 2009.1.14일자, 사회면: 부모 소득수준 맞춰 '보육비 상한제' 도입해야.

정영수, 『매일경제』 1986.3.19일자, 탁아소 너무 부족하다.

함처식, 『동아일보』 1962.10.17일자, 어린이를 위한 기관 만들자.

〈기타자료〉

매경이코노미 2019년 3월 13일
(https://news.mk.co.kr/v2/economy/view.php?year=2019&no=156125).

매경이코노미, 2019년 3월 13일
(http://news.mk.co.kr/v2/economy/view.php?year=2019&no=156125).

복지로(http://www.bokjiro.go.kr).

유엔아동권리협약(https://www.ohchr.org/en/professionalinterest/pages/crc.aspx).

통계청(https://kosis.kr/visual/populationKorea).

통계청(https://www.index.go.kr/main.do).

통계청. https://kosis.kr/visual/populationKorea; https://www.index.go.kr/main.do

행정자치부 국가기록원(http://www.archives.go.kr)

http://ko.wikipedia.org/wiki/%ED%8C%A8%EB%9F%AC%EB%8B%A4%EC%9E%84.

http://www.daum.net/

http://www.naver.com

https://100.daum.net/encyclopedia/view/55XXXXX25688.

https://www.google.co.kr/

KDI 경제정책 시계열서비스(http://epts.kdi.re.kr/polcTmsesSrvc/them#this)

OECD: Family database.

저/자/약/력

■ 이진숙

독일 Universitaet Wuerzburg에서 가족정책을 전공했으며, 주요 연구관심은 가족정책과 보육정책 및 돌봄정책이다. 2001년부터 대구대학교에서 사회복지학과 교수로 재직하고 있으며, 최근 고독사에 대한 연구를 진행하고 있는 중이다.

아이돌봄은 정치적인가?

1판 1쇄 발행 — 2022년 9월 30일
1판 2쇄 발행 — 2023년 12월 26일

저　　자 – 이진숙
발 행 인 – 강철원
발 행 처 – 양성원
주　　소 – 경기도 파주시 검산로 173번길 29-12
전　　화 – 031-946-3861(代)
팩　　스 – 031-946-3864
이 메 일 – tnwpub@naver.com
홈페이지 – tnwpub.co.kr
출판등록 – 2015년 8월 31일 제2015-000211호

ISBN 979-11-6126-479-0

정가 23,000원